Kohlhammer

Dorothee Arnold-Krüger/Anne-Kathrin Pappert (Hrsg.)

Assistierter Suizid

Standortbestimmungen und seelsorgliche Konsequenzen

Verlag W. Kohlhammer

Diese Publikation wurde durch die Evangelische Kirche in Deutschland (EKD) und das Zentrum für Gesundheitsethik (ZfG) an der Evangelischen Akademie Loccum in Auftrag gegeben und gefördert.

Evangelische Kirche
in Deutschland

Zentrum für Gesundheitsethik
an der Evangelischen Akademie Loccum

1. Auflage 2023

Alle Rechte vorbehalten
© W. Kohlhammer GmbH, Stuttgart
Gesamtherstellung: W. Kohlhammer GmbH, Stuttgart

Print:
ISBN 978-3-17-043418-9

E-Book-Format:
pdf: 978-3-17-043419-6

Für den Inhalt abgedruckter oder verlinkter Websites ist ausschließlich der jeweilige Betreiber verantwortlich. Die W. Kohlhammer GmbH hat keinen Einfluss auf die verknüpften Seiten und übernimmt hierfür keinerlei Haftung. Dieses Werk einschließlich aller seiner Teile ist urheberrechtlich geschützt. Jede Verwendung außerhalb der engen Grenzen des Urheberrechts ist ohne Zustimmung des Verlags unzulässig und strafbar. Das gilt insbesondere für Vervielfältigungen, Übersetzungen, Mikroverfilmungen und für die Einspeicherung und Verarbeitung in elektronischen Systemen.

Inhalt

Geleitwort von Landesbischof Ralf Meister 7

I. Einleitung

Dorothee Arnold-Krüger / Anne-Kathrin Pappert
Einleitung 11

II. Standortbestimmungen

Josef Franz Lindner
Sterbehilfe aus der Sicht des Grundgesetzes 17

Claudia Bausewein
Suizidalität im Kontext palliativer Versorgung 29

Barbara Schneider
Suizidprävention 41

Jens Lehmann
Suizidassistenz in der Diakonie
Überlegungen zu einer gesetzlichen Regelung des assistierten Suizids und
zum Umgang mit Sterbewünschen in diakonischen Einrichtungen 59

Assistierter Suizid in der diakonischen Praxis
Interview mit Dr. Markus Horneber 65

III. Theologische Perspektiven

Martin Laube
Der Herr über Leben und Tod
Perspektiven christlicher Eschatologie 71

Reiner Anselm
Der professionelle assistierte Suizid aus der Perspektive der
evangelischen Ethik 85

IV. Herausforderungen für die Seelsorge

Christoph Morgenthaler
Seelsorge bei assistiertem Suizid
Erfahrungen und konzeptionelle Überlegungen aus der Schweiz 95

Uwe Keller-Denecke
„Begleiten" – Was macht Krankenhausseelsorge da eigentlich? 113

Johannes Bröckel
„Wann holt der liebe Gott mich endlich heim?"
Seelsorgliches Handeln und assistierter Suizid 119

Isabelle Noth / Mathias Wirth
Der Sterbewunsch in der Psychiatrie – Assistierter Suizid aus
klinikseelsorglicher Sicht 125

„Verschiedene Wege, die zum Sterben führen, in einer Zeit, in der der Tod nicht mehr von alleine kommt, sollten uns geläufig sein ..."
Assistierter Suizid und Kasualpraxis
Interview mit Pfarrer Jürg Spielmann 135

V. Diskussion

Podiumsdiskussion 151

Autorinnen und Autoren 167

Geleitwort

Er begleitet mich alle Tage meines Lebens, weckt List und Lebensmut, Zweifel und Zorn, Tränen und Trost – und steht jedem und jeder bevor: Der Tod. Alle Formen, diesen Tod selbst herbeizuführen, stoßen an ein Tabu. Die Gabe des Lebens, die uns das Licht der Welt erblicken lässt, ist bezogen auf einen endlichen Aufenthalt in dieser Welt. „Werdet Vorübergehende", sagt Jesus im Thomas-Evangelium. So fremd es dem metaphysisch unbehausten, modernen Menschen auch erscheint, wir sind Lebende im Übergang in die neue Welt mit Gott. Ihm verdanken wir unsere Herkunft wie unsere Zukunft. Die Gabe des Lebens wird zur Aufgabe des Menschen, die er verantwortlich in Freiheit ergreift und als sein Leben gestaltet.

Fortwährend erschließt der Mensch in seiner Sozialität und seinem Selbstverhältnis die Möglichkeiten und Grenzen dieser Freiheit und bleibt dabei in einer dreifachen Beziehung: Zu Gott, seiner Mitwelt und sich selbst. Ob lebenssatt am Ende vieler erfüllter Jahrzehnte oder in einem Suizid in der Mitte des Lebens, immer wird dieses Beziehungsgeflecht zu betrachten sein. Gewiss bleibt es wünschenswert, dass die Selbstbestimmung sich nicht nur ans eigene Geschick heftet, sondern in einem Verhältnis zu Gott und zu den begleitenden Menschen steht. Dabei gewichten wir oft unterschiedlich in diesen Beziehungen. Jeder und jede kann es bezeugen in seinem eigenen Leben.

Das Urteil des Bundesverfassungsgerichts zum § 217 des StGB hat das Selbstbestimmungsrecht jeder einzelnen Person im Blick auf das eigene Sterben und den eigenen Tod in den Mittelpunkt gestellt und das Verbot der geschäftsmäßigen Suizidbeihilfe aufgehoben. Damit hat es den gesetzgebenden Organen den Auftrag gegeben, die Frage des assistierten Suizids neu zu regeln. Ein gesellschaftlicher Diskussionsprozess ist in Gang gekommen, der auch die Kirchen in die Pflicht nimmt, über diese Fragen neu nachzudenken und Stellung zu beziehen.

Wie beurteilen wir die Selbstbestimmung, die sich für einen Zeitpunkt des eigenen Todes entscheidet, der nicht alle Möglichkeiten der Hochtechnologiemedizin, ja, noch nicht einmal der palliativen Möglichkeiten bis zum Ende ausschöpfen will? Die Versuchung liegt nahe, unter dem Diktum eines absoluten Lebensschutzes jeden Versuch, vorzeitig aus dem Leben zu scheiden, zu diskreditieren oder ihn als mutlos oder unchristlich zu bezeichnen. Eine christliche Haltung sollte doch Lebensmut und -freude wecken und die Würde des Lebens auch in scheinbar unwürdigen Lebenslagen zeigen. Doch jeder, der andere Menschen im Sterben begleitet, weiß, dass diese großen Worte manchmal mit der Realität von Menschen, die an einer tödlichen Krankheit leiden und nur eine sehr überschaubare Lebens- und von außen nicht einschätzbare Leidensperspektive haben, oft wenig zu tun haben.

Mit welcher Argumentation soll einem oder einer Sterbenden eingeredet werden, dass jeglicher Zustand körperlichen und seelischen Verfalls akzeptiert werden muss, und jeder Wunsch nach einem vorzeitigen Lebensende ein Verstoß gegen Gottes Gebot sei? Die Ehrfurcht vor dem Leben fordert – da sie immer um das Ende des Lebens weiß – eine Kultur der *Ars moriendi*. Und in dieser Kunst des Sterbens darf es eine Möglichkeit sein, am Lebensende mit Begleitung anderer Menschen aus dem Leben zu scheiden. Nachfolge heißt, im Glauben seinen eigenen Weg zu finden, der sich am Leben und an der Botschaft Jesu Christi orientiert. Jesu Leidensgeschichte aber bleibt einzigartig und heilsgeschichtlich unwiderruflich. Sie ruft uns auf, gegen jede Form des Leids und des Unrechts einzutreten, nicht aber Jesu Leiden selbst zu kopieren oder unabwendbares menschliches Leid, wenn es vom Leidenden selbst so bestimmt wird, nicht auch zu verkürzen.

Die Realität von todkranken Menschen und ihr Wunsch nach begleitetem Sterben auf der einen Seite und die Kultur des Lebensschutzes, die durch soziale Aufmerksamkeit und Nähe, begleitende Fürsorge in kritischen Lebensphasen und durch eine allen zur Verfügung stehende, palliative Begleitung und Hospizarbeit aufwartet, gilt es sorgfältig abzuwägen. Es geht um ein gemeinsames Ringen in einer Frage, die sich auch angesichts aller Gesetzesänderungen einfachen Antworten verschließt.

Ralf Meister
Landesbischof der Evangelisch-lutherischen Landeskirche Hannovers

I.
Einleitung

Dorothee Arnold-Krüger / Anne-Kathrin Pappert

Einleitung

„Wir Menschen verfügen – möglicherweise als Einzige – über die besondere Fähigkeit, unser Leben absichtlich zu beenden. Ob es sich bei dieser Fähigkeit um einen Fluch oder einen Segen handelt, ist seit jeher umstritten" (Wittwer 2020, 1). Mit dieser einleitenden Bemerkung des Philosophen Héctor Wittwer zu seiner Monographie *Das Leben beenden* ist die Problem- und Diskurslage seit dem Urteil des deutschen Bundesverfassungsgerichts vom 26. Februar 2020 präzise auf den Punkt gebracht. In diesem Urteil wurde der bislang geltende § 217 StGB und das darin formulierte Verbot der *Geschäftsmäßigen Förderung der Selbsttötung* für verfassungswidrig erklärt und damit außer Kraft gesetzt (vgl. Bundesverfassungsgericht, Urteil des Zweiten Senats vom 26. Februar 2020).

Mit diesem Urteil wurden die Rechtspraxis wie auch die Argumentationslinien bezüglich der Beihilfe eines Suizids tiefgreifend verändert. Damit verbinden sich Fragen und Herausforderungen. Sie betreffen den rechtlichen Bereich und eine gesetzliche Neuregelung der Beihilfe zur Selbsttötung.[1] Zugleich gehen sie deutlich darüber hinaus und legen gesamtgesellschaftliche Diskurse an. In diesen werden unterschiedliche moralische Überzeugungen zum Thema Sterben und daraus erwachsene Konventionen zur Sprache gebracht. Und wenn, wie der Kulturwissenschaftler Thomas Macho formuliert, „die Frage nach dem Suizid […] ein Leitmotiv der Moderne" ist (Macho 2018, 436), so hat das Urteil des Bundesverfassungsgerichts die Kontroversen um jenes Leitmotiv neu eröffnet und bei dem Thema Beihilfe zum Suizid in zweifacher Weise verschärft: Erstens steht bei einem assistierten Suizid nicht allein die Person, die sich suizidieren möchte, ihre Motive, mögliche Präventions- und Inventionsangebote sowie die moralischen Überzeugungen zu diesem Thema im Fokus. Vielmehr kommen weitere Personen, Instanzen und Organisationen in den Blick, die von der Frage nach und der Durchführung von einem assistierten Suizid betroffen sein können.[2]

Verschärft wurde die Diskussion zweitens auch dadurch, dass das Recht, beim Suizid die Hilfe Dritter in Anspruch zu nehmen, laut Urteil des Bundesverfassungsgerichts nicht mehr an bestimmte Lebens- und Krankheitsphasen gebunden ist. Demnach hat jede (volljährige) Person in jeder Phase ihrer Existenz

---

[1] Eine gesetzliche Neuregelung war zum Zeitpunkt der Drucklegung dieses Bandes nicht abgeschlossen.
[2] Vgl. hierzu auch den Beitrag von Christoph Morgenthaler in diesem Band.

das Recht, Suizidbeihilfe in Anspruch zu nehmen. Das Thema ist folglich nicht mehr und ausschließlich im Zusammenhang von schweren und lebensverkürzenden Krankheiten zu diskutieren, sondern es sind vielfältige Begründungszusammenhänge in den Blick zu nehmen. Diese verweisen wiederum auf unterschiedliche Handlungsoptionen. Und schließlich: Diese Diskurse befassen sich nicht mehr mit dem *ärztlich assistierten* Suizid. Zwar stehen bei einem *assistierten* Suizid Ärztinnen und Ärzte wohl weiterhin im Fokus, das Spektrum der Professionsgruppen dürfte sich jedoch um einiges erweitern.

Insofern wurden mit dem Urteil des Bundesverfassungsgerichts Fragestellungen aufgeworfen, die unterschiedliche Ebenen tangieren und zugleich auf unterschiedlichen Ebenen diskutiert werden. So finden inner- wie interdisziplinäre Diskurse statt, an denen unter anderem die Fächer Rechtswissenschaften, Medizin, Psychologie, Pflegewissenschaften, Philosophie, Theologie, Soziologie, und Kulturwissenschaften beteiligt sind. Die Liste ließe sich hier sicherlich um einiges fortsetzen.

Für die einzelnen Disziplinen sind noch einmal differenzierte Fragestellungen mit dem Thema verbunden. So geht es in der Diskussion von Theologie und Kirche bzw. kirchlichen Einrichtungen um individual- und sozialethische, professions- und organisationsethische Aspekte. Darüber hinaus sind mit dem Thema aber auch grundsätzliche christlich-anthropologische und Fragen der Eschatologie adressiert. Wie wird Leben und Sterben in christlich-evangelischer Perspektive gedeutet? Welche Verschiebungen der Deutungsperspektiven sind zu beobachten und wie sind diese einzuordnen? Und welche Anschlussplausibilitäten bieten christliche Perspektiven in einer postmodernen religiös-pluralen Gesellschaft in der interdisziplinären und gesellschaftlichen Debatte über den assistierten Suizid?

Auch in der seelsorglichen Praxis entsteht angesichts der schon jetzt stattfindenden – und zukünftig vermehrt zu erwartenden – Begegnungen mit Menschen, die einen assistierten Suizid in Erwägung ziehen, neuer Klärungs- und Orientierungsbedarf. Dem Vollzug eines assistierten Suizids geht schließlich immer ein – mehr oder weniger intensiver und komplexer – Auseinandersetzungsprozess und Weg voraus. Wie lässt sich der kirchlich-seelsorgliche Auftrag hier konzeptionell verstehen und welche konkreten Fragen und Herausforderungen stellen sich in verschiedenen Bereichen der Seelsorge?

All diese Fragen standen im Fokus zweier Fachtagungen, die das Zentrum für Gesundheitsethik an der Ev. Akademie Loccum der Ev.-luth. Landeskirche Hannovers (ZfG) zusammen mit der Evangelischen Kirche in Deutschland (EKD) sowie der Konferenz für Krankenhausseelsorge in der EKD im November 2021 und im März 2022 veranstaltete. Die erste Tagung mit dem Titel „Assistierter Suizid. Standortbestimmungen in einer gesellschaftlichen Debatte" (17. November 2021) beschäftigte sich mit grundlegenden rechtlichen, theologischen und medizinischen Fragestellungen. Auch das Thema Suizidprävention spielte eine zentrale Rolle. Die zweite Tagung „Begleiten oder nicht begleiten? Seelsorge und

Assistierter Suizid" (7.–8. März 2022) fokussierte die Frage, welche Konsequenzen das Urteil des Bundesverfassungsgerichts für die Seelsorge hat, welche Herausforderungen sich für den Umgang mit dem assistierten Suizid in der Seelsorge konkret stellen und welche Klärungen dafür auch auf institutioneller Ebene von Kirche und Diakonie nötig sind. Hierbei wurden auch Erfahrungen aus der Schweiz einbezogen.

Beide Tagungen waren von vielfältigen Diskussionsformen geprägt – diese reichten von klassischen Vorträgen über Workshops und Podiumsdiskussionen bis hin zu diskursiven Kleingruppenformaten.

Der vorliegende Band nimmt Beiträge aus beiden Tagungen auf und bildet zugleich die Formen- und Perspektivenvielfalt der Veranstaltungen ab.

Aus den Workshops sind teilweise im Nachhinein Texte von den jeweiligen Referentinnen und Referenten entstanden, andere Workshopleitende haben sich für ein Interview bereit erklärt. Bei einzelnen Workshops sowie den Kleingruppendiskussionen war eine nachträgliche Dokumentation nicht möglich.

Der Band entfaltet das Thema assistierter Suizid in unterschiedlichen Aspekten. Zunächst werden einige Standortbestimmungen versammelt. Diese nehmen Fragestellungen und Diskussionen aus dem rechtswissenschaftlichen Bereich (Josef Franz Lindner), der Palliativmedizin (Claudia Bausewein) und der Suizidprävention (Barbara Schneider) auf. Daneben wird die Frage einer Suizidassistenz in diakonischen Einrichtungen bzw. in diakonischer Praxis thematisiert (Jens Lehmann und Markus Horneber).

Im Fokus des folgenden Teils stehen systematisch-theologische Perspektiven. Fragen der christlichen Eschatologie bzw. Anfragen an diese, die die Diskussion um den assistierten Suizid aufwerfen kann, thematisiert der Beitrag von Martin Laube. Eine Perspektive aus der evangelischen Ethik auf den assistierten Suizid diskutiert Reiner Anselm in seinem Beitrag.

Herausforderungen für die Seelsorge generell und noch einmal differenziert für einzelne Praxisfelder von Seelsorge werden im anschließenden Teil des Bandes bedacht. Hier geht es zunächst um konzeptionelle Überlegungen für die Seelsorge aus dem Erfahrungskontext der Schweiz (Christoph Morgenthaler). Daran schließen sich Beträge an, die das Thema aus den Praxisfeldern Krankenhausseelsorge (Uwe Keller-Denecke), Seelsorge in Altenpflegeeinrichtungen (Johannes Bröckel) und psychiatrischen Einrichtungen (Isabelle Noth und Mathias Wirth) heraus diskutieren. Die Begleitung eines assistierten Suizids im Gemeindekontext wird von Jürg Spielmann reflektiert.

Die verschriftlichte Podiumsdiskussion zum Thema Seelsorge und assistierter Suizid vom März 2022, die Perspektiven aus Politik, Diakonie, Seelsorge und praktischer Theologie miteinander in Dialog bringt, beschließt den Band.

Unser Dank gilt allen, die zum Gelingen der beiden Tagungen sowie der Veröffentlichung der Tagungsergebnisse in diesem Band beigetragen haben. Hier sei an erster Stelle der Vorstand der Konferenz für Krankenhausseelsorge in der

EKD genannt, welcher Kooperationspartner der Tagung „Begleiten oder nicht begleiten? Seelsorge und Assistierter Suizid" war. Anne Heimendahl (Berlin), Michael Brems (Hamburg) und Cornelia Ogilvie (Wismar/Schwerin), Mitglieder des Vorstands der Krankenhausseelsorge in der EKD, haben diese Tagung maßgeblich mit vorbereitet und durchgeführt: Wir danken für eine sehr gute Zusammenarbeit! Dr. Hans-Dieter Heimendahl (Deutschland Radio) hat zudem die Moderation der Podiumsdiskussion dieser Tagung übernommen und sich professionell und gelassen auf jede auch kurzfristige Veränderung der Podiumsteilnahmen eingestellt. Wir bedanken uns sehr herzlich!

Ebenso danken wir sehr herzlich Landesbischof Ralf Meister (Ev.-luth. Landeskirche Hannovers) für das Geleitwort für diesen Tagungsband sowie für die inhaltliche Mitwirkung bei der Veranstaltung im November 2021.

Veronique Mußmann, Karin Treiber und Gabriele Schmitt (alle EKD) danken wir für die Transkriptionsarbeiten und die redaktionelle Unterstützung.

Die Erstellung des Bandes wurde gefördert durch die Evangelische Kirche in Deutschland (EKD), das Zentrum für Gesundheitsethik an der Evangelischen Akademie Loccum (ZfG) und den Vorstand der Krankenhausseelsorgekonferenz in der EKD. Dafür sei ebenso gedankt.

Und schließlich gilt unser besonderer Dank allen, die diesen Tagungsband mit Inhalten füllen: Wir danken den Referentinnen und Referenten wie auch den Teilnehmenden der beiden Tagungen für ihre Impulse und Diskussionsbeiträge und den Autorinnen und Autoren für ihre Beiträge, die die aktuelle Debatte um den assistierten Suizid mit gestalten, reflektieren und um Aspekte bereichern.

Diese Debatte ist eine offene, und sie wird wohl auch mit einer gesetzlichen Neuregelung nicht abgeschlossen sein. Die vielfältigen und differenzierten Perspektiven der Beiträge dieses Bandes zeigen, dass vielleicht gerade die Offenheit und Unabgeschlossenheit der Debatte der Thematik des assistierten Suizids am ehesten gerecht wird.

Literatur

Macho, Thomas (2018): *Das Leben nehmen. Suizid in der Moderne,* Berlin.
Wittwer, Héctor (2020): *Das Leben beenden. Über eine Ethik der Selbsttötung,* Paderborn.

II.
Standortbestimmungen

Josef Franz Lindner

Sterbehilfe aus der Sicht des Grundgesetzes

Der Beitrag[1] möchte die verfassungsrechtlichen Rahmenbedingungen des Rechts der Sterbehilfe herausarbeiten, wie sie sich nach der Entscheidung des Bundesverfassungsgerichts vom 26.02.2020 zu § 217 StGB darstellen. Im Mittelpunkt stehen die Analyse dieser Entscheidung sowie die Erläuterung der Konsequenzen, die sich daraus ergeben. Zusätzlich werden einige Regelungsoptionen für den Gesetzgeber vorgestellt, an denen sich dieser bei der anstehenden Neuregelung der (geschäftsmäßigen) Suizidassistenz orientieren könnte. Für eine umfassende Neuregelung des Gesamtbereiches der Sterbehilfe unter Einbezug des ärztlichen Berufsrechts fehlt dem Bundesgesetzgeber allerdings die Gesetzgebungskompetenz. Insoweit bedürfte es einer Änderung des Grundgesetzes.

A. Einleitung

Das Bundesverfassungsgericht (BVerfG) hat mit Urteil vom 26.02.2020 (BVerfG NJW 2020, 905–921) den § 217 StGB, der die geschäftsmäßige Förderung der Selbsttötung unter Strafe stellte (B.), für nichtig erklärt (C.). Damit gilt derzeit die Rechtslage vor Einführung des § 217 StGB im Jahr 2015: Nicht nur die einfache Beihilfe zur Selbsttötung ist – wie diese selbst – straflos, sondern auch die geschäftsmäßige. Allerdings untersagten die öffentlich-rechtlichen Berufsordnungen die ärztliche Hilfe zum Suizid bis vor kurzem (D.). Das BVerfG hat eine konsistente Regelung der geschäftsmäßigen Suizidhilfe unter Einbezug auch des ärztlichen Berufsrechts angemahnt (E.). Hierfür fehlt dem Bundesgesetzgeber allerdings die Gesetzgebungskompetenz (F.). In der Sache wären mehrere Regelungsoptionen denkbar (G.).

B. Die Regelung des § 217 StGB

Nach deutschem Strafrecht sind – anders als die Tötung auf Verlangen (§ 216 StGB) – sowohl die Selbsttötung als auch die Beihilfe dazu straflos. Dies galt auch für die geschäftsmäßige, also auf Wiederholung angelegte Förderung der Selbst-

---

[1] Der Beitrag stützt sich auf Überlegungen, die ich insbesondere bereits in Lindner 2020b angestellt habe.

tötung. Im Jahr 2015 hatte der Deutsche Bundestag nach langer und kontroverser Diskussion eine Regelung zur Strafbarkeit der geschäftsmäßigen Förderung der Selbsttötung ins Strafgesetzbuch eingefügt. Nach § 217 StGB wurde demnach mit Freiheitsstrafe bis zu drei Jahren oder mit Geldstrafe bestraft, wer in der Absicht, die Selbsttötung eines anderen zu fördern, diesem hierzu geschäftsmäßig die Gelegenheit gewährt, verschafft oder vermittelt. Sterbewillige, insbesondere schwer und aussichtslos erkrankte Menschen sahen sich daher vor die Alternative gestellt, Sterbehilfe im Ausland zu suchen, ihr Leiden ertragen zu müssen oder sich schlicht vor den Zug zu werfen. Eine Möglichkeit professioneller Hilfe zum Suizid war ihnen in Deutschland versperrt. Das Bundesverwaltungsgericht (BVerwG) hat zwar im Jahr 2017 einen Anspruch schwer und unheilbar erkrankter Menschen auf Zugang zu letal wirkenden Betäubungsmitteln postuliert (BVerwGE 158, 142–163[2]). Insbesondere der Deutsche Ethikrat hatte – in einer methodisch fragwürdigen und in der Diktion unangemessenen *Ad-hoc-Stellungnahme* – an dieser Entscheidung massive Urteilsschelte betrieben und dem BVerwG vorgeworfen, die in § 217 StGB zum Ausdruck kommende Wertentscheidung zu konterkarieren (vgl. dazu die Kritik bei Lindner 2017, 148–151). In der Folgezeit wies der Bundesminister für Gesundheit das für die Erteilung der betäubungsmittelrechtlichen Ausnahmebewilligungen zuständige Bundesinstitut für Arzneimittel und Medizinprodukte an, das Urteil des Bundesverwaltungsgerichts, wonach es in schweren und ausweglosen Leidenssituationen einen Anspruch auf Erteilung einer Bewilligung zum Erwerb einer tödlich wirkenden Dosis eines Betäubungsmittels (Natriumpentobarbital) nach § 5 Abs. 1 Nr. 6 BtMG geben sollte, außer Acht zu lassen. Vor diesem Hintergrund war die Entscheidung des BVerfG zu § 217 StGB mit großer Spannung erwartet worden. Dies vor allem auch deswegen, weil diese Strafnorm nicht nur die in erster Linie adressierten Sterbehilfeorganisationen betraf, sondern auch Ärzte, wenn sie mehr als nur einmal Beihilfe zur Selbsttötung leisten, dem Strafbarkeitsrisiko aussetzte. Letztlich hatte die Norm des § 217 StGB zur Folge, dass eine professionelle Hilfe zur Selbsttötung in Deutschland ausgeschlossen war und die betroffenen Men-

---

[2] Das BVerwG hat in dieser Entscheidung erstmals ein Grundrecht schwer und unheilbar erkrankter Menschen auf selbstbestimmtes Sterben als Ausprägung des Allgemeinen Persönlichkeitsrechts anerkannt, einen Anspruch auf Zugang zu einer letalen Dosis eines Betäubungsmittels jedoch auf schwere gesundheitliche Notlagen beschränkt. Leitsatz 3 dieser Entscheidung formuliert: „Im Hinblick auf dieses Grundrecht ist § 5 Abs. 1 Nr. 6 BtMG dahin auszulegen, dass der Erwerb eines Betäubungsmittels für eine Selbsttötung mit dem Zweck des Gesetzes ausnahmsweise vereinbar ist, wenn sich der suizidwillige Erwerber wegen einer schweren und unheilbaren Erkrankung in einer extremen Notlage befindet." Das BVerwG hat diese Rechtauffassung in einem Urteil vom 28.05.2019 (3 C 6/17 – *NJW* 2019, 2789–2791) bestätigt, dabei aber offen gelassen, ob ein Grundrecht auf selbstbestimmtes Sterben auch über den Personenkreis schwer und unheilbar erkrankter Menschen hinausreicht. Das BVerfG hat diese Frage nunmehr in seiner Entscheidung zu § 217 StGB vom 26.02.2020 bejaht.

schen auf das Ausland verwiesen waren, sog. *„foreign shopping"* (Lindner 2020a, 91–97).

C. Das Urteil des BVerfG zu § 217 StGB vom 26.02.2020

Mit Urteil vom 26.02.2020 hat das BVerfG § 217 StGB für mit dem Grundrecht auf selbstbestimmtes Sterben unvereinbar und nichtig erklärt. Das Gericht leitet aus dem Allgemeinen Persönlichkeitsrecht (Art. 2 Abs. 1 i. V. m. Art. 1 Abs. 1 GG) ein Recht auf selbstbestimmtes Sterben ab (I.). § 217 StGB stellt einen mittelbaren Eingriff in dieses Grundrecht dar (II.). Diesen Eingriff hält das BVerfG für nicht gerechtfertigt und die Regelung daher für verfassungswidrig (III.).

I. *Das Grundrecht auf selbstbestimmtes Sterben*

Im Zentrum der Entscheidung steht die Herleitung und Konturierung eines Grundrechts auf selbstbestimmtes Sterben. Das Grundgesetz verbürge, wie das BVerfG nunmehr ausdrücklich klarstellt, ein Recht auf selbstbestimmtes Sterben. Dieses Grundrecht leitet das Gericht aus dem Allgemeinen Persönlichkeitsrecht (Art. 2 Abs. 1 i. V. m. Art. 1 Abs. 1 GG) her. Dieses schließe die Freiheit ein, sich das Leben zu nehmen und hierbei auch auf die freiwillige Hilfe dazu bereiter[3] Dritter zurückzugreifen. Die freiwillige Selbsttötung wird vom BVerfG als Akt autonomer Selbstbestimmung gesehen, die von Staat und Gesellschaft zu akzeptieren sei. Dies entspricht durchaus der bisher herrschenden Meinung in der medizin- und verfassungsrechtlichen Literatur, wenn auch die exakte Verankerung eines solchen Grundrechts bislang umstritten war (Lindner 2013; Lindner/Huber 2017). Eher unerwartet kam indes, dass das BVerfG das Recht auf selbstbestimmtes Sterben nicht auf bestimmte, eng umgrenzte Situationen wie schwere oder unheilbare Krankheitszustände oder bestimmte Lebens- und Krankheitsphasen beschränkt, sondern dafürhält, dass es „in jeder Phase menschlicher Existenz" bestehe (BVerfG, *NJW* 2020, 907; anders noch BVerwGE 158, 142–163). Eine Einengung des Schutzbereichs auf bestimmte Ursachen und Motive liefe nämlich, so das BVerfG, auf eine Bewertung der Beweggründe des zur Selbsttötung Entschlossenen und damit auf eine inhaltliche Vorbestimmung hinaus, die dem Freiheitsgedanken des Grundgesetzes fremd sei. Die Entscheidung des Einzelnen, dem eigenen Leben entsprechend seinem Verständnis von

---

[3] Das Grundrecht auf selbstbestimmtes Sterben verbürgt hingegen keinen *Anspruch* auf Hilfe zur Selbsttötung gegen den Staat oder Ditte, insbesondere gegen einen Arzt: „Niemand kann verpflichtet werden, Suizidhilfe zu leisten" (Leitsatz 6 des Urteils vom 26.02.2020).

Lebensqualität und Sinnhaftigkeit der eigenen Existenz ein Ende zu setzen, entziehe sich einer „Bewertung anhand allgemeiner Wertvorstellungen, religiöser Gebote, gesellschaftlicher Leitbilder für den Umgang mit Leben oder Tod oder Überlegungen objektiver Vernünftigkeit" (BVerfG, *NJW* 2020, 907). Sie bedürfe keiner weiteren Begründung oder Rechtfertigung, sondern sei „im Ausgangspunkt als Akt autonomer Selbstbestimmung von Staat und Gesellschaft zu respektieren" (BVerfG, *NJW* 2020, 907).

II. Eingriff durch § 217 StGB

Grundrechtsdogmatisch lege artis geht das BVerfG in einem zweiten Schritt auf die Frage ein, ob § 217 StGB einen Eingriff in das Grundrecht auf selbstbestimmtes Sterben enthält. Das BVerfG sieht einen doppelten Eingriff: nämlich einerseits einen *unmittelbaren* Eingriff in die Grundrechte (zumal der Berufsfreiheit) der Adressaten der Strafnorm, nämlich derjenigen, die (freiwillig) Hilfe zur Selbsttötung leisten, zweitens aber auch einen *mittelbaren* Eingriff in das Grundrecht auf selbstbestimmtes Sterben derjenigen, die Suizidhilfe dazu bereiter Dritter in Anspruch nehmen wollen. Da nach der heutigen Eingriffsdogmatik nicht nur unmittelbare und finale Eingriffe rechtfertigungsbedürftig sind, sondern auch mittelbare und faktische, kommt das BVerfG zum zutreffenden Ergebnis, dass das in § 217 StGB verankerte und strafbewehrte Verbot geschäftsmäßiger Suizidhilfe einen rechtfertigungsbedürftigen (mittelbaren) Grundrechtseingriff auch auf Seiten der Sterbewilligen darstellt.

III. Keine Rechtfertigung des Eingriffs

Dogmatisch konsequent wendet sich das BVerfG sodann der Frage zu, ob sich der (mittelbare) Eingriff in das Grundrecht auf selbstbestimmtes Sterben rechtfertigen lässt. Hier argumentiert das BVerfG mit den klassischen Aspekten des Verhältnismäßigkeitsgrundsatzes. Den verfassungsrechtlich legitimen Zweck des § 217 StGB sah der Gesetzgeber im Schutz des Lebens als solchem, insbesondere im Hinblick darauf, dass die Selbsttötung als Normalität am Ende des menschlichen Lebens vermieden und damit entsprechende soziale Drucksituationen ausgeschlossen werden sollten. Selbsttötung, zumal bei schweren Erkrankungen oder am Ende des Lebens, sollte nicht zum Regelausweg werden. Diese Motivation erachtet das BVerfG als verfassungsrechtlich legitimen Zweck. Es nimmt auch ein diesbezügliches tatsächliches Zweckverwirklichungsbedürfnis an und hält das Verbot in § 217 StGB zur Erreichung dieses Zwecks für geeignet und erforderlich. Allerdings hält das BVerfG das Verbot der geschäftsmäßigen Förderung der Selbsttötung auch im Hinblick auf die legitime Zwecksetzung für unverhältnismäßig im engeren Sinne, also für unangemessen. Denn mit der Regelung des § 217 StGB und dem gleichzeitigen berufsrechtlichen Verbot für Ärzte, Sterbehilfe (auch nicht-geschäftsmäßig) zu leisten, verstelle die deutsche Rechtsordnung den Weg zur Umsetzung des Rechts auf selbstbestimmtes Sterben vollständig. Zwar versage es die Anerkennung des Rechts auf selbstbestimmtes Sterben dem Gesetzgeber nicht, allgemeine Suizidprävention zu betreiben und insbesondere krankheitsbedingten Selbsttötungswünschen durch Ausbau und Stärkung palliativmedizinischer Behandlungs- und Beratungsangebote entgegenzuwirken. Der Gesetzgeber müsse auch denjenigen Gefahren für die Autonomie und das Leben entgegentreten, die in den gegenwärtigen und absehbaren realen Lebensverhältnissen begründet lägen und eine Entscheidung des einzelnen für die Selbsttötung und gegen das Leben beeinflussen könnten. Dieser sozialpolitischen Verpflichtung dürfe der Gesetzgeber sich aber nicht dadurch entziehen, dass er das verfassungsrechtlich geschützte Recht auf Selbstbestimmung vollständig außer Kraft setze. Die Rechtsordnung müsse nach Auffassung des BVerfG insgesamt so gestaltet sein, dass dem „Einzelnen die Freiheit verbleibt, auf die Erhaltung des Lebens zielende Angebote auszuschlagen und eine seinem Verständnis von der Sinnhaftigkeit der eigenen Existenz entspringende Entscheidung, das eigene Leben mit Hilfe Dritter zu beenden, umzusetzen" (BVerfG, *NJW* 2020, 914). Dieser verfassungsrechtlich „zwingend zu wahrende Entfaltungsraum autonomer Selbstbestimmung" (BVerfG, *NJW* 2020, 915) wird nach Auffassung des BVerfG durch das kategorische Verbot der geschäftsmäßigen Förderung der Selbsttötung verletzt. Es führe im Gefüge mit der bei seiner Einführung vorgefundenen Gesetzeslage dazu, dass das Recht auf Selbsttötung in weiten Teilen faktisch entleert sei. Die autonomiefeindliche Wirkung des § 217 StGB wird nach Auffassung des BVerfG gerade dadurch unverhältnismäßig intensiviert, dass dem Einzelnen in vielen Situationen jenseits geschäftsmäßiger Angebote der Suizidhilfe keine verlässlichen realen Möglichkeiten verblieben, einen Entschluss zur Selbsttötung umzusetzen. Denn ohne geschäftsmäßige Angebote der Suizidhilfe sei der Einzelne maßgeblich auf die individuelle Bereitschaft eines Arztes angewiesen, an einer Selbsttötung zumindest durch die Verschreibung der benötigten Wirkstoffe assistierend mitzuwirken. Von einer solchen individuellen ärztlichen Bereitschaft könne jedoch schon deswegen nicht ausgegangen werden, da die Berufsordnungen der meisten Landesärztekammern ärztliche Suizidassistenz für unzulässig erklärten.[4] Auch nach der gegenwärtigen Gestaltung des Betäubungsmittelrechts habe der einzelne keine realistische Möglichkeit, an eine letal wirkende Dosis entsprechender Wirkstoffe zu gelangen.[5] Bemerkenswert ist, dass das BVerfG ausdrücklich die Möglichkeit

---

[4] Das BVerfG äußert sich aber nicht zur Frage, ob das berufsrechtliche Verbot ärztlicher Suizidassistenz selbst verfassungswidrig ist, sondern zieht dieses Verbot nur heran, um zu begründen, dass dem Einzelnen keine realistische Möglichkeit verbleibt, von seinem Grundrecht auf selbstbestimmtes Sterben Gebrauch zu machen.

[5] Zwar hat das BVerwG in Fällen schweren Leidensdruckes einen Anspruch auf letal wirkende Betäubungsmittel bejaht (*BVerwGE* 158, 142–163); s. bereits oben B. Dieser Anspruch

verneint, die Verhältnismäßigkeit des § 217 StGB mit dem Argument zu retten, der Einzelne könne Suizidhilfeangebote im Ausland in Anspruch nehmen: „Die staatliche Gemeinschaft darf den Einzelnen zudem nicht auf die Möglichkeit verweisen, im Ausland verfügbare Angebote der Suizidhilfe in Anspruch zu nehmen. Der Staat hat den erforderlichen Grundrechtsschutz gemäß Art. 1 Abs. 3 GG innerhalb der eigenen Rechtsordnung zu gewährleisten" (BVerfG, *NJW* 2020, 917). Dieser verfassungsgerichtliche Ausschluss des Verweises auf ein *„foreign shopping"* könnte und sollte auch in anderen Bereichen des Medizin- und Gesundheitsrechts Bedeutung erlangen, etwa im Fortpflanzungsmedizinrecht (vgl. dazu Lindner 2020a; speziell für das Fortpflanzungsmedizinrecht ders. 2019).

D. Die aktuelle Rechtslage nach der Entscheidung des BVerfG

Die Reaktionen in der Öffentlichkeit auf diese Entscheidung fielen ungewöhnlich heftig aus. Das BVerfG habe das *„Wertefundament"* der Gesellschaft verlassen (Deckers 2020, 1), mit der *„bewährten Rechtskultur radikal gebrochen"* (Dabrock 2020, 2) und durch die Erfindung eines *„Supergrundrechts Suizid"* (Geyer 2020, 11) die *„ethischen Grundfeste erschüttert"* (Thierse 2020, 20). Der frühere Bundestagspräsident Thierse hat sich sogar dazu verstiegen, die Richterinnen und Richter des Zweiten Senats des BVerfG als *„furchtbare Juristen"* (Thierse 2020, 20) zu bezeichnen und sie damit in die Nähe des NS-Unrechtsstaats zu rücken (vgl. dazu Müller 1987; dieses Buch behandelt u. a. die Verbrechen der deutschen Justiz im Nationalsozialismus.). Doch was gilt nun eigentlich? Die Antwort ist zunächst einfach: Es gilt die Rechtslage vor der Einführung des § 217 StGB. Das bedeutet, dass nicht nur die einfache Beihilfe zur Selbsttötung – wie diese selbst – straflos ist, sondern auch die geschäftsmäßige. Allerdings hatten die Berufsordnungen fast aller Landesärztekammern[6] in Anlehnung an den mittlerweile allerdings gestrichenen § 16 Satz 3 der (als solche nicht verbindlichen) Musterberufsordnung für Ärzte (MBO)[7] die ärztliche Beihilfe zum Suizid weiterhin verboten.[8] Die Entscheidung

---

steht jedoch nur auf dem Papier, weil das Bundesgesundheitsministerium das zuständige Bundesamt für Arzneimittel und Medizinprodukte angewiesen hat, entsprechende Anträge nicht (positiv) zu verbescheiden.

[6] Keine dem (mittlerweile aufgehobenen) § 16 Satz 3 MBO entsprechende Regelung enthielt und enthält z. B. die Berufsordnung für die Ärzte in Bayern.

[7] Die Musterberufsordnung für die Ärztinnen und Ärzte in Deutschland (MBO) ist eine von der Bundesärztekammer erarbeitete, nicht rechtsverbindliche Empfehlung für die für den Inhalt der Berufsordnungen (es handelt sich dabei um Satzungen) zuständigen Landesärztekammern (rechtsfähige Körperschaften des öffentlichen Rechts auf der Basis der Landes-Heilberufekammergesetze).

[8] § 16 MBO („Beistand für Sterbende") lautet: „Ärztinnen und Ärzte haben Sterbenden unter Wahrung ihrer Würde und unter Achtung ihres Willens beizustehen. Es ist ihnen verboten,

des BVerfG vom 26.02.2020 betrifft nur die geschäftsmäßige Förderung der Selbsttötung, nicht indes das breiter gefächerte Phänomen *Sterbehilfe*[9] insgesamt. Insbesondere die Grundsätze zur sog. *passiven Sterbehilfe*[10] sowie die neueren Entscheidungen des Bundesgerichtshofs (BGH) zur Straffreiheit des Arztes im Hinblick auf das Unterlassen lebensrettender Maßnahmen bei selbstbestimmtem Suizid werden durch das BVerfG-Urteil jedenfalls nicht unmittelbar tangiert.[11] Unberührt von der Entscheidung zu § 217 StGB bleibt schließlich das Verbot und die Strafbarkeit der aktiven Sterbehilfe, also der Tötung auf Verlangen (§ 216 StGB), auch wenn in der Literatur insoweit Änderungsbedarf gesehen wird (Lindner 2006; ders. 2020d).

E. Spielraum des Gesetzgebers für ein konsistentes Regelungsmodell

Das BVerfG hat dem Gesetzgeber die Regulierung der (geschäftsmäßigen) Suizidassistenz allerdings nicht gänzlich verstellt. Vielmehr hat es dem Gesetzgeber in einem obiter dictum (BVerfG, *NJW* 2020, 920f.) einen weiten Spielraum zur Regulierung der organisierten Suizidhilfe belassen[12] und eine konsistente Regelung

---

Patientinnen und Patienten auf deren Verlangen zu töten. Sie dürfen keine Hilfe zur Selbsttötung leisten." Der letzte Satz wurde auch vor dem Hintergrund der Entscheidung des BVerfG zu § 217 StGB im Mai 2021 gestrichen.

[9] „Sterbehilfe" ist kein selbständiger juristischer Terminus, an den sich eigene Rechtsfolgen knüpfen, sondern ein *Sammelbegriff*, der verschiedene Begriffe und Phänomene umfasst: die insbesondere palliativmedizinische Sterbebegleitung vor und nach Einsetzen des unmittelbaren Sterbeprozesses, die passive und aktive Sterbehilfe sowie die Beihilfe zum Suizid.

[10] BGHSt 55, 191–206. Passive Sterbehilfe meint die Nichtaufnahme oder den Abbruch einer lebensnotwendigen Behandlung aufgrund des freiverantwortlichen aktuellen Willens des Patienten (§ 630d BGB) oder auf Grund einer wirksamen Patientenverfügung oder des mutmaßlichen Willens (§ 1827 BGB). Derjenige, der eine intensivmedizinische Behandlung ablehnt und insoweit von seinem Selbstbestimmungsrecht Gebrauch macht, darf von Rechts wegen nicht behandelt werden, unabhängig davon, ob die Entscheidung vor dem Beginn einer Behandlung oder im Verlaufe dieser Behandlung geäußert wird: Steht der freiverantwortlich gebildete Wille des Patienten entgegen, darf die Behandlung nicht aufgenommen werden, eine bereits begonnene ist abzubrechen – selbst wenn dies zum Tode des Patienten führt.

[11] BGH, *NJW* 2019, 3089–3092: Die Garantenstellung (§ 13 StGB) des Arztes für das Leben des Patienten ende, wenn er vereinbarungsgemäß nur noch dessen eigenverantwortlichen Suizid begleite.

[12] BVerfG, *NJW* 2020, 920f.: „Aus der Verfassungswidrigkeit des § 217 StGB folgt nicht, dass der Gesetzgeber sich einer Regulierung der Suizidhilfe vollständig zu enthalten hat [...]. Zum Schutz der Selbstbestimmung über das eigene Leben steht dem Gesetzgeber in Bezug auf das Phänomen organisierter Suizidhilfe ein breites Spektrum an Möglichkeiten offen. Sie reichen von der positiven Regulierung prozeduraler Sicherungsmechanismen, etwa

unter Berücksichtigung auch des ärztlichen Berufsrechts sowie des Betäubungsmittelrechts mehr oder weniger angemahnt.[13] Eine Grenze finde der Spielraum des Gesetzgebers erst, wenn dieser dem verfassungsrechtlich geschützten Recht des Einzelnen, aufgrund freier Entscheidung mit Unterstützung Dritter aus dem Leben zu scheiden, keinen „faktisch hinreichenden Raum zur Entfaltung und Umsetzung belässt" (BVerfG, *NJW* 2020, 921). Mittlerweile liegen im politischen Raum und von Seiten der Wissenschaft Regelungskonzepte vor (vgl. etwa Dorneck et al. 2021; zu möglichen Regelungsoptionen Lindner 2020b). Dem Bundestag liegen aktuelle Gesetzentwürfe vor.

F. Das Problem der Gesetzgebungskompetenz – Änderung des Grundgesetzes?

Der Weg zu einer in sich konsistenten gesetzlichen Regulierung der Suizidassistenz oder gar Sterbehilfe insgesamt dürfte vor allem aus politischen Gründen steinig sein. Die heftigen Reaktionen auf das BVerfG-Urteil zu § 217 StGB machen dies deutlich. Zudem wirft bereits die Gesetzgebungskompetenz Probleme auf. Das BVerfG hat den „Gesetzgeber" (BVerfG, *NJW* 2020, 920) im Auge. Die Kompetenz in diesem Bereich ist jedoch zwischen Bund und Ländern verteilt. So fallen das Arznei- und Betäubungsmittelrecht in die Gesetzgebungskompetenz des Bundes (Art. 74 Abs. 1 Nr. 19 GG), das ärztliche Berufsrecht ist hingegen Angelegenheit der Länder (Art. 30 Abs. 1, 70 Abs. 1 GG, arg e Art. 74 Abs. 1 Nr. 19 GG). Man könnte daran denken, den gesamten Regelungskomplex der Sterbehilfe auf die Kompetenz für das Strafrecht (Art. 74 Abs. Nr. 1 GG) zu stützen. Dies dürfte allerdings schon im Hinblick darauf, dass das BVerfG eine konsistente Regelung anmahnt und nicht eben nur eine strafrechtliche, wenig sachgerecht sein. Zudem wäre ein solches Vorgehen insofern problematisch, als dadurch die differenzierte Kompetenzverteilung zwischen Bund und Ländern unterlaufen würde. Zu denken wäre daran, den Kompetenztitel des Art. 74 Abs. 1 Nr. 11 GG (Recht der Wirtschaft, „Gewerbe") heranzuziehen, wenn man ein wirtschaftsverwaltungsrechtliches Regulierungsmodell für Sterbehilfeorganisationen präferieren

---

gesetzlich festgeschriebener Aufklärungs- und Wartepflichten, über Erlaubnisvorbehalte, die die Zuverlässigkeit von Suizidhilfeangeboten sichern, bis zu Verboten besonders gefahrträchtiger Erscheinungsformen der Suizidhilfe entsprechend dem Regelungsgedanken des § 217 StGB."

[13] BVerfG, *NJW* 2020, 921: „Das erfordert nicht nur eine konsistente Ausgestaltung des Berufsrechts der Ärzte und der Apotheker, sondern möglicherweise auch Anpassungen des Betäubungsmittelrechts. Die Obliegenheit zur konsistenten Ausgestaltung der Rechtsordnung schließt nicht aus, die im Bereich des Arzneimittel- und des Betäubungsmittelrechts verankerten Elemente des Verbraucher- und des Missbrauchsschutzes aufrechtzuerhalten und in ein Schutzkonzept im Bereich der Suizidhilfe einzubinden. All dies lässt unberührt, dass es eine Verpflichtung zur Suizidhilfe nicht geben darf."

würde. Angesichts dieser schwierigen kompetenzrechtlichen Situation sollte über eine Grundgesetzänderung dahingehend nachgedacht werden, eine Gesetzgebungskompetenz des Bundes für den Bereich der Suizidassistenz oder der Sterbehilfe insgesamt zu schaffen, beispielsweise in Art. 74 Abs. 1 Nr. 26 GG (Lindner 2020c[14]).

G. Regelungsoptionen für den Gesetzgeber

Der (nach der soeben vorgeschlagenen Grundgesetzänderung) mit einer umfassenden Gesetzgebungskompetenz ausgestattete Gesetzgeber muss sich inhaltlich zunächst überlegen, ob er lediglich den Bereich der geschäftsmäßigen Suizidassistenz, also den Regelungsgegenstand des bisherigen § 217 StGB unter Beachtung der Entscheidung des BVerfG neu regeln will (so dem Deutschen Bundestag aktuell vorliegende Gesetzentwürfe[15]), oder ob er sich darüber hinaus an eine Gesamtregulierung der Sterbehilfe unter Einbezug des ärztlichen Berufsrechts sowie der passiven Sterbehilfe wagt und dabei auch den Bereich der Suizidprävention einbezieht. Beschränkt sich der Gesetzgeber zunächst auf den Bereich der (geschäftsmäßigen) Suizidassistenz, so kommen jedenfalls drei Regelungsoptionen in Betracht, die hier lediglich kursorisch vorgestellt werden können (Einzelheiten zu den drei Modellen sowie ein konkreter Gesetzgebungsvorschlag finden sich bei Lindner 2020b).

(1) Eine Option bestünde darin, dass der Gesetzgeber das strafbewehrte Verbot der geschäftsmäßigen Suizidförderung beibehielte. Eine solche inhaltliche Perpetuierung des für nichtig erklärten § 217 StGB wäre im Hinblick auf das Urteil des BVerfG zu § 217 StGB verfassungsrechtlich allenfalls dann möglich, wenn gleichzeitig das berufsrechtliche Verbot ärztlicher Suizidassistenz aufgehoben oder zumindest gelockert bliebe. Denn das BVerfG hat die Unverhältnismäßigkeit des § 217 StGB gerade damit begründet, dass dem Einzelnen auch nach ärztlichem Berufsrecht kein realistischer Zugang zur Suizidhilfe offenstehe. Das berufsrechtliche Verbot der Suizidassistenz für Ärzte ist mittlerweile durch die bereits erwähnte Streichung des § 16 Satz 3 MBO aufgehoben worden.

(2) Eine zweite Option läge darin, auf ein strafbewehrtes Verbot geschäftsmäßiger Suizidförderung zu verzichten. In diesem Fall müsste das berufsrechtliche Verbot ärztlicher Suizidhilfe ebenfalls modifiziert werden (was durch die

---

[14] S. hier v. a. zur Frage der Aufnahme eines grundsätzlichen Verbotes der organisierten Suizidassistenz ins Grundgesetz. Dort wird auch erörtert, ob es sich empfiehlt, das vom BVerfG aus Art. 2 Abs. 1 i. V. m. Art. 1 Abs. 1 GG abgeleitete Grundrecht auf selbstbestimmtes Sterben in den Text des Grundgesetzes aufzunehmen.

[15] Insbesondere: „Entwurf eines Gesetzes zur Regelung der Suizidhilfe" vom 19.04.2021 (BT-Drs. 19/28691) und „Entwurf eines Gesetzes zur Strafbarkeit der geschäftsmäßigen Hilfe zur Selbsttötung und der Sicherstellung zur Freiverantwortlichkeit der Entscheidung zur Selbsttötung" vom 07.03.2022 – BT-Drs. 20/904.

Streichung des § 16 Satz 3 MBO mittlerweile auch erfolgt ist). Denn es dürfte mit dem Grundrecht auf selbstbestimmtes Sterben, von dem auch die Inanspruchnahme der Hilfe dazu bereiter Dritter umfasst ist, kaum zu vereinbaren sein, dem Einzelnen zwar Zugang zu Sterbehilfeorganisationen zu eröffnen, gerade die ärztliche Suizidassistenz jedoch (berufsrechtlich) auszuschließen. Damit käme der Gesetzgeber zudem in Konflikt mit dem Gleichbehandlungsgrundsatz (Art. 3 Abs. 1 GG).

(3) Eine dritte Möglichkeit besteht darin, dass der Gesetzgeber ein verwaltungsrechtliches Regelungsmodell mit einer behördlichen Zulassung von Sterbehilfeorganisationen und/oder selbstbestimmungsschützenden Verfahrens- und Beratungspflichten normiert und in dieses auch das ärztliche Berufsrecht integriert. Ein solches Modell wäre für geschäfts- oder gewerbsmäßig agierende Sterbehilfeorganisationen adäquat und verfassungskonform umsetzbar. Ob es allerdings auch dem Berufsbild des freien Berufes des Arztes angemessen ist, diesen in ein verwaltungsrechtliches, am Gewerberecht orientiertes Zulassungsmodell einzubeziehen, erscheint – ungeachtet des Problems der Gesetzgebungskompetenz – fraglich. Politisch sinnvoller dürfte es daher sein, insofern zwei Regelungsmodelle zu konzipieren, nämlich erstens ein verwaltungs- oder gewerberechtliches für die Zulassung und Tätigkeit geschäftsmäßiger Sterbehilfeorganisationen und zweitens ein Regelungsmodell im ärztlichen Berufsrecht für die Suizidhilfe durch die Ärzte. Beide Modelle könnten mit selbstbestimmungssichernden Verfahrensvorschriften flankiert und in einer Norm zusammengefasst werden. Allerdings dürfen Verfahrensvorschriften mit Beratungspflichten und Wartezeiten nicht dazu führen, dass das Grundrecht auf selbstbestimmtes Sterben faktisch leerläuft. Wenn etwa der aktuell dem Bundestag vorliegende interfraktionelle Gesetzentwurf um den Abgeordneten Castellucci (BT-Drs. 20/904 vom 07.03.2022) vor Inanspruchnahme von Suizidhilfe eine doppelte Untersuchung durch einen Psychiater, eine zusätzliche komplexe Beratung „mit einem multiprofessionellen und interdisziplinären Ansatz" und darüber hinaus mehrfache Wartefristen verlangt, könnte dies in der Praxis prohibitive Wirkung entfalten und zu einem faktischen Leerlaufen des Grundrechts auf selbstbestimmtes Sterben führen – dies wäre verfassungswidrig und könnte vor dem Bundesverfassungsgericht durch eine erneute Verfassungsbeschwerde geltend gemacht werden.

Literatur

Dabrock, Peter (2020): Der Lebensschutz wiegt nichts, in: *Süddeutsche Zeitung*, 28. Februar 2020, 2.

Deckers, Daniel (2020): Wirklich ein Akt der Selbstbestimmung?, in: *Frankfurter Allgemeine Zeitung*, 27. Februar 2020, 1.

Dorneck, Carina / Gassner, Ulrich M. / Kersten, Jens et al. (2021): *Sterbehilfegesetz. Augsburg-Münchner-Hallescher-Entwurf*, Tübingen.

Geyer, Christian (2020): Supergrundrecht Suizid?, in: *Frankfurter Allgemeine Zeitung*, 5. März 2020, 11.
Lindner, Josef Franz (2006): Grundrechtsfragen aktiver Sterbehilfe, in: *Juristenzeitung* 2006, 373–383.
Lindner, Josef Franz (2013): Verfassungswidrigkeit des – kategorischen – Verbots ärztlicher Suizidassistenz, in: *Neue Juristische Wochenschrift* 2013, 136–139.
Lindner, Josef Franz (2017): Deutscher Ethikrat als praeceptor iurisdictionis? Kritik der Ad-hoc-Empfehlung „Suizidprävention statt Suizidunterstützung", in: *Zeitschrift für Rechtspolitik* 2017, 148–151.
Lindner, Josef Franz (2019): Ein zeitgemäßes Fortpflanzungsmedizinrecht für Deutschland, in: *Zeitschrift für Rechtspolitik* 2019, 171–174.
Lindner, Josef Franz (2020a): Free Rider – Leitbild der deutschen Gesundheitspolitik, in: *Merkur*, Mai 2020, 91–97.
Lindner, Josef Franz (2020b): Sterbehilfe in Deutschland – mögliche Regelungsoptionen, in: *Zeitschrift für Rechtspolitik* 2020, 66–69.
Lindner, Josef Franz (2020c): Verbot geschäftsmäßiger Suizidförderung ins Grundgesetz?, in: *Medizinrecht* 2020, 527–531.
Lindner, Josef Franz (2020d): Verfassungswidrigkeit des Verbotes aktiver Sterbehilfe?, in: *Neue Zeitschrift für Strafrecht* 2020, 505–508.
Lindner, Josef Franz / Huber, Franziska (2017): Das Grundrecht auf selbstbestimmtes Sterben, in: *Zeitschrift für Medizinstrafrecht* 2017, 268–271.
Müller, Ingo (1987): *Furchtbare Juristen*, München.
Thierse, Wolfgang (2020): Leserbrief zum Sterbehilfe-Urteil des Bundesverfassungsgerichts, in: *Frankfurter Allgemeine Zeitung*, 29. Februar 2020, 20.

Claudia Bausewein

Suizidalität im Kontext palliativer Versorgung

Mit seinem Urteil zum § 217 StGB hat das Bundesverfassungsgericht im Februar 2020 das Grundrecht auf selbstbestimmtes Sterben als Teil des allgemeinen Persönlichkeitsrechts bekräftigt und damit bestärkt, dass dies auch das Recht, Hilfe zum Suizid in Anspruch zu nehmen, beinhaltet (Bundesverfassungsgericht 2020). Dieses Recht ist laut Bundesverfassungsgericht nicht auf schwere und unheilbare Krankheitszustände beschränkt, sondern muss in jeder Phase der menschlichen Existenz gewährleistet werden. Dies bedeutet, dass Menschen in Lebenskrisen und unabhängig von einer schweren Erkrankung, aber auch Palliativpatienten und Palliativpatientinnen, die dem Lebensende nahe sind oder *vorsorgen möchten*, ein Recht auf Hilfe beim Suizid haben. Damit haben wir in Deutschland mit die liberalste Situation weltweit, da in vielen anderen Ländern die Suizidassistenz an eine fortgeschrittene lebenslimitierende Erkrankung, auch in Kombination mit einer begrenzten Lebenserwartung, z. B. von sechs Monaten, gebunden ist.

Todeswünsche bei Menschen mit fortgeschrittenen Erkrankungen und am Lebensende

Todeswünsche sind bei Patientinnen und Patienten mit fortgeschrittenen Erkrankungen, besonders, wenn sich das Lebensende abzeichnet, häufig. Aber auch manche ältere Menschen, die unter multiplen Erkrankungen leiden, wünschen sich den vorzeitigen Tod. Dieses Phänomen manifestiert sich im Wunsch nach baldigem Sterben bzw. dem Wunsch danach, tot zu sein (Leitlinienprogramm Onkologie 2019). Dies kann zunächst bedeuten, dass die Betroffenen akzeptieren, wenn sich das Sterben abzeichnet, im Sinn einer Lebenssattheit, oder dass sie hoffen, dass sie bald sterben werden. Manche bitten aber auch um eine Beschleunigung des Sterbens, sei es, dass jemand sie beim Suizid unterstützt, d. h. beispielsweise ein entsprechendes Präparat zur Verfügung stellt, oder auch, dass sie eine *Spritze* möchten, die das Leben beendigt, also eine Tötung auf Verlangen wünschen. Neben dem Wunsch zur Unterstützung beim Suizid kann aber auch eine akute (bewusst geplante) Suizidalität mit einem zunehmenden Handlungsdruck bestehen (Leitlinienprogramm Onkologie 2019). Die unterschiedlichen Formen von Todeswünschen zeichnen sich durch einen immer stärker werdenden Handlungsdruck aus (Kremeike et al. 2021).

Suizidalität als komplexes Phänomen umfasst alle Gedanken, Gefühle und Handlungen, die auf eine selbst herbeigeführte Beendigung des eigenen Lebens zielen, wobei der innere Druck, suizidale Gedanken in Handlungen umzusetzen, entscheidend ist (Bundesärztekammer 2021). Dabei zielt Suizidalität auf eine Veränderung unerträglich empfundenen Leids; angestrebt wird Ruhe und Leidensfreiheit (Bundesärztekammer 2021). Suizidalität ist nicht identisch mit Todeswünschen, aber es gibt es Überschneidungen (Bundesärztekammer 2021).

Suizidalität und Todeswünsche treten häufig nicht als stabile Phänomene auf, sondern können über die Zeit in Art und Intensität, beeinflusst von äußeren und inneren Faktoren, fluktuieren und sind zeitlich schwankend im Verlauf von Tagen, Wochen oder Monaten.

In Studien drücken 12–45 % der Patienten und Patientinnen mit fortgeschrittenen Erkrankungen einen vorübergehenden und 10–18 % einen stabilen und anhaltenden Todeswunsch aus (Chochinov et al. 1995; Wilson et al. 2016). In einer französischen Studie mit Palliativpatientinnen und -patienten, die einen vorzeitigen Todeswunsch äußerten, persistierte der Todeswunsch bei 35 % der Patienten, fluktuierte bei 25 % und verschwand bei 29 % (Ferrand et al. 2012). Todeswünsche mit Wunsch um Suizidassistenz (und Tötung auf Verlangen) ändern sich v. a. mit besserer Symptomkontrolle, psychologischer Unterstützung und Palliativversorgung (Sprung et al. 2018; Briggs et al. 2022).

Patientinnen und Patienten mit einem vorzeitigen Todeswunsch können gleichzeitig auch einen Lebenswillen haben; beide können sich im Verlauf und in der Intensität verändern (Voltz et al. 2010), d. h. es gibt oft eine große Ambivalenz zwischen sterben und leben wollen.

Patientinnen und Patienten äußern Todeswünsche auf unterschiedliche Weise. Manche sprechen die Wünsche deutlich aus, andere sind sehr klar, ohne die Worte „*Sterben*" und „*Tod*" zu erwähnen, wieder andere bleiben eher vage und drücken den Wunsch nur implizit aus (Kremeike et al. 2022).

Es gibt vielfältige Gründe für einen vorzeitigen Todeswunsch, sowohl im körperlichen Bereich wie auch psychische, existentielle und soziale Motive (Sprung et al. 2018). Dazu gehören unerträgliche Schmerzen oder andere unkontrollierte Symptome, aber besonders auch die Angst, dass solche Symptome auftauchen könnten und zu unerträglichem Leiden führen. Außerdem besteht die Sorge, nicht mehr selbst entscheiden zu können und von anderen abhängig zu sein, verbunden mit dem Verlust der Autonomie. Viele möchten der Familie nicht zur Last fallen oder haben das Gefühl, nichts mehr wert zu sein in einer auf Leistung und Aktivität ausgerichteten Gesellschaft. Auch die Sorge vor Übertherapie am Lebensende und der Medizin ausgeliefert zu sein mit einem Sterben an Schläuchen, lässt Menschen vorzeitige Todeswünsche äußern. Weitere wichtige Aspekte sind die Angst vor einem Verlust der Würde bei zunehmender

Schwäche und Abhängigkeit und ebenso der Kontrolle über das eigene Leben. Der Kontrollverlust scheint eine zentrale Rolle bei vorzeitigen Todeswünschen und dem Wunsch nach Suizidassistenz zu spielen (Macleod 2012). Insgesamt haben persönliche und soziale Faktoren bei Palliativpatientinnen und -patienten eine größere Relevanz bei Todeswünschen als körperliche oder psychiatrische Faktoren (Rietjens et al. 2009).

Hinter Todeswünschen ist die Grundaussage in der Regel nicht, dass der Betroffene grundsätzlich nicht mehr leben möchte, sondern, dass die Lebenssituation aufgrund der Erkrankung oder großer körperlicher und seelischer Belastungen so schlecht ist, dass die Menschen eigentlich ausdrücken, dass sie *so* nicht mehr leben wollen.

Wünsche am Lebensende

Menschen mit fortgeschrittenen Erkrankungen und einer begrenzten Lebenszeit haben viele Wünsche. Dazu gehört die Linderung von Schmerzen und anderen körperlichen Beschwerden, die Unterstützung bei psychischen und spirituell-existentiellen Problemen und die Unterstützung und Entlastung der Familien. Aber auch offene und ehrliche Kommunikation sind ein großes Bedürfnis für Menschen mit fortgeschrittenen Erkrankungen und am Lebensende. Schließlich spielen die Beachtung und Berücksichtigung der Prioritäten und Wünsche eine große Rolle (Steinhauser et al. 2000; Heyland et al. 2006).

Die Wünsche für das Lebensende von gesunden Menschen unterscheiden sich nur wenig. Als zentral wird beschrieben, dass man als Mensch und nicht als Nummer oder Erkrankung gesehen und behandelt wird (British Medical Association 2015). Dazu gehören die Möglichkeit der Mitentscheidung bei Behandlungen und über den Betreuungsort, dass Privatsphäre und das Zusammensein mit Nahestehenden ermöglicht werden, der angemessene Zugang zu medizinischer Betreuung, Information und gute Kommunikation sowie emotionale Unterstützung (British Medical Association 2015).

Palliativversorgung

Palliativmedizin und Palliativversorgung verfolgen das Ziel, die Lebensqualität von Patientinnen und Patienten mit einer lebensbedrohenden Erkrankung und ihren Angehörigen zu verbessern oder zu erhalten. Dies erfolgt mittels Prävention und Linderung von Leiden, durch frühzeitiges Erkennen und Behandeln von Problemen im physischen, psychischen, sozialen und spirituellen Bereich (WHO 2007). Palliativversorgung bejaht das Leben und sieht das Sterben als natürlichen Prozess; der Tod wird weder beschleunigt noch hinausgezögert (WHO 2007).

Orientiert an deren Wünschen möchte Palliativversorgung Patienten und Patientinnen ein möglichst beschwerdearmes Leben mit hoher Lebensqualität, die Wiederherstellung oder Aufrechterhaltung der Autonomie und eine möglichst lange Betreuung zuhause ermöglichen. Genauso sollen Angehörige Unterstützung und Entlastung erfahren. Ziel ist es, dass Palliativversorgung möglichst frühzeitig angeboten wird und nicht erst in den letzten Lebenswochen oder -tagen beginnt.

Die Hospiz- und Palliativversorgung hat sich in den letzten Jahren und Jahrzehnten in Deutschland sehr gut entwickelt und ist ein etabliertes Versorgungsangebot im deutschen Gesundheitswesen geworden. 2022 gibt es etwa 1500 ambulante Hospizdienste und ca. 400 Teams der Spezialisierten Ambulanten Palliativversorgung (SAPV) sowie 340 Palliativstationen und 250 stationäre Hospize (Deutscher Hospiz- und Palliativverband 2022). Jede Bürgerin und jeder Bürger hat einen gesetzlichen Anspruch auf Hospiz- und Palliativversorgung, der an verschiedenen Stellen im Sozialgesetzbuch verankert ist.

Auch wenn die Betreuungszahlen stetig steigen, haben nicht alle Menschen, die Palliativversorgung bräuchten, auch Zugang zu der entsprechenden Unterstützung. Von ca. 96 000 Verstorbenen erhielten 2016 32,7 % irgendeine Form der spezialisierten Palliativversorgung (Ditscheid et al. 2020). Immer noch ist es für Menschen, die nicht an einer onkologischen Erkrankung, sondern z. B. an einer chronischen Herz-, Lungen- oder Nierenerkrankung leiden, schwerer, Zugang zu Palliativversorgung zu erhalten. Auch gibt es verschiedene Studien und Berichte, die zeigen, dass eine gute Betreuung am Lebensende nicht alle Menschen erreicht. So wird eine wenig sensible und respektvolle Kommunikation von Ärztinnen und Ärzten, besonders im Krankenhaus beschrieben (Voltz et al. 2020). Genauso sind Betroffene wegen unzureichender Symptomkontrolle nicht zufrieden mit der Betreuung im letzten Lebensjahr im Krankenhaus (Voltz et al. 2020). Der Patientenwille, ausgedrückt in Patientenverfügungen, wird nicht ausreichend beachtet (Higel et al. 2019; Lee et al. 2020). Dies zeigt sich u. a. in Übertherapie am Lebensende, die weiterhin ein häufiges Problem darstellt (Abedini et al. 2019; Ludwig et al. 2022).

Seit vielen Jahren bestätigen verschiedene Studien, dass Patientinnen und Patienten und ihre Angehörigen von der frühzeitigen Einbindung der Palliativversorgung profitieren, ihre Lebensqualität besser wird, weniger aggressive Therapien am Lebensende durchgeführt werden und sie zum Teil sogar länger leben (Temel et al. 2010; Haun et al. 2017). Trotzdem zeigen Untersuchungen, dass Palliativversorgung viel zu spät angeboten wird, international 18,9 Tage vor dem Tod, in Deutschland im Median sogar nur 13,2 Tage (Jordan et al. 2020). Patientinnen und Patienten mit Krebserkrankungen haben 15 Tage vor dem Tod Zugang zu Palliativversorgung und Menschen mit anderen Erkrankungen als Krebs sogar nur in den letzten sechs Lebenstagen (Jordan et al. 2020).

In einer englischen Studie wurde gezeigt, dass die Öffentlichkeit relativ wenig über die Möglichkeiten und Verfügbarkeit von Betreuung am Lebensende und insbesondere Hospiz- und Palliativbetreuung weiß (British Medical Association 2015). Insgesamt sind die Erwartungen nicht sehr hoch und als Hauptinformationsquellen dienen Medien und Fernsehen. Die, die einen Menschen am Lebensende begleitet haben, hatten sehr unterschiedliche Erfahrungen bezüglich der Qualität und berichteten über große geographische Unterschiede, z. B. zwischen städtischen und ländlichen Regionen (British Medical Association 2015).

Palliativversorgung von Menschen mit fortgeschrittenen Erkrankungen und Todeswünschen

Die Hospiz- und Palliativversorgung hat eine Vielzahl von Handlungsoptionen in der Begleitung von Menschen am Lebensende und insbesondere, wenn Todes- und Suizidwünsche bestehen und eine Lebensverlängerung nicht gewünscht ist. Im Vordergrund steht die Linderung belastender Symptome, die psychosoziale Unterstützung und die Begleitung bei spirituell-existentiellen Fragen. Hier kommen einerseits medikamentöse und nicht-medikamentöse Maßnahmen zur Symptomkontrolle zum Tragen, aber auch unterstützende therapeutische Angebote wie Gesprächs- und Psychotherapie, Atem-, Musik- und Kunsttherapie, sowie Physiotherapie. Sozialarbeiterinnen und Sozialarbeiter bieten Unterstützung bei der Organisation der (Weiter-)Versorgung im ambulanten und stationären Bereich und von Hilfsmitteln, aber auch bei sozialrechtlichen und finanziellen Fragen. Bei spirituellen und existentiellen Fragen sind Seelsorgerinnen sowie Psychologen wichtige Ansprechpartnerinnen. Im Rahmen der vorausschauenden Versorgungsplanung können Wünsche der Patientinnen und Patienten in Bezug auf medizinische Behandlungsmaßnahmen und weitere Fragen der medizinischen Begleitung, besonders für Situationen, wenn Patientinnen und Patienten nicht mehr einwilligungsfähig sind, festgelegt werden. Die Indikation für lebensverlängernde medizinische Maßnahmen wird kritisch überprüft, und wenn Patientinnen oder Patienten ihr Einverständnis zu solchen Maßnahmen nicht (mehr) geben, werden diese nicht eingeleitet bzw. beendet. Manche Menschen sehen im freiwilligen Verzicht auf Essen und Trinken eine Option, ihren Wünschen Ausdruck zu geben. Wenn körperliches oder spirituell-existentielles Leiden am Lebensende nicht ausreichend gelindert werden können, was bei guter Palliativversorgung eher die Ausnahme ist, kann durch eine gezielte Sedierung am Lebensende das Bewusstsein so eingeschränkt werden, dass das Leiden nur reduziert oder nicht mehr erlebt wird.

Im Rahmen der Palliativversorgung kann normalerweise eine deutliche Linderung von körperlichen Beschwerden und psychischem Leid erreicht werden, und es tritt damit eine Verbesserung der Lebensqualität ein. Dann lassen die Todes- oder Suizidwünsche in der Regel nach. Auch wenn sie nicht ganz verschwinden, verlieren sie deutlich an Dringlichkeit und bleiben nur in Ausnahmefällen bestehen. In seltenen Fällen kann aber auch die Palliativversorgung die gewünschte Leidenslinderung nicht erreichen. Und schließlich können auch bei bester Hospiz- und Palliativversorgung, guter Symptomkontrolle und guten psychosozialen Unterstützungsangeboten Todes- und Suizidwünsche dauerhaft bestehen bleiben.

Umgang mit Todes- und Suizidwünschen in der Palliativversorgung

Die Bitte um Suizidassistenz ist nicht primär als Handlungsauftrag zu sehen. Vielmehr sind Zuhören und Ernstnehmen der Gedanken, Erfahrungen und (möglichen) Aktivitäten um Todes- und Suizidwünsche in einer von Offenheit, Interesse und Respekt geprägten Atmosphäre essentiell, wenn ein Wunsch nach einem assistierten Suizid geäußert wird (Leitlinienprogramm Onkologie 2019; Deutsche Gesellschaft für Palliativmedizin 2021). Der respektvolle Umgang mit Todes- und Suizidwünschen bedeutet dabei nicht automatisch ein Einverständnis mit den Wünschen (Kremeike et al. 2022). Es ist wichtig zu verstehen, was den Menschen zu diesem Wunsch bringt und welche Not hinter dem Wunsch um Suizidassistenz steckt. Manche Professionelle meinen, dass Patientinnen und Patienten Fragen des Lebensendes und Todeswünsche von sich aus ansprechen würden und haben Sorge, vor möglichen Nebenwirkungen, wenn sie diese Themen selbst ansprechen (Rodriguez-Prat et al. 2017). Das Gegenteil ist aber der Fall, das Ansprechen von suizidalen Gedanken ist für viele Betroffene eine Erleichterung und führt nicht zu deren Entstehung oder Steigerung (Leitlinienprogramm Onkologie 2019). Auch wenn die Assistenz beim Suizid keine Option für die Behandelnden oder die Einrichtung ist, dürfen Todes- und Suizidwünsche weder verdrängt noch verneint werden.

Zur Begleitung von Menschen mit Suizid- und Todeswünschen gehören individuelle Unterstützungsmöglichkeiten durch Linderung von belastenden Beschwerden und psychosozialen Unterstützungsangeboten zur Bewältigung der Lebenssituation. Da bis zu 60 % der Menschen, die eine Unterstützung zum Sterben wünschen, unter einer Depression leiden (Briggs et al. 2022), sollte auch bei Patientinnen und Patienten mit fortgeschrittenen Erkrankungen proaktiv geprüft werden, ob eine Depression vorliegt, die mit entsprechenden therapeutischen Maßnahmen gelindert werden kann.

Verschiedene Aspekte sollten in einem kontinuierlichen Gesprächsprozess mit den Betroffenen angesprochen werden (Deutsche Gesellschaft für Palliativmedizin 2021):
– Auslöser des Todeswunsches
– Ursachen des Todeswunsches

- Dauerhaftigkeit und ggf. Alternativlosigkeit des Todeswunsches
- Vorliegen körperlicher Symptome
- Psychische und spirituell-existentielle Belastungen
- Soziale Belastungen
- Hinweise auf subjektiv empfundene Überlastung der Angehörigen
- Finanzielle Aspekte
- Handlungsdruck abgestuft nach Lebenssattheit, Lebensmüdigkeit, distanzierter Suizidalität
- Akute Suizidalität

Durch die genannten Maßnahmen soll Betroffenen geholfen werden, verschiedene Optionen der Betreuung und Begleitung bei fortgeschrittener Erkrankung und am Lebensende zu kennen bzw. zu erfahren, um so eine wirklich freie Entscheidung treffen zu können. Dabei ist es nicht ausgeschlossen, dass der assistierte Suizid als eine Option bestehen bleibt.

Da professionell Begleitende in der Palliativversorgung immer wieder über Unsicherheiten im Umgang mit Todeswünschen von Patientinnen und Patienten berichten (Galushko et al. 2016), brauchen Professionelle Schulungen im Umgang mit Todeswünschen und Wissen über die Optionen der Hospiz- und Palliativversorgung. Ein entsprechendes Schulungskonzept wurde im Zentrum für Palliativmedizin der Uniklinik Köln, basierend auf Expertenkonsensus und Studienevidenz, entwickelt und getestet (Frerich et al. 2020). Dabei konnte gezeigt werden, dass das Selbstvertrauen der teilnehmenden Professionellen, mit Patientinnen und Patienten über Todeswünsche zu sprechen, durch die Schulung gestiegen ist (Frerich et al. 2020).

Auch viele Dachverbände und Träger, besonders von Alten- und Pflegeheimen in Deutschland, haben in der Zwischenzeit Handreichungen zum Umgang mit Todeswünschen und Anfragen zur Suizidassistenz für die Mitarbeitenden veröffentlicht. Dabei ist es wichtig, dass sich die Träger klar positionieren und den Mitarbeitenden eine Richtschnur geben, wie mit Anfragen zur Suizidassistenz umgegangen werden soll, ob eine Suizidassistenz in der jeweiligen Einrichtung zugelassen wird und ob z. B. Sterbehilfeorganisationen Zugang zur Einrichtung erhalten.

Palliativversorgung und assistierter Suizid

Aus Sicht der Deutschen Gesellschaft für Palliativmedizin ist es nicht Aufgabe der Hospiz- und Palliativversorgung, Hilfe bei einem Suizid zu leisten (Deutsche Gesellschaft für Palliativmedizin 2021). Das bedeutet, dass die Suizidassistenz nicht zum Betreuungsspektrum der Hospiz- und Palliativversorgung gehört, also nicht neben Symptomlinderung, psychosozialer und spirituell-existentieller Begleitung eine weitere Handlungsoption darstellt. Dies schließt aber nicht aus, dass es in Einzelfällen zu einem Dilemma für Ärztinnen und Ärzte kommen kann und dass Palliativmedizinerinnen und Palliativmediziner in einzelnen Situationen Suizidhilfe geleistet haben und leisten werden.

Position der Ärzte und Ärztinnen

In der (Muster-)Berufsordnung für die in Deutschland tätigen Ärztinnen und Ärzte steht im Paragraph 16 zu Beistand bei Sterbenden, dass „Ärztinnen und Ärzte Sterbenden unter Wahrung ihrer Würde und unter Achtung ihres Willens beizustehen haben. Es ist ihnen verboten, Patientinnen und Patienten auf deren Verlangen zu töten." Bis 2020 hieß es außerdem, dass sie keine Hilfe zur Selbsttötung leisten dürfen. Dieser Satz wurde beim 124. Deutschen Ärztetag 2021 gestrichen. Ärztinnen und Ärzte können künftig frei und allein auf Basis ihres Gewissens entscheiden, ob sie Suizidwillige beim Sterben unterstützen. In den Hinweisen der Bundesärztekammer zum ärztlichen Umgang mit Suizidalität und Todeswünschen nach dem Urteil des Bundesverfassungsgerichts zu § 217 StGB wird aber noch einmal betont, dass „die Hilfe zur Selbsttötung nicht zur Ausübung des ärztlichen Berufs gehört" und dass keine Ärztin und kein Arzt verpflichtet ist, Hilfe beim Suizid zu leisten (Bundesärztekammer 2021). Dies hatte auch schon das Bundesverfassungsgericht betont, indem es ausdrückte, dass es keine Verpflichtung zur Suizidhilfe geben darf, auch nicht für Ärztinnen und Ärzte (Bundesverfassungsgericht 2020).

Abschließende Bemerkung

Die Hospiz- und Palliativversorgung sieht sich als eine Form der Suizidprävention für Menschen mit fortgeschrittenen Erkrankungen und am Lebensende, die aufgrund ihrer Situation einen assistierten Suizid wünschen. Im Rahmen der Neuregelung der Suizidassistenz in Deutschland muss aber auch die Suizidprävention generell gestärkt werden, da die Zahl der akuten Suizide durch die Neuregelung der Suizidassistenz kaum beeinflusst werden wird. Es ist eher davon auszugehen, dass die Gesamtzahl der Suizide durch die Möglichkeit der Suizidassistenz deutlich ansteigen wird, da der Wunsch nach Hilfe zum Suizid neben „klassischen" Palliativpatientinnen und -patienten besonders häufig von älteren, gebrechlichen und multimorbiden Menschen geäußert wird, die unter Einsamkeit, Isolation und dem Gefühl, zur Last zu fallen, leiden. Für diese Menschen braucht es primär eine Förderung der Teilhabe und Inklusion sowie spezifische medizinische, pflegerische und psychologische Angebote. Für alle Betroffenengruppen gilt, dass die Hilfe durch psychosoziale Unterstützung in suizidalen Krisen, der Zugang zu Palliativversorgung und Betreuung im Hospiz leichter erreichbar sein muss als die Hilfe zum Suizid.

Literatur

Abedini, N. C. / Hechtman, R. K. / Singh, A. D. / Khateeb, R. / Mann, J. / Townsend, W. / Chopra, V. (2019): Interventions to reduce aggressive care at end of life among patients with cancer: a systematic review, in: *Lancet Oncology,* 20, e627–e636.

Briggs, S. / Lindner, R. / Goldblatt, M. J. / Kapusta, N. / Teising, M. (2022): Psychoanalytic understanding of the request for assisted suicide, in: *International Journal Psychoanalysis,* 103, 71–88.

British Medical Association (2015): End-of-life care and physician-assisted dying. Exploring public and medical attitudes to end-of-life care and physician-assisted dying. Public dialogue research, Volume 2, https://www.bma.org.uk/media/1417/bma-end-of-life-care-and-physician-assisted-dying-volume-two-report.pdf [Zugriff: 24.02.2023].

Bundesärztekammer (2021): Hinweise der Bundesärztekammer zum ärztlichen Umgang mit Suizidalität und Todeswünschen nach dem Urteil des Bundesverfassungsgerichts zu § 217 StGB, in: *Deutsches Ärzteblatt,* 118, A1428–A1432.

Bundesverfassungsgericht (2020): Urteil des Zweiten Senats vom 26. Februar 2020 – 2 BvR 2347/15 –, Rn. 1–343.

Chochinov, H. M. / Wilson, K. G. / Enns, M. / Mowchun, N. / Lander, S. / Levitt, M. / Clinch, J. J. (1995): Desire for death in the terminally ill, in: *American Journal of Psychiatry,* 152, 1185–1191.

Deutsche Gesellschaft für Palliativmedizin (2021): Empfehlungen der Deutschen Gesellschaft für Palliativmedizin (DGP) zum Umgang mit dem Wunsch nach Suizidassistenz in der Hospizarbeit und Palliativversorgung. Berlin, https://www.dgpalliativmedizin.de/images/DGP_Empfehlungen_zum_Umgang_mit_Wu%CC%88nschen_nach_Suizidassistenz_20210916.pdf [Zugriff: 03.02.2023].

Deutscher Hospiz- und PalliativVerband (2022): *Zahlen, Daten und Fakten zur Hospiz- und Palliativarbeit* [Online]. Deutscher Hospiz- und Palliativverband. https://www.dhpv.de/zahlen_daten_fakten.html [Zugriff 27.8.2022].

Ditscheid, B. / Krause, M. / Lehmann, T. / Stichling, K. / Jansky, M. / Nauck, F. / Wedding, U. / Schneider, W. / Marschall, U. / Meissner, W. / Freytag, A. / Die S.-S. (2020): Palliative care at the end of life in Germany: Utilization and regional distribution, in: *Bundesgesundheitsblatt Gesundheitsforschung Gesundheitsschutz,* 63, 1502–1510.

Ferrand, E. / Dreyfus, J. F. / Chastrusse, M. / Ellien, F. / Lemaire, F. / Fischler, M. (2012): Evolution of requests to hasten death among patients managed by palliative care teams in France: a multicentre cross-sectional survey (DemandE), in: *European Journal of Cancer,* 48, 368–376.

Frerich, G. / Romotzky, V. / Galushko, M. / Hamacher, S. / Perrar, K. M. / Doll, A. / Montag, T. / Golla, H. / Strupp, J. / Kremeike, K. / Voltz, R. (2020): Communication about the desire to die: Development and evaluation of a first needs-oriented training concept – A pilot study, in: *Palliative and Supportive Care,* 18, 528–536.

Galushko, M. / Frerich, G. / Perrar, K. M. / Golla, H. / Radbruch, L. / Nauck, F. / Ostgathe, C. / Voltz, R. (2016): Desire for hastened death: how do professionals in specialized palliative care react?, in: *Psychooncology,* 25, 536–543.

Haun, M. W. / Estel, S. / Rucker, G. / Friederich, H. C. / Villalobos, M. / Thomas, M. / Hartmann, M. (2017): Early palliative care for adults with advanced cancer, in: *Cochrane Database Systematic Reviews,* 6, CD011129.

Heyland, D. K. / Dodek, P. / Rocker, G. / Groll, D. / Gafni, A. / Pichora, D. / Shortt, S. / Tranmer, J. / Lazar, N. / Kutsogiannis, J. / Lam, M. / Canadian Researchers End-of-Life (CARENET)

(2006): What matters most in end-of-life care: perceptions of seriously ill patients and their family members, in: *Canadian Medical Association Journal*, 174, 627–633.

Higel, T. / Alaoui, A. / Bouton, C. / Fournier, J. P. (2019): Effect of Living Wills on End-of-Life Care: A Systematic Review, in: *Journal of the American Geriatric Society*, 67, 164–171.

Jordan, R. I. / Allsop, M. J. / Elmokhallalati, Y. / Jackson, C. E. / Edwards, H. L. / Chapman, E. J. / Deliens, L. / Bennett, M. I. (2020): Duration of palliative care before death in international routine practice: a systematic review and meta-analysis, in: *BioMed Central Medicine*, 18, 368.

Kremeike, K. / Bostrom, K. / Preiser, C. / Dojan, T. / Voltz, R. (2022): Desire to Die: How Does the Patients' Chorus Sound?, in: *Omega (Westport)*, 302228221103393.

Kremeike, K. / Pralomg, A. / Bostrom, K. / Bausewein, C. / Simon, S. T. / Lindner, R. / Voltz, R., on behalf of the Working Group on Desire to Die of the Germann Palliative Care Guideline (2021): „Desire to Die" in palliative care patients-legal framework and recommendations of the national evidence-based guideline on palliative care in Germany, in: *Annals of Palliative Medicine*, 10, 3594–3610.

Lee, R. Y. / Brumback, L. C. / Sathitratanacheewin, S. / Lober, W. B. / Modes, M. E. / Lynch, Y. T. / Ambrose, C. I. / Sibley, J. / Vranas, K. C. / Sullivan, D. R. / Engelberg, R. A. / Curtis, J. R. / Kross, E. K. (2020): Association of Physician Orders for Life-Sustaining Treatment With ICU Admission Among Patients Hospitalized Near the End of Life, in: *Journal of the American Medical Association*, 323, 950–960.

Leitlinienprogramm Onkologie (2019): Erweiterte S3 Leitlinie Palliativmedizin für Patienten mit einer nicht heilbaren Krebserkrankung. Onkologie Leitlinienprogramm, https://register.awmf.org/de/leitlinien/detail/128-001OL [Zugriff: 03.02.2023].

Ludwig, W. D. / Schildmann, J. / Gockel, M. (2022): Overtreatment at the End of Life in Oncology, in: *Therapeutische Umschau*, 78, 53–60.

Macleod, S. (2012): Assisted dying in liberalised jurisdictions and the role of psychiatry: a clinician's view, in: *The Australien & New Zealand Journal of Psychiatry*, 46, 936–945.

Rietjens, J. A. / Van der Maas, P. J. / Onwuteaka-Philipsen, B. D. / Van Delden, J. J. / Van der Heide, A. (2009): Two Decades of Research on Euthanasia from the Netherlands. What Have We Learnt and What Questions Remain?, in: *Journal of Bioethical Inquiry*, 6, 271–283.

Rodriguez-Prat, A. / Balaguer, A. / Booth, A. / Monforte-Royo, C. (2017): Understanding patients' experiences of the wish to hasten death: an updated and expanded systematic review and meta-ethnography, in: *British Medical Journal Open*, 7, e016659.

Sprung C. L. / Sommerville, M. A. / Radbruch, L. / Collet, N. S. / Duttge, G. / Piva, J. P. / Antonelli, M. / Sulmasy, D. P. / Lemmens, W. / Ely, E. W. (2018): Physician-Assisted Suicide and Euthanasia: Emerging Issues From a Global Perspective, in: *Journal of Palliative Care*, 33, 197–203.

Steinhauser, K. E. / Christakis, N. A. / Clipp, E. C. / McNeilly, M. / McIntyre, L. / Tulsky, J. A. (2000): Factors considered important at the end of life by patients, family, physicians, and other care providers, in: *Journal of the American Medical Association*, 284, 2476–2482.

Temel, J. S. / Greer, J. A. / Muzikansky, A. / Gallagher, E. R. / Admane, S. / Jackson, V. A. / Dahlin, C. M. / Blinderman, C. D. / Jacobsen, J. / Pirl, W. F. / Billings, J. A. / Lynch, T. J. (2010): Early palliative care for patients with metastatic non-small-cell lung cancer, in: *New England Journal of Medicine*, 363, 733–742.

Voltz, R. / Dust, G. / Schippel, N. / Hamacher, S. / Payne, S. / Scholten, N. / Pfaff, H. / Rietz, C. / Strupp, J. / Corenet, C. (2020): Improving regional care in the last year of life by setting up a pragmatic evidence-based Plan-Do-Study-Act cycle: results from a cross-sectional survey, in: *British Medical Journal Open*, 10, e035988.

Voltz, R. / Galushko, M. / Walisko, J. / Pfaff, H. / Nauck, F. / Radbruch, L. / Ostgathe, C. (2010): End-of-life research on patients' attitudes in Germany: a feasibility study, in: *Supportive Care in Cancer,* 18, 317–320.

Wilson, K. G. / Dalgleish, T. L. / Chochinov, H. M. / Chary, S. / Gagnon, P. R. / MacMillan, K. / De Luca, M. / O'Shea, F. / Kuhl, D. / Fainsinger, R. L. (2016): Mental disorders and the desire for death in patients receiving palliative care for cancer, in: *British Medical Journal Supportive Palliative Care,* 6, 170–177.

World Health Organization (WHO) (2007): Cancer control: Knowledge into Action: WHO Guide for Effective Programmes; Palliative Care, Genf.

Barbara Schneider

Suizidprävention

Einleitung

Das Bundesverfassungsgericht hat in seinem Beschluss zum § 217 StGB am 26.02.2020 entschieden, dass ein umfassendes Recht auf selbstbestimmtes Sterben existiert. Dieses Recht darf nicht *eingeschränkt werden auf fremddefinierte Situationen, wie schwere und unheilbare Krankheitszustände oder bestimmte Lebens- und Krankheitsphasen und umfasst auch die Freiheit, Dritte für den Suizid in Anspruch zu nehmen* (Bundesverfassungsgericht 2020, Rn. 210; Rn. 212). Aktuell begegnet uns in der öffentlichen Diskussion fast ausschließlich die Diskussion um assistierten Suizid bei sehr alten und/oder schwerkranken und/oder sterbenden Menschen. Außer Acht gelassen wird allerdings, dass die Möglichkeit des assistierten Suizids einer großen Anzahl von Menschen gewährt werden soll, auf die diese Kriterien nicht zutreffen, also auch jüngere Menschen in Lebenskrisen oder ältere Menschen, die an unvermeidbaren Alterseinschränkungen leiden.

Das Bundesverfassungsgericht verlangt eine Freiverantwortlichkeit als Voraussetzung zu einer gesetzlich legitimierten Suizidbeihilfe. In seinem Urteil hat das Bundesverfassungsgericht zugleich jedoch auch deutlich gemacht, dass der Gesetzgeber und die Gesellschaft legitimiert bleiben, einer Entwicklung entgegenzutreten, an deren Ende sich der Suizid bzw. der assistierte Suizid als „normale Form der Lebensbeendigung etablieren könne, die geeignet sei, autonomiegefährdende soziale Pressionen zu entfalten" (Bundesverfassungsgericht 2020, Rn. 248). Dies bedeutet in einem ersten Schritt die Stärkung suizidpräventiver Strukturen in Deutschland. Damit jeder Mensch in einer suizidalen Krise, der Hilfe sucht, auch Hilfe findet.

Kernelemente der Suizidprävention sind das Erkennen von Suizidalität, Suizidgefährdete dafür zu gewinnen, professionelle Hilfe in Anspruch zu nehmen sowie die Beziehung zwischen Behandelten und Behandelnden.

Was bedeutet Suizidalität?

Phänomenologisch kann sich Suizidalität vielfältig darstellen. Sie kann sich in dem *Wunsch nach Ruhe, Pause, Unterbrechung im Leben ausdrücken, als Todeswunsch, Suizididee oder Suizidgedanke auftreten, sich zwanghaft aufdrängen, mit und ohne Plan, und auch impulsiv sein.* Auf der Handlungsebene begegnet uns Suizidalität als Suizidankündigung, als manipulativ wirkende Verhaltensweisen, als Suizidversuch oder Suizid. Ein großes Suizidrisiko besteht bei Menschen, deren Suizidgedanken sich zwanghaft aufdrängen, die impulsiv sind und sehr konkrete Pläne für eine Suizidhandlung haben.

Es gibt keine Definition von Suizidalität, die das gesamte Spektrum dieses Phänomens menschlichen Denkens, Verhaltens und Erlebens abdeckt. Die Weltgesundheitsorganisation weist in ihrem Report 2014 darauf hin, dass verschiedene Definitionen für spezifische Anwendungsfälle sinnvoll sein können. Für den Zweck des Reports wurde *Suizid* als Akt der bewussten Selbsttötung definiert und *Suizidversuch* als jegliches nicht tödliches suizidales Verhalten, unter Einschluss selbstschädigenden Verhaltens. Unter *suizidalem Verhalten* werden eine Reihe von Verhaltensweisen, zu denen Suizidgedanken, Suizidpläne, Suizidversuche und der Suizid selbst gehören, aufgeführt.

Im deutschsprachigen Raum gibt es aus psychiatrischer Perspektive verschiedene Begriffsbestimmungen. Haenel und Pöldinger (1986) verstehen unter Suizidalität „das Potenzial aller seelischen Kräfte und Funktionen, das auf Selbstvernichtung tendiert". Nach Wolfersdorf ist Suizidalität die Summe aller Denk-, Verhaltens- und Erlebensweisen von Menschen, die in Gedanken, durch aktives Handeln oder passives Unterlassen oder durch Handelnlassen den eigenen Tod anstreben bzw. als mögliches Ergebnis einer Handlung in Kauf nehmen (Wolfersdorf 1989; 2000). Es ist eine allen Menschen mögliche Handlungsoption, die jedoch häufig in psychosozialen Krisen und bei psychischer Erkrankung auftritt (medizinisch-psychosoziales Paradigma). *Suizid* ist eine „selbst verursachte bzw. veranlasste selbstschädigende Handlung, mit dem Ziel tot zu sein und in dem Wissen, mit der Erwartung oder in dem Glauben, mit der angewandten Methode dieses Ziel zu erreichen; der Ausgang der Handlung ist der Tod des Handelnden" (Wolfersdorf 2008). Ein *Suizidversuch* ist „eine selbst verursachte bzw. veranlasste selbstschädigende Handlung mit dem Ziel, unter Einsatz des eigenen Lebens (eher ambivalenter Todeswunsch) etwas verändern zu wollen, oder eine primär als Suizid angelegte Handlung, die aus zufälligen Gründen überlebt wird; der Ausgang der Handlung ist das Überleben des Handelnden" (Wolfersdorf 2008).

Nach einer neueren Definition aus psychodynamischer Sicht wird Suizidalität als „Ausdruck der Zuspitzung einer seelischen Entwicklung" verstanden, „in der die Menschen hoffnungslos und verzweifelt sind und ihre Situation als ausweglos erleben" (Fiedler et al. 2007; Gerisch et al. 2000; Lindner et al. 2003). Im Hinblick auf die psychodynamische Psychotherapie wird Suizidalität als Symptom eines inneren psychischen Konflikts beschrieben. Dabei beleben die aktuellen Konflikte in der Regel frühe traumatisch erlebte Beziehungserfahrungen. Diese innere psychische Dynamik ist dem Betroffenen in der Regel nicht bewusst, wird aber im suizidalen Erleben und Handeln sichtbar (Lindner et al. 2003; Gerisch et al. 2000; Fiedler et al. 2007).

In der Palliativmedizin wird häufig der Begriff *Todeswunsch* verwendet. Dieser bezeichnet einen Zustand, in dem die Person sich das baldige Sterben wünscht und hofft, bald tot zu sein. Der Todeswunsch reicht von der Akzeptanz des Todes im Sinne von Lebenssattheit, dem Hoffen auf einen baldigen Beginn des Sterbeprozesses mit oder ohne Wunsch nach Beschleunigung bis hin zur akuten (bewusst geplanten) Suizidalität mit einem zunehmenden Handlungsdruck, je drängender und akuter der Wunsch nach selbst herbeigeführtem Sterben ist.

Zu Suizidalität, die weiterhin ein tabuisiertes Thema ist, gehören auch Mythen. Die Weltgesundheitsorganisation stellte in ihrem Bericht 2014 (WHO) *sechs der größten Mythen* bzw. Irrtümer über Suizidalität vor:

- *„Menschen, die über Suizidalität sprechen, nehmen sich nicht das Leben"*: Menschen, die über Suizidalität sprechen, suchen meist Hilfe und Unterstützung. Sie leiden häufig unter Angst, Niedergeschlagenheit und Hoffnungslosigkeit und sehen oft als einzigen Ausweg die Selbsttötung.
- *„Wenn jemand einmal suizidgefährdet ist, wird er oder sie immer suizidgefährdet bleiben"*: Ein erhöhtes Suizidrisiko ist oft kurzfristig und situationsspezifisch. Suizidgedanken können zwar immer wieder auftreten, sie sind jedoch nicht dauerhaft. Jemand, der jemals Suizidgedanken hatte oder auch einen Suizidversuch durchführte, kann lang leben.
- *„Nur Menschen mit psychischen Störungen sind suizidgefährdet"*: Suizidalität deutet auf tiefes Unglücklichsein, aber nicht unbedingt auf eine psychische Störung hin. Viele Menschen mit psychischen Störungen leiden nie unter Suizidalität und nicht alle Menschen, die sich das Leben nehmen, haben eine psychische Störung.
- *„Über Suizid zu sprechen kann jemand erst auf Suizidgedanken bringen"*: Das Gegenteil ist der Fall: Die meisten Menschen, die einen Suizid in Erwägung ziehen, wissen nicht, wie und mit wem sie sprechen können oder sollen.
- *„Die meisten Suizide geschehen plötzlich und ohne Vorwarnung"*: Der Mehrheit der Suizide gehen Warnzeichen voraus.
- *„Wer Suizidgedanken äußert, der möchte auch unbedingt sterben"*: Vielmehr wollen die Betroffenen unter den gegebenen oder von ihnen so erlebten Umständen nicht mehr weiterleben. Durch eine Veränderung der aktuellen Situation – sei es durch aktives Handeln (z. B. durch die Minderung physischen Leidens oder eine Änderung der psychosozialen Situation) oder durch eine im Rahmen sozialer Kontakte gelungene innere, subjektive Neubewertung der Situation durch die Betroffenen selbst – würden sie durchaus weiterleben. Dies zeigen Studien im Rahmen der palliativen Versorgung, der Beratung und Psychotherapie (Kremeike et al. 2019; Briggs et al. 2019).

Die Ambivalenz hinsichtlich des Wunsches zu leben oder zu sterben ist ein grundlegendes Merkmal von Suizidalität. Ambivalenz ist – einfach gesagt – ein Hin- und Herschwanken zwischen eigentlich *Nichtsterbenwollen*, aber so *Nichtweiterlebenkönnen*. Wir erleben dies häufig als Gleichzeitigkeit von Sterbewünschen und Lebenswillen. In der Praxis begegnet uns bei Menschen, die Suizidgedanken haben, nur sehr, sehr selten eine dauerhaft wirkende Entschlossenheit. Letztlich ist die Reaktion der Umgebung auf die suizidale Kommunikation der Betroffenen mitentscheidend, ob sich aus Suizidgedanken ein Suizid oder auch ein assistierter Suizid ergibt oder nicht.

Suizidalität ist individuell und auch empirisch nachgewiesen kein über die Zeit beständiges Phänomen. Suizidgedanken sind zeitlich schwankend. Selbst für im Umgang mit Suizidalität hocherfahrene Professionelle ist es oft sehr schwierig, die Beständigkeit des Suizidwunsches richtig einzuschätzen. So kann der in der Psychiatrie bekannte Zustand der kognitiven Einengung akut suizidgefährdeter Personen für Außenstehende den Eindruck einer eindeutigen Entschlossenheit hervorrufen. Die Unbeständigkeit des Suizidwunsches spiegelt sich auch in den Forschungsergebnissen zu Wiederholungsraten von Suizidversuchen wieder: Nach einem Suizidversuch besteht eine Wiederholungsrate von 28 %, zehn Jahre nach dem ersten Suizidversuch sind knapp 5 % durch Suizid verstorben (Carroll et al. 2014). Im Zeitraum ab zehn Jahren versterben noch 6,7 % durch Suizid, d. h. von 100 Menschen, die einen Suizidversuch gemacht haben, unternehmen 70 keinen weiteren Suizidversuch und nur ca. zehn von ihnen versterben letztendlich durch Suizid (Owens et al. 2002; Birtwistle et al. 2017). Die Dauerhaftigkeit eines Suizidwunsches hängt von vielen Faktoren ab, besonders auch von aktuellen Beziehungserfahrungen und dem Erleben von Hoffnung oder Hoffnungslosigkeit, was die eigene Person, die Umwelt und die Zukunft betrifft. Aber die Auseinandersetzung mit Lebensüberdruss, Lebenssattheit und Suizidideen als Möglichkeit ist nicht gleichzusetzen mit dem Entschluss zur Selbsttötung und der Umsetzung in Handlung.

Im wissenschaftlichen Sprachgebrauch verwenden wir heute grundsätzlich wertfreie Begriffe wie Suizidalität und Suizid. Wertende oder interpretierende Begriffe wie Freitod, Selbstmord, suizidwillig, Sterbewunsch etc. werden nicht angewandt. Suizidalität ist fast nie ein Ausdruck von Freiheit und Wahlmöglichkeit, sondern von Einengung durch objektiv und/oder subjektiv erlebte Not, durch psychische und/oder körperliche Befindlichkeit bzw. deren Folgen (Wolfersdorf 2008). *Selbstmord* hingegen beinhaltet die Konnotation einer Straftat sowie eine Stigmatisierung des/r Suizidalen. Besonders für Hinterbliebene nach einem Suizid ist die Verwendung dieser Begriffe sehr belastend. Suizidwillig oder Sterbewunsch negieren die der Suizidalität innewohnende Ambivalenz der Suizidvorstellungen (Schneider/Fiedler 2021).

Suizidalität ist ein häufiges Problem – Epidemiologie des Suizids

Weltweit nehmen sich jährlich ca. 800 000 Menschen das Leben. In Deutschland nahm die Zahl der Suizide in den letzten 30 Jahren ab. Dennoch versterben in Deutschland insgesamt immer noch wesentlich mehr Menschen durch Suizid als durch Verkehrsunfälle, AIDS, illegale Drogen und Gewalttaten zusammen. Jährlich nehmen sich in Deutschland mehr als 9 000 Menschen das Leben, davon sind etwa 70 % Männer: im Jahr 2021 verstarben 9 215 Menschen durch Suizid (2 410 Frauen und 6 805 Männer). Hauptsuizidmethode in Deutschland ist das Erhängen mit 45 % von allen Suizidmethoden (Statistisches Bundesamt Deutschland 2022). Die Verteilung der Suizidraten in Deutschland folgt dem sogenannten ungarischen Muster, d. h. mit zunehmendem Lebensalter steigen für beide Geschlechter die Suizidraten an, wobei Männer in jedem Lebensalter deutlich häufiger Suizide vollenden als Frauen. Während im Jahr 2021 bei den 20- bis 25-Jährigen die Suizidrate 6,7 pro 100 000 Einwohner*innen betrug, belief sie sich in der Altersgruppe der 85- bis 89-Jährigen auf 26,8 pro 100 000 Einwohner*innen (Statistisches Bundesamt Deutschland 2022). Das durchschnittliche Sterbealter der durch Suizid Verstorbenen steigt – besonders bei Männern – stetig an. Lag dieses im Jahr 2000 noch bei 53,9 Jahren, so lag es 2021 bei 59,7 Jahren (Statistisches Bundesamt Deutschland 2022). Die Suizidprävention im Alter ist eine besondere Herausforderung, was durch den demografischen Wandel in den kommenden Jahren weiter verstärkt wird.

Daten zu Suizidversuchen werden für Gesamtdeutschland nicht systematisch erhoben. Nach Angaben der WHO entfallen zwischen 10 bis weit über 20 Suizidversuche auf einen Suizid. Für Deutschland sind die Angaben Schätzungen auf Basis der Ergebnisse in kleineren Erhebungsgebieten, z. B. im Rahmen der Studie „Monitoring Suicidal Behaviour in Europe" (Schmidtke et al. 2002). Demnach kann man in Deutschland von geschätzt mindestens 100 000 klinisch relevanten Suizidversuchen pro Jahr ausgehen.

Zu der Lebenszeit-Prävalenz von Suizidabsichten[1] gibt es nur wenige Studien, die sich hinsichtlich Population und Ergebnis unterscheiden. In einer umfassenden multinationalen Studie in 17 Ländern aus verschiedenen Kulturkreisen wurde insgesamt eine Lebenszeit-Prävalenz für Suizidabsichten von 9,2 % gefunden (Nock et al. 2008), wobei Deutschland mit 9,7 % leicht über dem Mittelwert lag. Andere Studien lieferten ähnliche Ergebnisse. Studien, die ausschließlich Jugendliche einschlossen, fanden höhere Fallzahlen, in manchen Altersstufen gaben sogar bis zu 40 % der Befragten Suizidgedanken an.

---

[1] Damit ist das Auftreten von Suizidabsichten in der bis zum Erhebungszeitpunkt verstrichenen Lebenszeit gemeint.

Von jedem Suizid sind nach Schätzungen der WHO durchschnittlich zwischen sechs und zwanzig Personen mittelbar betroffen. Die Angabe von sechs betroffenen Angehörigen durch einen Suizid beruht ursprünglich auf einer Schätzung von Shneidman (1972). Eine Überprüfung von Berman (2011) ergab, dass die Schätzung den Kreis sehr nahestehender Betroffener relativ gut erfasste, dass aber durchaus darüber hinaus noch weitere, nämlich bis zu 25 Menschen von einem Suizid betroffen werden. Daraus ergibt sich, dass konservativ geschätzt in Deutschland jedes Jahr mindestens 60 000 Menschen mit einem Suizid unmittelbar konfrontiert sind.

Suizidprävention muss auf allen Ebenen der Gesellschaft erfolgen

Grundsätzlich sind Suizidalität und Suizid ein komplexes Phänomen und das Ergebnis vielfältiger Einflüsse: Suizidprävention stellt zu den jeweiligen Risikofaktoren Interventionen bereit, die auf allen Ebenen der Gesellschaft – von der Ebene des Individuums bis hin zur politischen und gesamtgesellschaftlichen Ebene – ansetzen. Die WHO legt ihrem Bericht (2014) ein sehr weit gefasstes Verständnis von Risikofaktoren auf verschiedenen Ebenen zugrunde: der Gesellschaft, der Kommune, den Beziehungen und dem Individuum (s. Abb. 1). Risikofaktoren beziehen sich immer auf eine untersuchte Gruppe von Personen, über die einzelnen Personen dieser Gruppe können keine Aussagen getroffen werden. Die Kenntnis dieser Risikofaktoren ermöglicht die Definition bestimmter Interventionsbereiche. Präventionsarbeit kann in universeller, selektiver und indizierter Form ansetzen.

Individuelle Risikofaktoren

Der wichtigste einzelne Risikofaktor für Suizid ist das Vorliegen einer psychischen Erkrankung. Jedoch kann nicht aus Suizidalität auf das Vorliegen einer psychischen Erkrankung geschlossen werden (Schneider 2003). Weitere Einflussfaktoren sind psychosoziale Krisen- und Konfliktsituationen, realer oder befürchteter Existenzverlust.

Bei allen psychischen Erkrankungen ist das Suizidrisiko erhöht, insbesondere bei Depression, Alkoholismus und Schizophrenie (Harris/Barraclough 1998; Harris/Barraclough 1997). Von Patient*innen mit affektiven Störungen versterben 4 % durch Suizid (Bostwick/Pankratz 2000), bei der Untergruppe mit bipolaren Störungen 8 % (Nordentoft et al. 2011; Hawton et al. 2005), bei an Schizophrenie Erkrankten 5 % (Palmer et al. 2005) und bei Menschen mit Alkoholabhängigkeit sind es 7 % (Schneider 2009). Patient*innen, die an mehr als einer psychischen Erkrankung leiden, haben ein besonders stark erhöhtes Suizidrisiko (Cavanagh et al. 2003).

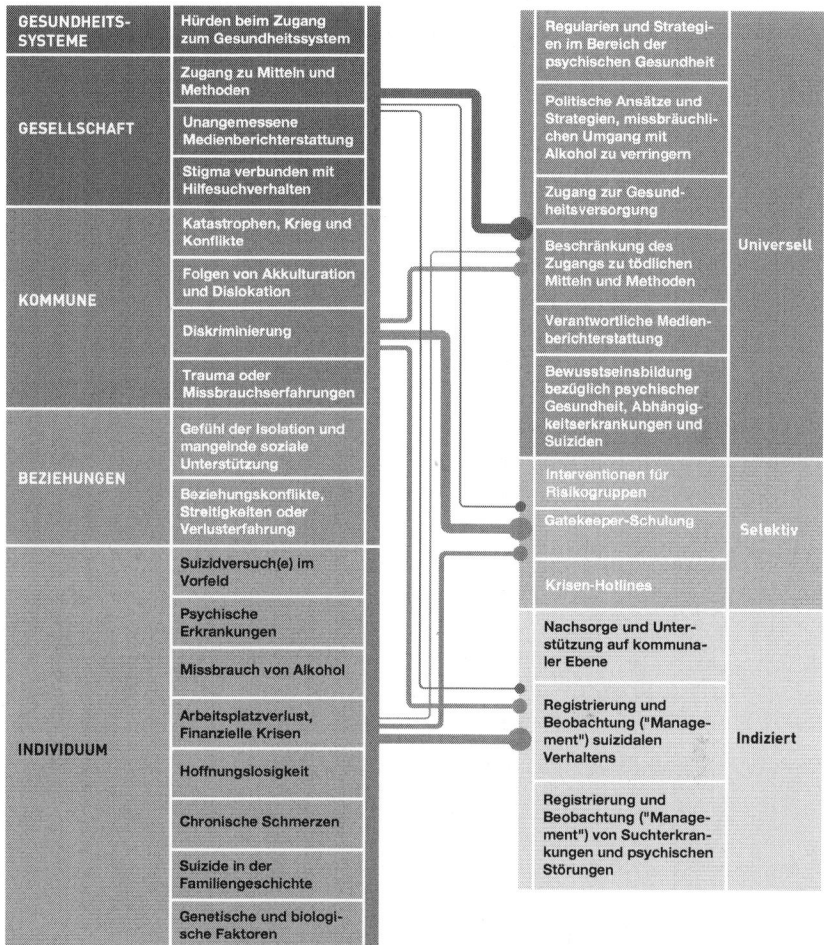

Abb. 1: Hauptrisikofaktoren für Suizid und entsprechende Interventionen (Linien entsprechen der relativierten Bedeutung von Interventionen auf verschiedenen Ebenen für verschiedene Risikofaktoren; WHO 2016 [Original 2014], 33).

Die vorliegenden Metaanalysen zeigen, dass an affektiven Störungen (unipolare Depressionen und bipolare Störungen) Erkrankte ein etwa 20-fach erhöhtes Suizidrisiko im Vergleich zur Allgemeinbevölkerung haben. Je nach untersuchter Population leiden 25 % bis 80 % aller durch Suizid Verstorbenen an affektiven Störungen, wobei der Anteil bei älteren deutlich höher ist (Schneider 2003). Alle Suchterkrankungen erhöhen das Suizidrisiko. Bei 25 % bis 50 % aller Suizidopfer liegen Suchterkrankungen vor (Schneider 2009). Harris und Barraclough (1998; 1997) errechneten in ihren Metaanalysen bei Personen mit Alkoholmissbrauch und -abhängigkeit ein fast sechsfach erhöhtes Suizidrisiko, wobei das Suizidrisiko bei Frauen mit Alkoholmissbrauch oder -abhängigkeit sogar 17-fach gegenüber der Allgemeinbevölkerung erhöht ist. Diese Ergebnisse werden durch andere Studien bestätigt (Wilcox et al. 2004). An Schizophrenie Erkrankte nehmen sich ungefähr zehnmal häufiger als andere Menschen das Leben; besonders hoch ist das Suizidrisiko in den ersten Jahren der Erkrankung und bei Menschen, die im Alter von unter 30 Jahren an Schizophrenie erkrankt sind (Hawton et al. 2005).

Neben psychischen Erkrankungen sind frühere Suizidversuche ein wichtiger Risikofaktor für vollendeten Suizid (Hawton et al. 2015; Olfson et al. 2017). Als Risikofaktor gilt auch Suizidalität in der Familienanamnese (Qin et al. 2002). Körperliche Erkrankungen wie bösartige Tumorerkrankungen, Niereninsuffizienz und Schlaganfall und andere neurologische Erkrankungen sind Risikofaktoren für Suizid (Erlangsen et al. 2020b; Du et al. 2020; Pompili et al. 2013; Chen et al. 2020). Darüber hinaus sind verschiedene soziodemografische Faktoren wie Unverheiratetsein, Aufenthalt im Gefängnis oder gleichgeschlechtliche sexuelle Orientierung Risikofaktoren für Suizid (Erlangsen et al. 2020a). Ein erhöhtes Suizidrisiko haben zudem verschiedene Berufsgruppen (u. a. Ärzt*innen und Pflegepersonal). Lebensereignisse, insbesondere im letzten Monat, sind mit einem stark erhöhten Suizidrisiko assoziiert (Schneider 2003). Zudem ist Migration mit Suizidalität assoziiert, insbesondere mit Suizidversuchen (Amiri 2020).

Individuelle Hintergründe der Suizidalität

Für die Entwicklung präventiver Maßnahmen ist neben der Beachtung der Risikofaktoren ein Verständnis der individuellen Hintergründe der Suizidalität unabdingbar. Es gibt nie nur eine einzelne Bedingung, durch die ein Suizid verstanden werden kann. Bekannt ist, dass gerade in westlichen Ländern Trennungserfahrungen, Verluste, auch die der eigenen Gesundheit, und Kränkungen in interpersonellen Beziehungen, Erleben von Ohnmacht, Autonomieverlust oder die Befürchtung solcher Ereignisse Auslöser von Suizidalität sind. Da diese Phänomene im Laufe eines Lebens beinahe ubiquitär auftreten, und damit ursächlich für suizidale Reaktionen sein können, ist ein komplexerer Wirkungszusammenhang zu definieren. Nur auf diese Weise lässt sich nachvollziehen, warum bei bestimmten Ereignissen manche Menschen suizidal reagieren, andere aber nicht. Berücksichtigt man, dass ein bestimmtes Ereignis keine allgemeingültige Bedeutung hat, sondern diese erst subjektiv, im Rahmen unterschiedlicher biographischer Entwicklungen sowie differierender sozialer und kultureller Kontexte individuell einzigartig entsteht, lässt sich die erhebliche Variabilität suizidaler Erlebens- und Verhaltensweisen nachvollziehen.

Biographisch unzureichend bewältigte Lebens- und Entwicklungskrisen in Kindheit und Jugend, Traumata, wie objektiv oder subjektiv erlebte Ablehnungs-

und körperliche und sexuelle Gewalterfahrungen ohne die Möglichkeit einer adäquaten Verarbeitung bilden häufig die Grundlage suizidaler Erlebens- und Verhaltensweisen. Korrespondiert ein Ereignis (z. B. Trennung oder Verlust) mit einer früheren traumatischen Erfahrung, kann die der Affektkontrolle dienende psychische Abwehr durchbrochen werden; ausgeblendete frühe Affekte (z. B. das Gefühl, schlecht und wertlos zu sein), Konflikte und Verhaltensmuster werden aktualisiert. Dies kann dazu führen, dass frühe Verhaltensmuster in gegenwärtige Beziehungen eingeführt werden und ein sich selbst verstärkender Kreislauf negativ erlebter Erfahrungen etabliert wird.

Suizidprävention ist eine vielschichtige Aufgabe

Prävention ist ein Oberbegriff für Maßnahmen, welche das Auftreten, das Fortschreiten und die Verbreitung bestimmter Krankheiten und Gesundheitsstörungen sowie die Entstehung von Folgeerkrankungen und Gesundheitsstörungen vermeiden sollen (Habermann-Horstmeier und Lippke, 2021, 49). Aufgrund der Komplexität des Phänomens Suizidalität ist Suizidprävention eine vielschichtige gesellschaftliche Aufgabe, die über den Bereich des Gesundheitswesens und der Gesundheitspolitik hinausgeht. Wirkungsvolle Suizidprävention schließt immer eine Intervention auf unterschiedlichen Handlungsebenen ein (siehe Abb. 1). Der Ausgangspunkt zu suizidpräventiven Strategien sind Forschungsergebnisse zu Einflussfaktoren auf suizidales Verhalten aus den Bereichen Gesundheitssystem, Gesellschaft, Kommune, Beziehungen und Individuen (World Health Organization 2016); siehe Abb. 1). Gegenwärtig fokussieren die Suizidpräventionsstrategien auf den Risk-Benefit-Ansatz (Goldsmith et al. 2002; World Health Organization 2016). Gegenüber dem dreistufigen System der Prävention (primär, sekundär, tertiär) setzte sich in der Suizidprävention zunehmend ein multifaktorielles System durch (World Health Organization 2014), das die Komplexität der Suizidalität und suizidaler Personen würdigt. Die Einteilung (Gordon 1983; Goldsmith et al. 2002; Bronisch 2014) erfolgt in:
- universelle Interventionen, welche die gesamte Bevölkerung betreffen. Die Reduktion eines kleinen Risikos bei vielen Leuten ist besonders vorteilhaft;
- selektive Interventionen, die das Suizidrisiko in spezifischen Risikogruppen reduzieren sollen (z. B. Verwitwete oder kürzlich aus psychiatrisch-stationärer Behandlung Entlassene) und
- indizierte Interventionen, die der Reduzierung des Suizidrisikos bei hochgefährdeten Personen dienen (z. B. schwer depressive Personen oder Personen nach Suizidversuch) (World Health Organization 2014).

Universelle Prävention

Universelle Prävention zielt auf die Gesamt- oder eine Teilpopulation. Der Nutzen ist unspezifisch und breitflächig, der Aufwand groß und nicht alle Angesprochenen profitieren von den Maßnahmen. Dazu zählen alle in der Suizidprävention genutzten Formen der Öffentlichkeitsarbeit, Presseinformationen, die Verbreitung von Broschüren, aber auch Entscheidungen des Gesetzgebers, welche die präventiven Aspekte fördern. Besonders hinsichtlich der gesellschaftlichen Kenntnisse und Einstellungen zum Suizid sind universelle Maßnahmen wertvoll.

Im Rahmen der universellen Suizidprävention erfolgen Aufklärungsaktivitäten, einschließlich der Verfügbarkeit von Informationsbroschüren, Verbesserung der *Awareness*[2] innerhalb der Gesellschaft, Verbesserung der seelischen Gesundheit der Bevölkerung und deren Fähigkeiten, mit Suizidgefährdeten zu kommunizieren, Reduktion des Alkohol- und Drogenkonsums, aber auch Interventionen, die in Kindheit und Jugend von Bedeutung sind, z. B. die Reduktion körperlicher und sexueller Gewalterfahrungen (Erlangsen et al. 2011) sowie Interventionen im Bereich der neuen Medien. Als wesentlich gelten die Möglichkeiten des Zugangs zum Gesundheitssystems.

Die Einschränkung des Zugangs zu Suizidmitteln gilt als der am besten nachgewiesene suizid-präventive Effekt (World Health Organization 2014; World Health Organization 2021). Dazu gehören u. a. die Entgiftung des Haushaltsgases, die Einschränkung der Verfügbarkeit von Schusswaffen, die Absicherung des Zugangs zu sogenannten Suizid-Hotspots, die Absicherung von Bahngleisen, die Verblisterung und Beschränkung der Abgabemenge von Medikamenten, die in Überdosierung tödlich wirken. Die Einschränkung des Zugangs zu tödlich wirkenden Medikamenten zählt damit zu den wichtigsten Präventionsstrategien. Auch die Einschränkung der medialen Verbreitung von Suizidmethoden und -anleitungen hat nachweislich suizidpräventive Effekte. Nachgewiesen ist auch, dass die Einschränkung des Zugangs zu einer Suizidmethode nicht zu einem Anstieg anderer Suizidmethoden geführt hat, d. h. es wird nicht auf eine andere Methode zugegriffen. Die Einschränkung des Zugangs zu Suizidmitteln bewirkt vor allem einen individuellen Zeitgewinn in der suizidalen Krise durch die Vermeidung einer unmittelbaren suizidalen Handlung. Der Hintergrund für den suizidpräventiven Effekt besteht in der oben angeführten zeitlichen Begrenztheit akut suizidaler Zustände.

Um die Öffentlichkeit auf die Problematik der Suizidalität aufmerksam zu machen, wird alljährlich am 10. September der Welttag der Suizidprävention veranstaltet, der von der International Association for Suicide Prevention (IASP) und der Weltgesundheitsorganisation WHO das erste Mal am 10. September 2003

---

[2] Förderung der Sensibilität, Aufmerksamkeit und der Bewusstheit der Bevölkerung in Bezug auf ein Problem, in diesem Fall der Suizidalität und des Suizids.

ausgerufen wurde. Bundesweit und dezentral wird eine Vielzahl von Veranstaltungen angeboten (https://www.welttag-suizidpraevention.de).

Selektive Prävention

Selektive Prävention reduziert das Suizidrisiko in spezifischen Risikogruppen (z. B. Verwitwete oder kürzlich aus stationär-psychiatrischer Behandlung Entlassene). Als spezifische Aktivitäten gehören die Notfallversorgung mit Krisenintervention, die adäquate Behandlung von psychischen Erkrankungen und die Verfügbarkeit von Krisen-Hotlines. Als selektive Interventionen gelten auch das Gatekeeper-Training von Laien im Erkennen von Depressivität, Alkoholabhängigkeit und Suizidalität und Möglichkeiten des wirksamen Weiterverweisens im Gesundheitssystem.

Indizierte Prävention

Indizierte Prävention zielt auf Personen mit gesicherten Risikofaktoren. Der Nutzen ist spezifisch, der Aufwand groß und alle Personen aus der Zielgruppe profitieren von den Maßnahmen. Dazu zählen in der Suizidprävention die Behandlung von schwer depressiven Personen, Personen mit suizidalem Erleben oder nach Suizidversuch, inklusive deren Wiedereingliederung, und professionelle Hilfen für An- und Zugehörige sowie verschiedene professionelle und nicht-professionelle Helfende. Hierunter fallen Schulungen von Professionellen mit Zugang zu suizidgefährdeten Personen, aber auch spezifische Fort- und Weiterbildungen wie auch die Entwicklung psychiatrischer und psychotherapeutischer Behandlungen der Suizidalität. Als Interventionen bieten sich neben psychiatrischen und psychotherapeutischen Behandlungen und Beratungen auch Hausbesuche, regelmäßige Telefonanrufe oder Postkarten sowie ein Notrufsystem für sofortige Hilfe an.

Allgemein gilt, dass Suizidprävention aus verschiedenen Komponenten bestehen muss, die miteinander verzahnt und aufeinander bezogen und jeweils aus allen drei Bereichen stammen sollten. Eine wissenschaftliche Evaluation ist dabei notwendig, die versucht, die Effekte der einzelnen Interventionen zu erfassen. Hierfür müssen Institutionen der Suizidprävention geschaffen werden, die die Interventionen, ihre Entwicklung, Lehre, Anwendung und wissenschaftliche Begleitung koordinieren (Lindner et al. 2012).

Suizidprävention in Deutschland

In Deutschland wird Suizidprävention im Rahmen vorhandener Behandlungs- und Hilfsangebote, spezieller Projekte für bestimmte Risikogruppen sowie im Nationalen Suizidpräventionsprogramm geleistet. Hilfsangebote finden sich bei Beratungsstellen, die oft in kirchlicher Trägerschaft sind oder von anderen Verbänden, Stiftungen und Vereinen getragen werden. Darunter finden sich auch auf Suizidgefährdete spezialisierte Einrichtungen. Die Verfügbarkeit ist regional allerdings sehr unterschiedlich. Ein flächendeckendes Netz niedrigschwelliger spezialisierter Behandlungsmöglichkeiten für Suizidgefährdete ist nicht vorhanden. Spezielle Hilfsangebote für Hinterbliebene nach Suizid gibt es durch eine Reihe von Selbsthilfegruppen (z. B. Angehörige um Suizid (AGUS)) und im Rahmen von Beratungsstellen. Hilfen für Angehörige suizidgefährdeter Personen sind so gut wie nicht vorhanden. Darüber hinaus ist als nicht spezialisierter Anbieter die Telefonseelsorge zu nennen, sowie weitere Internet- und Chatberatungen, besonders für Kinder und Jugendliche, in unterschiedlicher Trägerschaft. Besondere Initiativen hinsichtlich der neuen Medien gibt es im Umfeld von jugendschutz.net.

Das Nationale Suizidpräventionsprogramm (NaSPro) für Deutschland wurde von der Deutschen Gesellschaft für Suizidprävention (DGS) im Jahr 2001 initiiert. In dieser hauptsächlich ehrenamtlichen Initiative haben sich bisher mehr als 90 Institutionen, Organisationen und Verbände zusammengeschlossen, die das Programm gemeinsam entwickeln und durchführen. Zu den Beteiligten gehören Bundestag, Bundes- und Länderministerien, Kirchen, Arbeitgeber- und Arbeitnehmerverbände, Medienverbände, Dach- und Fachgesellschaften des Gesundheitswesens, wissenschaftliche Einrichtungen, Betroffenenorganisationen und an der Suizidprävention Interessierte. Die Arbeit wird von einem internationalen wissenschaftlichen Beirat begleitet. Verschiedene Arbeitsgruppen beschäftigen sich mit den Problemfeldern Arbeitsplatz, Medien und Öffentlichkeitsarbeit, Kinder und Jugendliche, alte Menschen, Angehörige, spezifische psychische Erkrankungen, Suchterkrankungen, niedrigschwellige Angebote, Vernetzung, Aus-, Fort- und Weiterbildung, Justizvollzug und Militär. Es wurde bislang eine Reihe von Informationsmaterialien für verschiedene Problembereiche erarbeitet (https://www.suizidpraevention-deutschland.de). Außerdem entstand im Rahmen eines vom Bundesministeriums für Gesundheit geförderten Projekts „Suizidprävention Deutschland – aktueller Stand und Perspektiven" ein Bericht, an dem mehr als 60 Autorinnen und Autoren mitgearbeitet haben und weitere Personen und Institutionen beteiligt waren (Schneider et al. 2021).

Wie funktioniert Suizidprävention?
Grundsätzliche Aspekte und Handlungsoptionen

Suizidprävention hilft Menschen, die Unterstützung suchen, sich mit ihren suizidalen Gedanken auseinanderzusetzen und auch Möglichkeiten zu suchen, ihr Leben nicht in einem Suizid enden lassen zu müssen. Suizidprävention basiert auf den Erkenntnissen einer multidisziplinären wissenschaftlichen Disziplin, der Suizidologie. Moderne Suizidprävention verfolgt keinen patriarchalen, d. h. den Suizid verdammenden, strafenden oder den Menschen unbedingt retten wollenden, religiös motivierten oder tabuisierenden Ansatz, sondern ist von einer annehmenden, die Selbstbestimmung des Individuums achtenden, wissenschaftlich fundierten, menschlichen Grundhaltung geprägt. Im Vordergrund stehen Verständnis der individuellen Umstände der Betroffenen und das Angebot, nicht der Zwang, zur Hilfe. Über die Annahme oder Ablehnung von Hilfe entscheiden die Betroffenen selbst. Die Straflosigkeit suizidaler Handlungen steht von Seiten der Suizidprävention nicht zur Disposition, sondern sie ist vielmehr eine der unabdingbaren Voraussetzungen präventiver Arbeit. Dies gilt ebenso für die Akzeptanz des Suizidwunsches der Betroffenen. Diesen Wunsch nicht-wertend ernst zu nehmen, ist überhaupt erst die Voraussetzung für stützende Kontakte.

Das Wichtigste ist, an Suizidalität zu denken, diese zu erkennen, in Kontakt mit der betroffenen Person zu treten, eine tragfähige Beziehung herzustellen und diese zu halten. Die suizidale Person möchte in der Regel nicht unbedingt sterben, sie weiß vielmehr nicht, wie sie unter den gegebenen, meist als hoffnungs- und aussichtslos erlebten, Bedingungen weiterleben kann. Suizidgefährdete haben oft Ängste und Befürchtungen hinsichtlich des Verlustes ihrer Autonomie, wenn sie in Kontakt mit Helfenden treten. Die Kommunikation ist nicht selten aufgrund der beschriebenen kognitiven Einengung schwierig. Mögliche Alternativen zum Suizid werden in diesem Zustand nicht erkannt. Die Möglichkeit eines vorurteilfreien, respektierenden und nicht wertenden Verstehens in einem kommunikativen Prozess kann der suizidalen Person helfen, diese Einengung zu überwinden. Dies wird nicht durch intellektuelle Argumentation, Vermittlung von Fakten, Manipulation, Ausreden oder Beruhigung ermöglicht, sondern in einem gegenseitigen Austausch, der von Zuhören, Verständnis und gegenseitigem Vertrauen geprägt ist. Die Entscheidungsfreiheit der Betroffenen ist stets zu respektieren.

Besonders aktuelle Beziehungserfahrungen wirken sich darauf aus, ob sich die Waage in Richtung eines Suizid(versuch)s oder des Weiterlebens bewegt. Gerade der geäußerte Suizidwunsch bzw. der Wunsch nach Hilfe zum Suizid kann als ein mehr oder weniger bewusstes Angebot zum Gespräch über die dahinterstehende individuelle Konfliktsituation verstanden werden. Ein derartiges Gespräch kann nur auf der Basis von Vertrauen gelingen. Vertrauen entsteht aber nur, wenn der Suizidwunsch als solcher akzeptiert und nicht relativiert, entwertet oder banalisiert und die Eigenverantwortlichkeit des Suizidgefährdeten nicht negiert wird. Betroffenen Menschen fällt es – nicht selten sogar während der Behandlung einer Erkrankung, wie einer Depression – schwer, über ihre Suizidgedanken mit ihren Ärzt*innen oder Therapeut*innen zu sprechen. Aus Studien ist bekannt, dass Menschen vor einem Suizid viel häufiger als üblich einen Arzt oder eine Ärztin aufgesucht haben, aber eine Suizidgefährdung nicht erkannt wurde (Hintikka et al. 1998). Betroffene haben häufig Angst, nicht ernst genommen zu werden, soziale Kontakte zu verlieren, als psychisch krank bezeichnet und zwangsweise behandelt zu werden. Außerdem haben nicht wenige die Vorstellung, dass niemand sie verstehen und niemand ihnen helfen könne. Diese Ängste und Vorstellungen ergeben sich aus der psychischen Befindlichkeit der Betroffenen (Lindner 2006).

Zusammenfassung und Ausblick

Gezielte Suizidpräventionsstrategien sind essentiell zur Reduktion von Mortalität und Morbidität durch suizidales Verhalten. Suizidpräventionsstrategien, Interventionen und Programme müssen auf dem Wissen über potentiell modifizierbare Interventionsbereiche basieren. Erfolgreiche Suizidprävention setzt auf ein Spektrum von Maßnahmen auf allen Ebenen der Gesellschaft – von der Ebene des Individuums über das Lebensumfeld, ehrenamtliches Engagement, das psychosoziale Hilfesystem bis hin zu den Medien.

Letztlich gewährt nur die Suizidprävention die Unterstützung zu einer selbstbestimmten Entscheidung in existentiellen Lebensfragen. Menschen, die einen Suizid in Erwägung ziehen, benötigen eine vertrauensvolle, längerfristige psychosoziale, u. U. auch eine therapeutische Begleitung. Gerade die Reflexion der zur Suizidalität führenden Erfahrungen, Einstellungen und psychischen Bedingungen und auch die Veränderung von Lebensumständen bedarf eines längeren Zeitraumes. Nur so können Menschen letztlich eine selbstbestimmte Entscheidung treffen.

Generell ist eine Veränderung der Haltung gegenüber suizidalen Personen erforderlich. Es muss vermittelt werden, dass Suizid meist nicht ein Akt des freien Willens mit Kontrolle über die eigene Lebenssituation ist. Auch sollte bedacht werden, dass das Thema Suizid bis zum heutigen Tag mit einer Vielzahl von negativen Gefühlen wie Scham und Schuld assoziiert ist und weiterhin tabuisiert wird.

Was kann getan werden und wer muss beteiligt werden? Für eine erfolgreiche Suizidprävention ist erforderlich, dass Akteur*innen aus verschiedenen Sektoren – einschließlich Bildung, öffentliche Medien, Justiz, Arbeit, Sozialhilfe, Religion, Verkehr und Landwirtschaft – vernetzt und deren Aktivitäten und Optionen koordiniert werden, um diese wirksam in die Suizidprävention einbinden (World Health Organization 2014). Dabei muss die aktuelle Wissensbasis zur Prävention genutzt werden.

Literatur

Amiri, Sohrab (2020): Prevalence of Suicide in Immigrants/Refugees. A Systematic Review and Meta-Analysis, in: *Archives of Suicide Research*, 1–36.

Berman, Alan L. (2011): Estimating the population of survivors of suicide. Seeking an evidence base, in: *Suicide and Life-Threatening Behavior*, 41, 110–116.

Birtwistle, Jacqueline / Kelley, Rachael / House, Allan / Owens, David (2017): Combination of self-harm methods and fatal and non-fatal repetition. A cohort study, in: *Journal of Affective Disorders*, 218, 188–194.

Bostwick, John Michael / Pankratz, V. Shane (2000): Affective disorders and suicide risk. A reexamination, in: *American Journal of Psychiatry*, 157, 1925–1932.

Briggs, Stephen / Netuveli, Gopalakrishnan / Gould, Nick / Gkaravella, Antigone / Gluckman, Nicole S. / Kangogyere, Patricia / Farr, Ruby / Goldblatt, Mark J. / Lindner, Reinhard (2019): The effectiveness of psychoanalytic/psychodynamic psychotherapy for reducing suicide attempts and self-harm. Systematic review and meta-analysis, in: *British Journal of Psychiatry*, 214, 320–328.

Bronisch, Thomas (2014): *Der Suizid. Ursachen, Warnsignale, Prävention*, München.

Bundesverfassungsgericht (2020): *Urteil vom 26. Februar 2020, Az. 2 BvR 2347/15*.

Carroll, Robert / Metcalfe, Chris / Gunnell, David (2014): Hospital presenting self-harm and risk of fatal and non-fatal repetition. Systematic review and meta-analysis, in: *PLOS ONE*, 9, e89944.

Cavanagh, Jonathan T. / Carson, Alan J. / Sharpe, Michael / Lawrie, Stephen M. (2003): Psychological autopsy studies of suicide. A systematic review, in: *Psychological Medicine*, 33, 395–405.

Chen, Xingxing / Zhang, Hua / Xiao, Gui / Lv, Chuanzu (2020): Prevalence of suicidal ideation among stroke survivors. A systematic review and meta-analysis, in: *Top Stroke Rehabil*, 1–11.

Du, Lin / Shi, Hai-Yun / Yu, Hai-Rong / Liu, Xiao-Man / Jin, Xiao-Jong / Yan, Qian / Fu, Xue-Lei / Song, Yi-Ping / Cai, Ji-Yu / Chen, Hong-Lin (2020): Incidence of suicide death in patients with cancer. A systematic review and meta-analysis, in: *Journal of Affective Disorder*, 276, 711–719.

Erlangsen, Annette / Drefahl, Sven / Haas, Ann / Bjorkenstam, Charlotte / Nordentoft, Merete / Andersson, Gunnar (2020a): Suicide among persons who entered same-sex and opposite-sex marriage in Denmark and Sweden, 1989–2016. A binational, register-based cohort study, in: *Journal of Epidemiology and Community Health*, 74, 78–83.

Erlangsen, Annette / Nordentoft, Merete / Conwell, Yeates / Waern, Margda / De Leo, Diego / Lindner, Reinhard / Oyama, Hirofumi / Sakashita, Tomoe / Andersen-Ranberg, Karen / Quinnett, Paul / Draper, Brian / Lapierre, Sylvie / International Research Group on Suicide among The, E. (2011): Key considerations for preventing suicide in older adults. Consensus opinions of an expert panel, in: *Crisis*, 32, 106–109.

Erlangsen, Annette / Stenager, Egon / Conwell, Yeates / Andersen, Per Kragh / Hawton, Keith / Benros, Michael Erikson / Nordentoft, Merete / Stenager, Elsebeth (2020b): Association Between Neurological Disorders and Death by Suicide in Denmark, in: *Journal of the American Medical Association*, 323, 444–454.

Fiedler, Georg / Altenhöfer, Astrid / Gans, Ilan / Gerisch, Benigna / Lindner, Reinhard / Götze, Paul (2007): Suizidalität und Psychotherapie. Das Hamburger Therapie-Zentrum für Suizidgefährdete, in: *Suizidprophylaxe*, 34, 113–122.

Gerisch, Benigna / Fiedler, Georg / Gans, Ilan / Götze, Paul / Lindner, Reinhard / Richter, Monika (2000): „Ich sehe dieses Elendes kein Ende als das Grab". Zur psychoanalytischen Konzeption von Suizidalität und der Behandlung Suizidgefährdeter, in: Kimmerle, G. (Hg.): *Zeichen des Todes in der psychoanalytischen Erfahrung*, Tübingen.

Goldsmith, Sara K. / Pellmar, Terry C. / Kleinman, Arthur M. / Bunney, William E. (2002): *Reducing Suicide. A National Imperative*, http://www.nap.edu/catalog/10398.html [Zugriff: 12.08.2022].

Gordon, Robert (1983): An operational classification of disease prevention, in: *Public Health Reports*, 98, 107–109.

Habermann-Horstmeier, Lotte / Lippke, Sonia (2021): Grundlagen, Strategien und Ansätze der Gesundheitsförderung, in: Tiemann, Michael / Mohokum, Melvin (Hg.): *Prävention und Gesundheitsförderung*, Berlin.

Haenel, Thomas / Pöldinger, Walter (1986): Erkennen und Beurteilen von Suizidalität, in: Kisker, Karl Peter / Lauter, Hans / Meyer, Joachim-Ernst / Müller, Christian / Strömgren, Elis / Bauer, Manfred / Bönisch, Erhard / Götze, Paul / Haenel, Thomas / Helmchen, Hanfried / Katschnig, Heinz / Konieczna, Teresa / Kreitman, Norman / Merskey, Harold / Musaph, Herman / Pöldinger, Walter / Reimer, Christian / Stauber, Manfred (Hg.): *Psychiatrie der Gegenwart II*, Berlin/Heidelberg/New York.

Harris, E. Clare / Barraclough, Brian (1997): Suicide as an outcome for mental disorders. A meta-analysis, in: *British Journal of Psychiatry*, 170, 205–228.

Harris, E. Clare / Barraclough, Brian (1998): Excess mortality of mental disorder, in: *British Journal of Psychiatry*, 173, 11–53.

Hawton, Keith / Bergen, Helen / Cooper, Jayne / Turnbull, Pauline / Waters, Keith / Ness, Jennifer / Kapur, Nav (2015): Suicide following self-harm. Findings from the Multicentre Study of self-harm in England, 2000–2012, in: *Journal of Affective Disorders*, 175, 147–151.

Hawton, Keith / Sutton, Leslie / Haw, Camilla / Sinclair, Julia / Deeks, Jonathan J. (2005): Schizophrenia and suicide. Systematic review of risk factors, in: *British Journal of Psychiatry*, 187, 9–20.

Hintikka, Jukka / Viinamaki, Heimo / Tanskanen, Antti / Kontula, Osmo / Koskela, Kaj (1998): Suicidal ideation and parasuicide in the Finnish general population, in: *Acta Psychiatrica Scandinavica*, 98, 23–27.

Kremeike, Kerstin / Perrar, Klaus Maria / Lindner, Reinhard / Bostroem, Kathleen / Montag, Thomas / Voltz, Raymond (2019): Todeswünsche bei Palliativpatienten. Hintergründe und Handlungsempfehlungen, in: *Zeitschrift für Palliativmedizin*, 20, 323–335.

Lindner, Reinhard (2006): Suicidality in men in psychoanalytic psychotherapy, in: *Psychoanalytic Psychotherapy*, 20, 197–217.

Lindner, Reinhard / Altenhöfer, A. / Fiedler, Georg / Götze, Paul (2012): Suizidalität im Alter, in: Briggs, S. / Lemma, A. / Crouch, W. (Hg.): *Suizid und Suizidalität. Psychoanalyische Behandlung, Prävention und Therapie*. Frankfurt am Main, 290–305.

Lindner, Reinhard / Fiedler, Georg / Götze, Paul (2003): Diagnostik der Suizidalität, in: *Deutsches Ärzteblatt*, 100, 1004–1007.

Nock, Matthew K. / Borges, Guilherme / Bromet, Evelyn J. / Alonso, Jordi / Angermeyer, Matthias / Beautrais, Annette / Bruffaerts, Ronny / Chiu, Wai Tat / De Girolamo, Giovanni / Gluzman, Semyon / De Graf, Ron / Gureje, Oye / Haro, Josep Maria / Huang, Yueqpin / Karam, Elie / Kessler, Ronald C. / Lepine, Jean Pierre / Levinson, Daphna / Medina-Mora, Maria Elena / Ono, Yutaka / Posada-Villa, José / Williams, David (2008): Cross-national prevalence and risk factors for suicidal ideation, plans and attempts, in: *British Journal of Psychiatry*, 192, 98–105.

Nordentoft, Merete / Mortensen, Preben Bo / Pedersen, Carsten Bøcker (2011): Absolute risk of suicide after first hospital contact in mental disorder, in: *Archives of General Psychiatry,* 68, 1058–1064.

Olfson, Mark / Wall, Melanie / Wang, Shuai / Crystal, Stephen / Gerhard, Tobias / Blanco, Carlos (2017): Suicide Following Deliberate Self-Harm, in: *American Journal of Psychiatry,* 174, 765–774.

Owens, David / Horrocks, Judith / House, Allan (2002): Fatal and non-fatal repetition of self-harm. Systematic review, in: *British Journal of Psychiatry,* 181, 193–199.

Palmer, Brian A. / Pankratz, V. Shane / Bostwick, John Michael (2005): The lifetime risk of suicide in schizophrenia. A reexamination, in: *Archives of General Psychiatry,* 62, 247–253.

Pompili, Maurizio / Venturini, Paola / Montebovi, Franco / Forte, Alberto / Palermo, Mario / Lamis, Dorian A. / Serafini, Gianluca / Amore, Mario / Girardi, Paolo (2013): Suicide risk in dialysis. Review of current literature, in: *The International Journal of Psychiatry in Medicine,* 46, 85–108.

Qin, Ping / Agerbo, Esben / Mortensen, Preben Bo (2002): Suicide risk in relation to family history of completed suicide and psychiatric disorders. A nested case-control study based on longitudinal registers, in: *The Lancet,* 360, 1126–1130.

Schmidtke, Armin / Bille-Brahe, Unni / De Leo, Diego / Kerkhof, Ad (2002): Suicidal Behaviour in Europe. Results from the WHO/Euro Multicentre Study on Suicidal Behaviour, Göttingen.

Schneider, Barbara (2003): *Risikofaktoren für Suizid,* Regensburg.

Schneider, Barbara (2009): Substance use disorders and risk for completed suicide, in: *Archives of Suicide Research,* 13, 303–316.

Schneider, Barbara / Fiedler, Georg (2021): Suizid. Prävalenz, Bedeutung und Implikationen für die Prävention und Gesundheitsförderung, in: Tiemann, Michael / Mohokum, Melvin (Hg.): *Prävention und Gesundheitsförderung.* Berlin, 955–972.

Schneider, Barbara / Lindner, Reinhard / Giegling, Ina / Müller, Sina / Müller-Pein, Hannah / Rujescu, Dan / Urban, Barbara / Fiedler, Georg (2021): *Suizidprävention Deutschland. Aktueller Stand und Perspektiven,* Kassel.

Shneidman, Edwin S. (1972): Forward, in: Cain, Albert C. (Hg.): *Survivors of suicide.* Springfield.

Statistisches Bundesamt Deutschland (2022): *Sterbefälle nach äußeren Ursachen und ihren Folgen (ab 1998),* www.gbe-bund.de [Zugriff: 17.06.2023].

Wilcox, Holly C. / Conner, Kenneth R. / Caine, Eric D. (2004): Association of alcohol and drug use disorders and completed suicide. An empirical review of cohort studies, in: *Drug and Alcohol Dependence,* 76 Suppl, 11–19.

Wolfersdorf, Manfred (1989): Suizid bei stationären psychiatrischen Patienten, Regensburg.

Wolfersdorf, Manfred (2000): Der suizidale Patient in Klinik und Praxis, Stuttgart.

Wolfersdorf, Manfred (2008): Suizidalität, in: *Nervenarzt,* 79, 1319–1334.

World Helath Organization (WHO, 2014): Suicide prevention: a globle imperative, https://www.who.int/publications/i/item/9789241564779 [Zugriff: 16.06.2023].

World Health Organisation (WHO)/Stiftung Deutsche Depressionshilfe (2016): *Suizidprävention: Eine globale Herausforderung,* http://apps.who.int/iris/bitstream/10665/131056/14/9789241564779-ger.pdf?ua=1 [Zugriff: 08.02.2023].

World Health Organization (2021): *Live life. An implementation guide for suicide prevention in countries,* Geneva, World Health Organization, 2021. Licence: CC BY-NC-SA 3.0 IGO. [Zugriff: 02.04.2022]

https://www.welttag-suizidpraevention.de [Zugriff: 22.11.2022].

https://www.suizidpraevention-deutschland.de [Zugriff: 22.11.2022].

Jens Lehmann

Suizidassistenz in der Diakonie

Überlegungen zu einer gesetzlichen Regelung des assistierten Suizids und zum Umgang mit Sterbewünschen in diakonischen Einrichtungen

Das Leben ist ein Geschenk. Gläubige Menschen empfinden das Leben als ein Geschenk Gottes. Manchmal jedoch kann das Geschenk des Lebens als eine Last empfunden werden, eine Last, die so erdrückend wird, dass man es buchstäblich nicht mehr aushält. Besonders bei schwerer Krankheit ohne Aussicht auf Heilung kann der Wunsch entstehen, seinem Leben ein Ende zu setzen.

Rechtslage: Selbstbestimmung, Würde, Lebensschutz

Darf man sich bei der Erfüllung dieses Wunsches helfen lassen? Rechtlich lautete die Antwort bisher: ja, aber nicht geschäftsmäßig, d. h. durch wiederholend agierende Sterbehelfende, wie z. B. Sterbehilfevereine. Seit Februar 2020 gilt diese Einschränkung nicht mehr. Das Bundesverfassungsgericht hat im Februar 2020 festgestellt, dass das *Verbot der geschäftsmäßigen Förderung der Selbsttötung*, das bis dahin in § 217 StGB normiert war, verfassungswidrig und nicht mehr gültig ist. Das Gericht hat der Freiheit, seinem Leben ein Ende zu setzen, einen hohen Stellenwert eingeräumt, so hoch, dass es möglich sein muss, sich hierfür ohne größere Hürden Hilfe zu holen. Eine solche unangemessen hohe Hürde stellte aber das Verbot der geschäftsmäßigen Sterbehilfe dar. Weiterhin leitet das Bundesverfassungsgericht aus dem Recht auf selbstbestimmtes Sterben ab, dass es keinerlei Begründung für den Sterbewunsch bedarf. Hilfe zum Sterben muss man auch dann bekommen, wenn der Sterbewunsch völlig irrational erscheint. Auf den Punkt bringt das Bundesverfassungsgericht es so:

> „Das Recht auf selbstbestimmtes Sterben ist als Ausdruck personaler Freiheit nicht auf fremddefinierte Situationen beschränkt. Das den innersten Bereich individueller Selbstbestimmung berührende Verfügungsrecht über das eigene Leben ist insbesondere nicht auf schwere oder unheilbare Krankheitszustände oder bestimmte Lebens- und Krankheitsphasen beschränkt. […] [E]ine solche Einschränkung […] träte […] in Widerspruch zu der das Grundgesetz bestimmenden Idee von der Würde des Men-

schen und seiner freien Entfaltung in Selbstbestimmung und Eigenverantwortung" (Bundesverfassungsgericht 2020, Rn. 210).

Das Recht, sich selbst zu töten, so das Gericht, könne auch nicht mit der Begründung verneint werden, dass sich der Suizident seiner Würde begibt, weil er mit seinem Leben zugleich die Voraussetzung seiner Selbstbestimmung und damit seine Subjektstellung aufgibt. Die selbstbestimmte Verfügung über das eigene Leben sei vielmehr unmittelbarer Ausdruck der der Menschenwürde innewohnenden Idee autonomer Persönlichkeitsentfaltung; sie sei, wenngleich letzter, Ausdruck von Würde (Bundesverfassungsgericht 2020, Rn. 211).[1]

Gesetzliche Regelung der Sterbehilfe: Vorschläge für Eckpunkte

Das Bundesverfassungsgericht hat aber auch gesagt, dass das hohe Rechtsgut Leben gegenüber dem Recht auf Selbstbestimmung gesetzlich geschützt werden kann, etwa indem derjenige, der Hilfe zum Suizid in Anspruch nehmen will, die freie Willensbildung nachvollziehbar darlegen muss. Niemand soll durch Dritte dazu gedrängt werden, Suizid zu begehen. Doch das festzustellen, ist schwer. Hätte derjenige, der aus freien Stücken sagt, als Pflegebedürftiger niemandem zur Last fallen zu wollen, seinen Willen zum Sterben frei gebildet? Was ist, wenn jemand offen sagt, ich möchte nicht, dass meine Kinder mit den Kosten meiner Pflege belastet werden, obwohl die Kinder das nie beklagt haben? Wie verhindert man, dass ein Suizidwunsch auf einer unausgesprochenen und vielleicht nur vermeintlichen Erwartung anderer beruht?

Der Gesetzgeber ist jedenfalls im Hinblick auf das Urteil des Bundesverfassungsgerichts zu § 217 StGB aufgefordert, eine Balance zwischen dem Schutz des Lebens und dem Anspruch auf Hilfe beim Suizid zu finden. In verschiedenen Gesetzentwürfen, die mal eher den Lebensschutz betonen und mal eher das Selbstbestimmungsrecht, wird fraktionsübergreifend nach einer ausgewogenen Lösung gesucht.[2]

---

[1] Eine neue Dynamik hat die Frage der Strafbarkeit der Sterbehilfe durch die Entscheidung des Bundesgerichtshofs (BGH) vom 28.06.2022 bekommen, mit der der BGH eine verfassungskonforme Auslegung des § 216 StGB anregt (Verbot der Tötung auf Verlangen) (BGH, Beschluss vom 28.06.2022 – 6 StR 68/21, Rn. 28). Zumindest in den Fällen, in denen eine sterbewillige Person physisch nicht mehr in der Lage ist, die todbringende Handlung selbst an sich vorzunehmen, wird mittelfristig von einer Straflosigkeit der Tötung auf Verlangen auszugehen sein.

[2] Vgl. https://www.bundestag.de/dokumente/textarchiv/2022/kw20-de-vereinbarte-debatte-sterbehilfe-894644 [Zugriff: 09.01.2023].

Die Diakonie in Niedersachsen und mit ihr der Verfasser setzen sich in Anerkennung des Rechts auf Suizidassistenz dafür ein, dem Lebensschutz in einer zu schaffenden gesetzlichen Regelung breiteren Raum zu geben.

Wir müssen in einer leistungsorientierten Gesellschaft sehr darauf achten, dass der Suizid nicht zum Regelfall wird. Die starke Hervorhebung des Rechtes auf Suizid durch das Bundesverfassungsgericht und insbesondere die Deutlichkeit des daraus abgeleiteten Assistenzanspruchs bergen die Gefahr, dass der Freitod mehr und mehr als eine reguläre Option angesehen wird, womöglich reduziert auf eine ärztlich abrechenbare Leistung (vgl. Diakonie Deutschland 2022, 21).

Wenn das Bundesverfassungsgericht sagt, dass sich niemand dafür rechtfertigen muss, Suizid zu begehen, dann muss die Diakonie daran erinnern, dass sich auch niemand dafür rechtfertigen muss, keinen Suizid zu begehen.

Vor diesem Hintergrund plädiert der Verfasser dafür, dass in einer zu schaffenden gesetzlichen Regelung eine verpflichtende Beratung vor Gewährung der Suizidhilfe vorgesehen wird, eine in ihrer Grundhaltung nicht bevormundende, aber dennoch lebensbejahende Beratung, die zumindest das Aufzeigen von Auswegen aus vielleicht nur scheinbar ausweglosen Situationen zum Gegenstand hat. Der Verfasser vertritt die Auffassung, dass auch die auf Lebenserfahrung basierende allgemeine Einsichtsfähigkeit bei der Inanspruchnahme von Suizidassistenz eine entscheidende Rolle spielen muss, die sich an einer gesetzlichen Altersgrenze, vorzugsweise der Volljährigkeit, festmachen sollte. Diese Altersgrenze sollte eingezogen werden, weil das Bundesverfassungsgericht erkannt hat, dass es für die Inanspruchnahme der Suizidassistenz keinerlei Begründung bedarf. Der gesunde, an Liebeskummer leidende 16-Jährige hätte nach der Entscheidung des Bundesverfassungsgerichts einen Anspruch auf Suizidhilfe, wenn sein Wille frei gebildet und von gewisser Dauer ist. Der Verfasser meint, dass es hier nicht ausreicht, verpflichtende Beratungsgespräche vor der Gewährung der Suizidassistenz vorzuschalten, sondern, dass, zumindest im Regelfall, von einer Einsichtsfähigkeit erst ab 18 Jahren ausgegangen werden sollte. Schließlich sollte auch darauf geachtet werden, dass Suizidassistenz nicht werbend angeboten wird. Im Sinne der Suizidprävention sollte alles unterbleiben, was einen vielleicht nur vage bestehenden Sterbewunsch bestärkt und verfestigt oder gar einen noch nicht bestehenden Sterbewunsch weckt.

Losgelöst von der reinen Regulierung der Suizidhilfe muss ein allgemeines Suizidpräventionsgesetz geschaffen werden, das ganzheitliche Beratungsangebote vorsieht und Palliativarbeit mehr in den Blick nimmt.

Suizidassistenz in diakonischen Einrichtungen: Die entscheidende Frage

Wie halten wir es in den Einrichtungen der Diakonie mit der Hilfe zum Suizid angesichts der neuen Rechtslage? Mit der Aufhebung des Verbots der geschäftsmäßigen Suizidhilfe stellt sich die Frage, welchen Anteil diakonische Häuser an der nun erlaubten Suizidassistenz haben sollen, ganz konkret. Was tun diakonische Einrichtungen, wenn ein schwerkranker Mensch, zum Beispiel in einer Einrichtung der stationären Altenhilfe, der am Ende einer sorgfältigen Abwägung den festen und nachvollziehbaren Entschluss zum Suizid gefasst hat, um ein todbringendes Medikament bittet? Ein Medikament, das ihm die diakonische Einrichtung besorgen und einnahmebereit an sein Bett stellen möge. Diese Bitte ist für den vorliegenden Beitrag natürlich zugespitzt formuliert. Sie soll möglichst trennscharf die Situation beschreiben, in der ein Sterbewilliger nichts mehr von Beratung und lebensbejahendem Zuspruch hören will, sondern die Diakonie nur noch bittet, ihm zu helfen, ganz praktisch sein Leben zu beenden. Genau an dieser Stelle muss die Diakonie sich entscheiden. Was antworten wir?

Diakonische Einrichtungen und die Diakonie insgesamt haben drei Optionen: Soll (geschäftsmäßig organisierte) Sterbehilfe an Menschen, die sich in der Obhut diakonischer Einrichtungen befinden, *geduldet* werden, soll sie *abgelehnt* oder soll sie *unterstützt* werden?

Man kann die Auffassung vertreten, dass kirchliche und diakonische Träger die Lücke füllen und die jetzt erlaubte, aber gesetzlich noch ungeregelte Tätigkeit der geschäftsmäßigen Sterbehilfe – bis zu welchem Grad auch immer – selbst ausüben oder organisieren. Das wäre der Weg des *Unterstützens*. Das Angebot von Suizidassistenz aus diakonischer Hand würde der Verfasser jedoch nicht mittragen, weil das Signal, das davon ausginge, im Widerspruch zur lebensbejahenden Haltung der Diakonie stünde, die sich ja gerade dafür einsetzt, dass das Leben in all seinen Phasen lebenswert ist. Die eigene geschäftsmäßige Ausübung der Suizidassistenz oder auch nur wesentliche Beiträge dazu, wären mit dieser Haltung aus Sicht des Verfassers nicht in Einklang zu bringen.

Die *Ablehnung* der Suizidassistenz, etwa dergestalt, dass geschäftsmäßig ausgeübte Sterbehilfe in diakonischen Häusern gänzlich ausgeschlossen wird, wäre der Gegensatz zum Unterstützen. Die Ablehnung würde dazu führen, dass die diakonische Einrichtung, soweit es ihr rechtlich möglich wäre, Organisationen, die Suizidassistenz vornehmen möchten, den Zutritt verwehrt. Das würde jedoch bedeuten, dass fest entschlossene suizidwillige Bewohnerinnen und Bewohner gezwungen wären, die diakonische Einrichtung zum Sterben zu verlassen. Damit wäre eine seelsorgliche Begleitung durch kirchlich-diakonische Angebote nahezu ausgeschlossen und der Zwang zum Verlassen der Einrichtung könnte Sterbewillige in schwere persönliche Konflikte führen. Auch das wäre nicht im Sinne der Diakonie.

Der Verfasser vertritt daher die Auffassung, dass ein *Dulden* der geschäftsmäßigen Suizidassistenz in den Räumen der diakonischen Einrichtung der vorzugswürdige Umgang mit der neuen Rechtslage ist. Dabei darf das Dulden nicht als ein *Wenn es denn sein muss* verstanden werden, sondern als ein nicht verurteilendes Anerkennen der Entscheidung eines Menschen zum Suizid, der gerade in dieser wohl schwersten Lebensphase nicht alleingelassen werden darf.

Kommt man auf die Ausgangsfrage zurück, nach der die fest entschlossene sterbewillige Person die diakonische Einrichtung nicht mehr um Beratung, sondern nur noch um ein todbringendes Medikament bittet, wäre die Antwort nach den vorstehenden Überlegungen wie folgt:

Wir respektieren Deine Entscheidung und verurteilen sie nicht. Wir lassen Dich niemals allein, auch nicht im Sterben. Wir begleiten Dich und Deine Angehörigen mit Seelsorge und jeder Zuwendung, die Du wünschst und wissen Dich in Gottes Hand. Das todbringende Medikament beschaffen wir Dir aber nicht.

Fazit

Der assistierte Suizid darf nicht zum Leistungsspektrum diakonischer Einrichtungen gehören. Assistenz beim Suizid eines Menschen zu leisten, also dabei zu helfen, den Tod aktiv herbeizuführen, gehört auch nicht zu den Aufgaben von Mitarbeitenden in diakonischen Einrichtungen. Die Diakonie muss und will aber *jeden* Menschen im Sterben begleiten, der Begleitung wünscht (vgl. hierzu Diakonie Deutschland 2022, insb. 21). Das gilt auch für den Sterbeprozess in den Räumen diakonischer Einrichtungen.

Eine gesetzliche Regelung der Suizidassistenz sollte den Lebensschutz in den Vordergrund stellen. Durch vorgeschaltete Beratungen und Gespräche muss abgesichert werden, dass der Suizidwunsch frei gebildet wurde und dauerhaft ist. Die Beratung muss lebensbejahend sein und auch Wege außerhalb des Suizids aufzeigen. In einer gesetzlichen Regelung muss deutlich werden, dass der Suizid die Ausnahme ist und dass staatliches Handeln – in Anerkennung des Rechts auf selbstbestimmtes Sterben – darauf ausgerichtet ist, das Leben zu schützen.

Literatur

Bundesgerichtshof (2022): *Beschluss vom 28.06.2022 – 6 StR 68/21.*
Bundesverfassungsgericht (2020): *Urteil vom 26. Februar 2020, Az. 2 BvR 2347/15.*
Diakonie Deutschland (Hg.) (2022): *„Ich bin ein Gast auf Erden" (Psalm 119, 19). Orientierungshilfe zum Umgang mit Sterbewünschen, suizidalen Gedanken und Wünschen nach Suizidassistenz für Begleitende, Beratende, Versorgende, Leitende in Diensten und Einrichtungen der Diakonie,* abrufbar unter: https://www.diakonie.de/diakonie-texte/022022-orientierungshilfe-zum-umgang-mit-sterbewuenschen-und-dem-assistierten-suizid [Zugriff: 09.01.2023].

Assistierter Suizid in der diakonischen Praxis

Interview mit Dr. Markus Horneber*

Herr Dr. Horneber, Sie sind Vorstandsvorsitzender des in der Tradition der Diakonie gründenden, christlichen Gesundheitskonzerns AGAPLESION gAG. Welche Diskurse haben bei AGAPLESION bezüglich des assistierten Suizids stattgefunden? Und wie wurden diese mit den verschiedenen Professionsgruppen gestaltet?

Wir sind schon seit einigen Jahren hierzu in einem Gesprächsprozess, nicht erst seit dem Urteil des Bundesverfassungsgerichts – 2020. Dabei waren etliche Akteure aus unseren Häusern involviert mit ganz unterschiedlichen Professionen, beispielsweise Ärztinnen und Ärzte, Pflegekräfte, Seelsorgende und andere beratende Berufe, aber selbstverständlich auch das Management und wir als Vorstand.

In unseren Einrichtungen vor Ort gibt es Ethikbeauftragte und Ethikkomitees, die diese Thematik bearbeiten. Zudem haben wir bei AGAPLESION Expertenboards zu unterschiedlichen Arbeitsfeldern, in denen Fachleute aus unterschiedlichen Einrichtungen zusammenkommen. Auch hier ist die Zielsetzung, gemeinsame Rahmenrichtlinien zu entwerfen. Das Expertenboard Ethik berät zurzeit federführend zu der Thematik des assistierten Suizids. Hierzu werden auch externe Expertisen eingeholt.

Welche Positionen vertritt AGAPLESION in Bezug auf den assistierten Suizid? Und welche Rolle spielt das christliche Profil bei den Überlegungen?

Eine endgültige Meinungsbildung ist noch nicht erfolgt, zumal das Gesetz noch nicht verabschiedet ist, auf dem aufbauend dann entsprechende konzerneigene Grundsätze erfolgen. Allerdings kann man etwas zum jetzigen Diskussionsstand bei AGAPLESION sagen.

Die sich jetzt herauskristallisierenden Eckpunkte sind für uns wie folgt beschreibbar:

Zunächst ist es uns wichtig, dass der aus christlicher Sichtweise gebotene Lebensschutz ein hohes Gut darstellt. Suizidprävention ist daher die Grundhaltung, von der wir zunächst einmal ausgehen. In der Frage der Suizidassistenz kann das in Spannung treten zum ebenfalls wichtigen Prinzip der Selbstbestimmung. Diese Spannung kann nicht einseitig aufgelöst werden, vor allem dann

---

* Das Interview führte Dr. Dorothee Arnold-Krüger.

nicht, wenn keine erkennbare psychische Erkrankung für den Sterbe- bzw. Suizidwunsch vorliegt. Wir haben es im Blick auf eine mögliche Begleitung und Hilfe dann mit einer ethischen Dilemmasituation zu tun, die für alle Beteiligten schwierig ist und einer sorgfältigen Abwägung bedarf.

Was bedeutet das für Mitarbeitende, wenn sie mit Suizidhilfewünschen konfrontiert werden?

Die Frage nach der Hilfe zum Suizid ist nicht loszulösen von dem Sterbewunsch generell. Wir sind in unseren klinischen Kontexten hiermit stets konfrontiert. Daher ist es wichtig, Mitarbeitende im Umgang mit den Fragen nach dem eigenen Sterben zu sensibilisieren bzw. sie für entsprechende Situationen in *existenzieller Kommunikation* zu schulen. Letztlich müssen solche Gespräche in ein Vertrauensverhältnis eingebettet sein. Dabei kann das Bedürfnis, das hinter einer solchen Anfrage steht, sehr unterschiedlich sein, und ihm kann auch sehr unterschiedlich begegnet werden.

Schließlich ist der Mensch als soziales Wesen auch nie für sich allein handelnd, sondern immer eingebunden in soziale Bezüge. Daher ist es wichtig, die Angehörigen, aber auch das ganze Behandlungsteam mit im Blick zu behalten.

Wird der assistierte Suizid von AGAPLESION zugelassen, begleitet oder sogar durchgeführt bzw. angeboten?

Eine Suizidassistenz als Reaktion auf den Sterbewunsch positiv zu beantworten, ist für uns bisher eine Möglichkeit, die nur in einzelnen Ausnahmefällen denkbar ist. Neben den Kriterien, die sich aus dem Urteil des Bundesverfassungsgerichts ergeben, d. h. Freiverantwortlichkeit, keine Pression Dritter etc., haben wir das Thema vor allem vor dem Hintergrund schwerster somatischer Erkrankungen, u. a. auch anhand von Fallbeispielen, diskutiert. Was eine Begleitung bzw. Durchführung betrifft, d. h. eine Hilfe zur Selbsttötung im eigentlichen Sinne, würden wir zurzeit auf Fälle aus diesem Feld beschränkt bleiben. Denn hier ist eine für uns nachvollziehbare Dilemmasituation denkbar, die als Abwägung verschiedener Wege, die letztlich allesamt nicht einfach zu beschreiben sind, dazu führt, eine solche Hilfe zu gewähren.

Dabei sollte es sich jedoch um eine *Ultima Ratio* handeln, die nur dann zum Zuge kommt, wenn andere Wege ausgeschlossen worden sind oder aus verschiedenen Gründen nicht in Betracht kommen. Hier sind vor allem Möglichkeiten des Therapieabbruchs, der palliativen Begleitung bis hin zur Sedierung, der Verweigerung von Nahrung und Flüssigkeit bzw. der Ablehnung künstlicher Ernährung zu denken.

Was wir wollen, ist in jedem Fall sicherzustellen, dass es zu keiner Normalisierung im Sinne einer zunehmenden Regelmäßigkeit und Planbarkeit des Sterbens via Suizid und entsprechender Hilfe kommt.

Wie ist das Personal bzw. wie sind die verschiedenen Professionsgruppen bei der Begleitung eingebunden?

Wir werden nach der Gesetzgebung entsprechende Prozesse aufsetzen und Konzepte erarbeiten, die eine möglichst multiprofessionelle Begleitung vorsehen. Hierbei ist aus unserer Sicht auch die Einbeziehung von Seelsorgerinnen und Seelsorgern wichtig.

Was die Frage nach dem Zulassen entsprechender Handlungen durch andere bzw. Dritte betrifft, haben wir die Thematik insbesondere für den Bereich *Wohnen und Pflege* diskutiert. Hier sind neben den angeführten Kriterien wichtige weitere Eckpunkte die *Unversehrtheit der eigenen Wohnung* und – so vorhanden – die *Sicherstellung der Einbeziehung gesetzlicher Betreuungspersonen*. Auch hier ist es wichtig, dass die (vermeintlichen) Interessen Dritter, wie beispielsweise die von Kostenträgern oder ganz grundsätzlich finanzielle Interessen, letztlich nicht ausschlaggebend sein dürfen. Auch darf der Wunsch, *niemandem zur Last zu fallen,* nicht maßgeblich sein.

Wie ist der Umgang mit Sterbehilfeorganisationen geregelt?

Die Involvierung solcher Organisationen lehnen wir aus verschiedenen Gründen – soweit es uns rechtlich möglich ist – ab.

Was erwarten Sie von der Neuregelung der Suizidbeihilfe?

Eine Neuregelung sollte die Differenzierung bestimmter klinischer oder außerklinischer Situationen einbeziehen. Zudem sollte eine Rechtssicherheit hergestellt werden, sodass unsere Mitarbeiterinnen und Mitarbeiter sich in einem für sie sicheren Terrain bewegen. Verfahren und Regelungen sollten klar und nachvollziehbar sein. Grundsätzlich sollte Suizidprävention eine wichtige Rolle spielen und einer Normalisierung im Sinne einer zunehmenden Regelmäßigkeit entgegengewirkt werden.

III.
Theologische Perspektiven

Martin Laube

Der Herr über Leben und Tod

Perspektiven christlicher Eschatologie

I.

„Das eschatologische Bureau [ist] heute zumeist geschlossen. Es ist geschlossen, weil die Gedanken, die es begründeten, die Wurzel verloren haben" (Troeltsch 1925, 36) – mit diesem mittlerweile geflügelten Wort bilanziert *Ernst Troeltsch* zu Beginn des 20. Jahrhunderts den ruinösen Zustand der zeitgenössischen dogmatischen Eschatologie, der Lehre also von den ‚letzten Dingen'[1]. Im Zuge des allgemeinen Übergangs in die Moderne war das klassische Lehrstück wie ein morsches Gerüst in sich zusammengesunken. Die Vorstellung eines kosmischen Weltenbrandes erschien wissenschaftlich nicht mehr anschlussfähig, die Verheißung einer leiblichen Auferstehung der Toten galt zunehmend als unglaubwürdig, und die Rede von einem bevorstehenden ‚Jüngsten Gericht' mutete wie ein überständiges Relikt längst vergangener Zeiten an. Doch beschämender noch als dieser Zusammenbruch des alten Lehrstücks wirkte der Umstand, dass die Theologie offenbar keinen Weg fand, darauf produktiv zu reagieren und der eschatologischen Hoffnungsperspektive des christlichen Glaubens eine den veränderten Bedingungen angemessene und für die eigene Gegenwart attraktive Gestalt zu geben. Wo man sich nicht daran beteiligen wollte, über die Möblierung des Himmels oder die Temperatur der Hölle zu fabulieren – wie *Reinhold Niebuhr* spöttisch bemerkte (vgl. Niebuhr 1943, 294)[2] –, herrschte weithin Verlegenheit im Umgang mit der überschießenden Bilderwelt der biblisch-kirchlichen Tradition. Eben darauf zielt das Troeltsch'sche Wort vom geschlossenen

---

[1] Die altprotestantische Theologie handelt die eschatologischen Themenbestände – Tod, Auferstehung, Gericht, Weltende und ewiges Leben – im Anschluss an JesSir 7,36 unter dem Titel ‚De Novissimis' ab. Erst im Laufe des 19. Jahrhunderts setzt sich der Begriff der Eschatologie durch. Vgl. dazu ausführlich Hjelde 1987.

[2] Freilich geht es Niebuhr gerade darum, die Unverzichtbarkeit der Gerichtsvorstellung einzuschärfen: „It is unwise for Christians to claim any knowledge of either the furniture of heaven or the temperature of hell; or to be too certain about any details of the Kingdom of God in which history is consummated. But it is prudent to accept the testimony of the heart, which affirms the fear of judgment".

‚eschatologischen Bureau': Es sei nicht deshalb geschlossen, weil es nichts mehr zu tun *gäbe,* sondern weil niemand wisse, was denn eigentlich zu tun *wäre*.

Doch es dauerte nicht lange, da wendete sich das Blatt. Nur wenige Jahre später, nach dem Ende des 1. Weltkrieges, war die Eschatologie plötzlich in aller Munde. Wortgewaltig erklärt etwa *Karl Barth* in der zweiten Auflage seines *Römerbriefs:* „Christentum, das nicht ganz und gar und restlos Eschatologie ist, hat mit *Christus* ganz und gar und restlos nichts zu tun" (Barth 1999, 325). *Rudolf Bultmann* sekundiert, indem er das entscheidende eschatologische Ereignis aus der fernen Zukunft in die unmittelbare Gegenwart verlegt. Im Geschehen der Verkündigung selbst – im existentiellen Getroffenwerden durch das Wort – vollziehe sich der Anbruch des Reiches Gottes: „Dies jeweilige Jetzt des Angesprochenseins, dieser Augenblick, ist *das eschatologische Jetzt,* weil in ihm die Entscheidung zwischen Tod und Leben fällt" (Bultmann 1972, 144).

In der darauffolgenden Generation – zu Beginn der 1960er Jahre – wird der Horizont vom je gegenwärtigen Augenblick auf die erhoffte Zukunft hin ausgeweitet. An die Stelle der *vertikalen* Dialektik von Zeit und Ewigkeit tritt die *horizontale* Dialektik von Gegenwart und Zukunft. Namentlich *Wolfhart Pannenberg* und *Jürgen Moltmann* arbeiten die Eschatologie so zu einer ‚Geschichtstheologie der Hoffnung' um:

> „Das Christentum ist ganz und gar nicht nur im Anhang Eschatologie, ist Hoffnung, Aussicht und Ausrichtung nach vorne, darum auch Aufbruch und Wandlung der Gegenwart. Das Eschatologische [...] ist schlechterdings das Medium des christlichen Glaubens, der Ton, auf den in ihm alles gestimmt ist, die Frage der Morgenröte eines erwarteten neuen Tages, in die hier alles getaucht ist. Denn der christliche Glaube lebt von der Auferweckung des gekreuzigten Christus und streckt sich aus nach den Verheißungen der universalen Zukunft Christi" (Moltmann 1964, 12).

Die anfängliche Diagnose Ernst Troeltschs scheint sich damit geradezu in ihr Gegenteil verkehrt zu haben. Das eschatologische Bureau hat nicht nur längst wieder geöffnet, sondern macht sogar Überstunden[3]: Statt ein kärgliches Dasein am Ende der Dogmatik zu fristen, steigt die Eschatologie zur zentralen theologischen Leitperspektive auf. Sie dient als Universalschlüssel, um nicht nur alles, sondern nachgerade „alles Mögliche" (Ebeling 1979, 398) in den Horizont der verheißenen Zukunft Gottes zu rücken.

Bei näherem Hinsehen jedoch stellt sich die Sachlage durchaus anders dar. Denn die skizzierte Renaissance der Eschatologie geht mit einem fortgesetzten Ausweichen vor ihrem originären Themenbestand einher. Die Krise der klassischen dogmatischen Eschatologie wird letztlich durch ihre programmatische Umbesetzung zu beheben versucht. An die Stelle der einstigen Lehre von den ‚letzten Dingen' tritt bei Barth und Bultmann eine Lehre von der existentiellen *Letztgültigkeit* der göttlichen Offenbarung, bei Pannenberg und Moltmann eine

---

[3] Diese Metapher geht zurück auf von Balthasar 1957, 403; vgl. dazu auch Polke 2020, 393.

Lehre vom geschichtlichen *Letztsinn* der göttlichen Verheißung. Beide Ansätze blenden damit eben das aus, was doch den harten Kern des eschatologischen Nachdenkens ausmacht – die Frage, wie sich die christliche Hoffnung auf die Ewigkeit angesichts der Erfahrung von Tod und Sterben in und für unsere Gegenwart plausibel, attraktiv und anschlussfähig entfalten lässt.

Eben diese Frage soll nun im Mittelpunkt der folgenden Überlegungen stehen. Damit wird jenes eschatologische Bureau wieder betreten, das Troeltsch einst geschlossen wähnte – nun aber nicht unter Austausch des Türschildes, sondern in dem Versuch, dessen Einrichtung und Inventar kritisch zu sichten und neu in Arbeit zu nehmen. Dabei wird sich zeigen, dass eine vollständige Grundsanierung unerlässlich ist, soll es gelingen, die Erfahrungen menschlicher Endlichkeit und menschlichen Sterbenmüssens im Horizont der christlichen Ewigkeitshoffnung zu bedenken. Zudem sei um Verständnis dafür gebeten, dass eine solche Entrümpelung hier nur exemplarisch und ansatzweise erfolgen kann. Es ist im Folgenden nicht möglich, alle Fragen zu behandeln, die hier zu behandeln wären; umgekehrt wird das, was behandelt wird, viele neue unbeantwortete Fragen aufwerfen.

Die erste Aufgabe besteht darin, die entscheidenden Probleme und Widersprüche der klassischen Eschatologie zu resümieren, um daraus die entsprechenden Konsequenzen zu ziehen und den methodischen Boden zu bereiten für eine tragfähige Neuformulierung der eschatologischen Hoffnung *(II.)*. Diese wiederum wird das Bekenntnis zu Gott als dem Herrn über Leben und Tod in den Mittelpunkt stellen. In der Sicht des christlichen Glaubens gilt beides:

> „Gott ist der Ursprung des Lebens, und Gott ist zugleich der, der es aller Kreatur auch wieder nimmt. In diesem Sinne ist Gott der Herr über Leben und Tod. Das ist die dem Gottesgedanken eigene Zweideutigkeit, dass Gott als Ursprung für beides, nämlich für Leben und Tod gleichermaßen geehrt wird" (Barth 2021, 189).

Der darin liegende Widerspruch lässt sich gedanklich nicht auflösen; vielmehr gilt es, sich ihm rückhaltlos zu stellen. Dann aber zeigt sich, dass dem Menschen in der Erfahrung des Todes als eines von Gott verhängten Schicksals zugleich seine eigene Ewigkeitsbezogenheit aufgeht. Die darauf gegründete Hoffnung, im Tod zugleich über den Tod hinaus von Gott getragen zu sein, vermag das bleibende Geheimnis des Todes zwar nicht aufzuheben, wohl aber lebbar werden zu lassen *(III.)*.

II.

In ihrer klassischen altprotestantischen Fassung behandelt die Eschatologie – in dieser Reihenfolge – die Themen Tod und Auferstehung, Jüngstes Gericht, Weltende und ewiges Leben bzw. ewige Verdammnis[4]. Der Mensch ist als Folge

---

[4] Vgl. zum Folgenden den knappen Überblick bei Trillhaas 1967, 450–454.

der Sünde dem *Tod* unterworfen. Dieser wird als Trennung von Leib und Seele gedacht: Während der Leib zerfällt, lebt die unsterbliche Seele fort. In der *Auferstehung* wird die Trennung sodann wieder aufgehoben und die Seele mit dem erneuerten Leib vereinigt. Der Mensch ersteht als eben der Mensch, der er vor seinem Tode war. Notorisch umstritten und letztlich ungelöst bleibt die Frage, wo sich die Seelen der Verstorbenen in der Zwischenzeit aufhalten. Einig ist sich altprotestantische Theologie lediglich in der Ablehnung der Lehre vom Purgatorium, dem sogenannten ‚Fegfeuer'. Die Auferstehung erfolgt sodann zum *Gericht*. Dabei wird zwischen einem partikularen Gericht, das in der Stunde des Todes stattfindet, und dem Weltgericht am Jüngsten Tage unterschieden, ohne dass die sich hier auftuenden Spannungen eine gedankliche Auflösung erfahren. Das Endgericht wiederum bricht mit der Wiederkunft Christi an, geht mit dem kosmischen *Untergang der Welt* einher und vollzieht sich als endgültige Scheidung zwischen den Gottlosen und den Frommen: Während die einen der *ewigen Verdammnis* anheimfallen, gehen die anderen ins *ewige Leben* ein.

Auf den ersten Blick entfaltet die dogmatische Tradition also das geschlossene Bild eines kosmisch-apokalyptischen Endzeitdramas, in welches das Todesschicksal des Einzelnen eingeflochten wird, ausgerichtet auf die eschatologische Vollendung der Schöpfung in der ewigen Gemeinschaft mit Gott. Nun ist freilich mit dem neuzeitlichen Auseinandertreten von Glauben und Wissen die Grundlage für religiöse Welt- und Geschichtsspekulationen weithin entfallen. Die Eschatologie steht daher vor der Frage, wie sie es mit ihrem kosmologisch-apokalyptischen Erbe halten will. *Auf der einen Seite* wird gefordert, alle endgeschichtlichen Bestandteile auszuscheiden und die Eschatologie konsequent auf die existentielle Ebene einer Deutung von Tod und Sterben im Lichte der christlichen Verheißung zu beschränken[5]. Demgegenüber halten *andere Ansätze* betont daran fest, unter Berufung auf die alles umfassende Neuschöpfung Gottes die universale Dimension von Welt, Natur und Geschichte in den Horizont der eschatologischen Hoffnung einzubeziehen[6].

Freilich stehen letztere Ansätze beständig in der Gefahr, die Grenze zwischen Glauben und Wissen zu verwischen und die Eschatologie gleichsam in einen biblisch-religiösen *Fantasy*-Roman zu verwandeln. Überzeugender erscheint es daher, den anderen Weg einzuschlagen und die Eschatologie als Lehre von der christlichen Hoffnung angesichts der existentiellen Erfahrungen von

---

[5] Vgl. etwa Hirsch 1989, § 90, Bd. 2, 105–112. Hirsch hält die klassische Eschatologie für „das sonderbarste und widerspruchsreichste Stück christlicher Theologie" (a. a. O. 106); der Grund dafür liege in dem undurchführbaren Anliegen, die *universale* „Hoffnung auf das kommende Gottesreich" (a. a. O. 107) mit der *individuellen* „Hoffnung des ewigen Lebens" (ebd.) zu verschränken. Im Gegenzug plädiert er dafür, die Eschatologie nicht mehr als *Lehre vom Weltende,* sondern ausschließlich als *Lehre vom Lebensende* auszuführen. Vgl. zur Eschatologie Hirschs insgesamt Klassen 2018.

[6] Vgl. etwa Sauter 1995; Mühling 2007; sowie Thomas 2009. Zum kritischen Überblick vgl. auch Wittekind 2014.

Endlichkeit, Tod und Sterben zu entfalten. Zugespitzt formuliert: In der Eschatologie geht es nicht um das *Weltende*, sondern um das *Lebensende*. Gelegentlich wird dagegen eingewandt, eine solche Beschränkung blende die Weltdimension des Glaubens aus und führe zu einer egoistischen Verengung der Eschatologie. Doch dem ist mitnichten so, denn ein angemessener Umgang mit dem Ende und der Endlichkeit menschlichen Lebens schließt den Horizont seines In-der-Welt-Seins notwendig ein. Wir leben immer schon mit anderen in einer gemeinsamen Welt. Es versteht sich daher von selbst, dass eine sachgerechte theologische Deutung von Ende und Endlichkeit diese elementare Sozialität und Welthaftigkeit nicht ausblenden kann.

Doch auch unabhängig davon zeigt sich bei näherem Hinsehen, dass die klassische Eschatologie eigentlich zwei thematische Schwerpunkte aufweist. Sie bietet *zum einen* eine Lehre vom Ende, genauerhin vom Ende dessen, was endlich ist – sei es das Leben des Menschen, sei es der Bestand der Welt –, *zum anderen* eine Lehre von dem, was ‚nach' dem Ende kommt, also eine Lehre von dem, was ‚dann' kein Ende mehr kennt (vgl. Trillhaas 1967, 444–446). Die Eschatologie umfasst so gesehen zwei Hauptteile; sie handelt *erstens* vom Ende und der Endlichkeit des Endlichen sowie *zweitens* von der Hoffnung auf die Ewigkeit.

Die Frage lautet nun, wie diese beiden Hauptteile angemessen zueinander ins Verhältnis zu setzen sind. Hier liegt die zentrale Schwachstelle der klassischen Eschatologie. Natürlich lassen sich beide Teile nicht säuberlich voneinander trennen; vielmehr besteht eine wesentliche Pointe darin, dass sie einander wechselseitig bestimmen. So wie die Endlichkeit des Endlichen erst unter der Perspektive der Ewigkeitshoffnung angemessen in den Blick kommt, bewährt sich umgekehrt diese Ewigkeitshoffnung erst im Ernstnehmen der Unentrinnbarkeit menschlicher Endlichkeit und seines Sterbenmüssens. Christlich vom *Tod* zu reden, heißt, im Licht der Ewigkeitshoffnung vom Tod zu reden; christlich auf die *Ewigkeit* zu hoffen, heißt, im Angesicht des Todes auf die Ewigkeit zu hoffen.

Dennoch besteht die entscheidende theologische Herausforderung darin, über diesen Zusammenhang zugleich das harte Widereinander und den schneidenden Gegensatz zwischen Tod und Ewigkeit nicht aus dem Auge zu verlieren. Der Tod ist gerade nicht einfach nur eine Durchgangsstation zur Ewigkeit, und umgekehrt lässt sich diese Ewigkeit keinesfalls lediglich als eine auf Dauer gestellte Fortsetzung oder Vollendung des endlichen Lebens denken. Solchermaßen würde man nicht nur die Einsicht in die gänzliche Andersartigkeit der Ewigkeit unterlaufen, sondern mehr noch die unerbittliche Härte des Todes verharmlosen und der existentiellen Anfechtung und Not im Angesicht menschlichen Sterbenmüssens ausweichen.

An dieser Herausforderung ist die klassische Eschatologie letztlich gescheitert. Sie hat es nicht vermocht, in ihrer Entfaltung der christlichen Ewigkeitshoffnung zugleich die unübersteigbare Grenze zwischen Endlichkeit und Ewigkeit und die daraus resultierende elementare Ambivalenz aller eschatologischen

Aussagen angemessen festzuhalten. Dabei geht es um weit mehr als nur die triviale Einsicht, dass es von postmortalen Zuständen und Gegebenheiten kein Wissen geben kann und auch die biblischen Verheißungen ein solches nicht vermitteln. Zwar hat es immer wieder Strömungen gegeben, die aus enthusiastischen Motiven heraus die gesteckten Grenzen des Wissbaren meinten überschreiten zu können. Auch hält sich in der gelebten Frömmigkeit überaus hartnäckig ein realistisch geprägtes Verständnis der eschatologischen Hoffnung. Der dogmatischen Tradition jedoch war die bildhaft-symbolische Prägung der eschatologischen Vorstellungen durchaus bewusst. Exemplarisch deutet *Friedrich Schleiermacher* sie „als Versuche eines nicht hinreichend unterstützten Ahnungsvermögens" (Schleiermacher 2003, § 159.2, Bd. 2, 469)[7] und spricht ihrer dogmatischen Bearbeitung allein den Status „prophetische[r] Lehrstücke" (ebd.) zu. Sie böten keinen Zugewinn an Wissen, sondern erfüllten lediglich eine anregende Funktion für die religiöse Verkündigung.

Das bedeutet gerade nicht, dass auf die bildhaft-symbolische Redeweise verzichtet werden könnte. Sie stellt vielmehr das unhintergehbare Medium der christlichen Ewigkeitshoffnung dar. Wie sollte es auch möglich sein, anders als mit endlichen Mitteln von dem zu reden, was zugleich das ganz Andere des Endlichen ist? Damit rückt nun erst das eigentliche Problem in den Blick. Dieses betrifft nicht schon die Unvermeidlichkeit bildhaft-symbolischer Rede als solche, sondern vielmehr den kritisch-reflektierten Umgang mit ihr. Denn natürlich bleiben auch die bildhaft-symbolischen Vorstellungen und Redeweisen an die Bedingungen und Beschränkungen menschlich-endlichen Denkens gebunden. Dann aber lauert beständig die Gefahr, die radikale Grenze zwischen Endlichkeit und Ewigkeit unter der Hand wieder zu verwischen. Problematisch daran ist weniger der bloße Umstand selbst, dass eine überbordende menschliche Phantasie die ihr gesetzten Schranken überschreitet, als vielmehr die theologische Konsequenz, die sich daraus ergibt. Denn in dem Maße, in dem die eschatologische Hoffnung als ein – wie immer gearteter – Folgezusammenhang des irdisch-menschlichen Daseins vorstellig gemacht wird, büßt der Tod seine unerbittliche Härte ein, verliert seinen Stachel und erscheint nurmehr als vorläufige Zwischenstation.

Nun spricht die christliche Hoffnung zwar sehr wohl von einer *Überwindung* des Todes; in der klassischen Eschatologie wird daraus jedoch zumeist eine *Verharmlosung* des Todes. Zwei exemplarische Beispiele mögen das belegen. Das *erste Beispiel* betrifft die grundsätzliche eschatologische Redeweise von einem ‚Jenseits' und ‚Danach' des Todes. Es geht in der Eschatologie um das, was ‚nach' dem Tode kommt – wie sollte es auch anders sein. Doch zugleich bringt diese Redeweise eine raumzeitliche Vorstellungslogik in Anschlag, welche Endlichkeit und Ewigkeit im Verhältnis eines Nacheinanders aneinanderkoppelt und so dazu verleitet, den Übergang in das Ewige stillschweigend als eine wie immer geartete

---

[7] Zu Schleiermachers Eschatologie vgl. insbesondere auch Weeber 2000.

Fortsetzung oder Verlängerung des Endlichen zu denken. Der theologische Preis dieses Nacheinander-Verhältnisses besteht darin, dass der Tod so gerade nicht mehr als Ende, sondern nurmehr als ein Übergang in den Blick rückt – wie vorsichtig, zurückhaltend und vermittelt dieser Übergang dann auch gedacht werden mag. Zugespitzt formuliert: Die Eschatologie hat die Aufgabe, beide Sätze *zugleich* auszusagen und festzuhalten – ‚Der Tod ist das Ende' und ‚Der Tod ist *nicht* das Ende'. Ihr überkommenes bildhaft-symbolisches Vorstellungsmaterial verleitet sie jedoch dazu, eben diese Balance nicht dauerhaft aufrecht erhalten zu können.

Das *zweite Beispiel* unterstreicht diese Beobachtung. Es bezieht sich auf die klassische Vorstellung einer Unsterblichkeit der Seele. Schon *David Friedrich Strauß* hatte erkannt, dass der Unsterblichkeitsglaube den harten Kern der eschatologischen Frömmigkeit ausmacht:

> „Den ganzen reichen Hausrath der kirchlichen Eschatologie überlässt das moderne Ich ohne sonderliche Gemüthsbewegung dem kritischen Brande, zufrieden, aus demselben seine nackte Fortdauer nach dem Tode zu retten. [...] Dieser Unsterblichkeitsglaube ist die Seele der jetzigen Gefühls- und Verstandesreligiosität: der gebildete Fromme lässt sich eher noch seinen Gott und Christus, als die Hoffnung auf Fortdauer nach dem Tode nehmen" (Strauß 1841, 697).

Dennoch ist die Unsterblichkeitsvorstellung mit massiven gedanklichen Schwierigkeiten belastet, die es nicht gestatten, sie unter heutigen Bedingungen weiterzuführen. An die unhaltbare Voraussetzung einer immateriellen Seelensubstanz und die problematische Fortschreibung des klassischen Leib-Seele-Dualismus sei dabei nur knapp erinnert. Denn es kommt hier auf etwas anderes an: Vor allem *Eberhard Jüngel* hat nachdrücklich betont, dass die Vorstellung einer Unsterblichkeit der Seele nicht biblischen, sondern vielmehr griechischen Ursprungs ist – und von dort ein überaus bedenkliches Todesverständnis übernimmt. Er wird als Trennung der unvergänglichen Seele vom vergänglichen Leib gedacht, mehr noch als Befreiung der Seele von den Fesseln des Leibes, und bedeutet so, recht verstanden, „nicht Schmerz, sondern Glück" (Jüngel 1971, 69). Die christliche Adaption des Unsterblichkeitsgedankens mag so weit zwar nicht zu folgen, bleibt der Grundtendenz aber gleichwohl verpflichtet: Seine Attraktivität besteht eben darin, dass er durch die Chimäre einer Fortdauer des menschlich-persönlichen Lebens ‚nach' dem Tod dessen existentielle Härte erträglich zu machen verspricht.

Vielleicht ist es erlaubt, an dieser Stelle eine knappe Seitenbemerkung einzufügen: Die biblische Auferstehungsvorstellung bietet hier keine überzeugende Alternative. Auch sie bleibt dem skizzierten Fortsetzungsschema verhaftet. Das gilt nicht nur dann, wenn diese Auferstehung – der biblischen Vorgabe folgend – als leibliche Auferstehung gedacht werden soll. Dass dabei auf unangemessene Weise endliche Bedingungen und Gegebenheiten in die Ewigkeit eingetragen werden, liegt offen zu Tage. Das gleiche Problem stellt sich jedoch auch dort, wo das radikale Ende des menschlichen Lebens ernst genommen und die Auferstehung mithin als eine ebenso radikale Neuschöpfung gedacht wird. Denn es soll doch derselbe Mensch sein, der nach seinem Tod wieder aufersteht. Folglich stellt sich die Frage, wie diese Kontinuität gesichert werden kann – wie also zum Ausdruck gebracht werden kann, dass es eben der hier gelebt habende Mensch ist, der von Gott zum ewigen Leben erweckt wird. Alle Versuche, auf diese Frage eine Antwort zu finden, kommen nicht umhin, im Blick auf die harte Grenze zwischen Endlichkeit und Ewigkeit wieder Abstriche zu machen. Die eschatologische Identität lässt sich nur so festhalten, dass die Auferstehungsexistenz als eine – wie immer geartete – Wiederaufnahme und Fortsetzung des irdischen Daseins bestimmt wird.

Als Ertrag dieses knappen Durchgangs durch den Lehrbestand der klassischen Eschatologie ergibt sich eine doppelte Einsicht. Die entscheidende Aufgabe besteht – *erstens* – darin, die christliche Hoffnung auf eine Überwindung des Todes so zur Geltung zu bringen, dass die existentielle Härte und Unerbittlichkeit des Todes nicht immer schon unter der Hand relativiert und verharmlost wird. Nur so kann es gelingen zu trösten, statt lediglich zu vertrösten. An dieser Aufgabe ist – *zweitens* – die klassische Eschatologie deshalb gescheitert, weil sie die radikale Grenze zwischen Endlichkeit und Ewigkeit nicht streng genug festgehalten hat. Stattdessen ist sie der suggestiven Versuchungskraft ihrer bildhaft-symbolischen Traditionsbestandes erlegen, der die Ewigkeit immer schon als eine Fortsetzung des irdisch-endlichen Daseins vorstellig macht und so den Tod zu einem bloßen Durchgangsereignis herabstuft.

Um dieser Verharmlosungslogik zu entgehen, legt es sich daher nahe, im Folgenden einmal von Grund auf anders anzusetzen – nicht immer schon von der bildhaft-symbolisch ausstaffierten Überwindung des Todes aus die Erfahrung menschlicher Endlichkeit und Sterblichkeit in den Blick zu nehmen, sondern vielmehr bei und mit dieser selbst den Anfang zu machen. Das bedeutet keineswegs, die Perspektive des christlichen Glaubens suspendieren zu wollen. Es heißt vielmehr nur, diese Perspektive nicht von vornherein auf die *Überwindung des Todes*, sondern zunächst auf die *Erfahrung des Todes* selbst auszurichten. Das soll in der Weise geschehen, dass das Faktum des Todes als das von Gott verhängte Todesschicksal ernstgenommen wird.

III.

Auch wenn der Tod ein unlösbares Geheimnis darstellt und „jede Aussage über ihn (auch die, mit ihm sei alles aus!) eine Überschreitung der Grenzen unsers Wissens" (Hirsch 1989, Bd. 2, 244) bedeutet, führt doch kein Weg an der schlichten Feststellung vorbei, dass er das definitive und unwiderrufliche Ende des menschlichen Lebens markiert. Ist der Mensch gestorben, ist sein Leben vorbei, ist er „nur noch das, was er war. Er wird von sich aus hinfort nichts mehr werden und insofern auch nicht mehr sein" (Jüngel 1971, 145). Eine Fortsetzung des menschlichen Lebens über den Tod hinaus gibt es nicht.

Daraus ergibt sich *zum einen* die Einsicht in die konstitutive Endlichkeit des Menschen, und diese Endlichkeit ist durch die Unausweichlichkeit seines Sterbenmüssens bestimmt. Das menschliche Leben steht – wie alles Leben – unter dem Schicksal und Verhängnis des Todes; es ist „todverfallen von Anfang an" (Hirsch 1989, Bd. 2, 244). *Zum anderen* jedoch unterscheidet den Menschen von allen anderen Lebewesen, dass er um diese Endlichkeit weiß und ihm sein Sterbenmüssen bewusst ist. Herausgefordert durch die eigene Vergänglichkeit und konfrontiert mit dem Tod anderer vermag er sein Leben als auf den Tod zulaufend und mithin durch den Tod bestimmt zu begreifen. Und während das Tier am Ende seines Lebens lediglich *vergeht, stirbt* der Mensch[8]. Im Angesicht des Todes erfährt er das Ende aller Möglichkeiten und zerschellt ihm jede Form eigenen Wollens und Tuns. Der Tod zwingt den Menschen in absolute Passivität, seiner schicksalhaften Macht sieht er sich schlechthin ausgeliefert.

Gerade mit diesem Endlichkeits- und Todesbewusstsein freilich ist der Horizont eines rein biologisch-natürlichen Todesverständnisses bereits überschritten. Denn das bloße *Wissen* um das eigene Sterbenmüssen geht nun immer schon mit einem *Verhältnis* zu diesem Sterbenmüssen einher – ob der Tod nun ängstlich ausgeblendet oder fatalistisch hingenommen, heroisch ertragen oder religiös zu entkräften versucht wird. Hier liegt der Ansatzpunkt, um die Anerkennung der Unwiderruflichkeit des Todes doch zugleich nicht das letzte Wort sein zu lassen.

Das bedeutet zunächst, allen vorschnellen und eindimensionalen Deutungsversuchen im Umgang mit dem Tod entgegenzutreten. Es ist weder angemessen, sich einem nihilistischen Defätismus auszuliefern – also mit naturwissenschaftlichem Pathos darauf zu beharren, dass mit dem Tod ‚alles aus' sei –, noch umgekehrt verirrte Hoffnungen auf eine wie immer geartete Fortdauer ‚nach' dem Tod zu schüren, um so der Unerbittlichkeit des Todes auszuweichen. Schließlich gilt es aber auch, gegenüber der beliebten Rede von einer vermeintlichen Natürlichkeit des Todes Vorsicht walten zu lassen. Sie hat ihr Recht dort, wo es den verhängnisvollen Nachwirkungen der paulinischen Deutung des Todes als „der Sünde Sold" (Röm 6,23) zu widersprechen gilt. Dennoch würde eine solche Naturalisierung des Todes gerade die entscheidende Einsicht wieder verspielen. Im Angesicht des Todes, näherhin in dem schlichten Umstand, sich zu diesem Tod verhalten zu können und zu müssen, geht dem Menschen auf, nicht einfach nur eine *dahinlebende Kreatur,* sondern vielmehr eine *bewusst lebende, ihr Leben führende Person* zu sein. Das bedeutet in paradoxer Zuspitzung: Gerade indem der Mensch erkennt, als Naturwesen dem Tod unterworfen zu sein, wird er sich zugleich dessen bewusst, mehr zu sein als nur ein Naturwesen.

Hier kann das weitere theologische Nachdenken anschließen. Der erste Schritt besteht darin, das Wissen um die eigene Endlichkeit – und mithin auch

---

[8] Vgl. zu dieser Gegenüberstellung Hirsch 1963b, 302f.

das Wissen um das eigene Sterbenmüssen – konsequent in den Horizont des Gottesverhältnisses zu rücken. Wenn Gott der Ursprung und die bestimmende Macht des Lebens ist, dann hat er auch als der Herr des Todes zu gelten. Insofern kann es mit der biblischen Klage über die Vergänglichkeit des menschlichen Daseins allein noch nicht sein Bewenden haben, wie sie etwa der Psalmbeter formuliert: *„Ein Mensch ist in seinem Leben wie Gras, er blüht wie eine Blume auf dem Felde; wenn der Wind drüber geht, so ist sie nimmer da, und ihre Stätte kennet sie nicht mehr"* (Ps 103,15f.). Vielmehr bedarf es darüber hinaus der zugespitzten Aussage, dass eben der Gott, der dem Menschen das Leben gibt, es diesem auch wieder nimmt. Die hier aufbrechende tiefe Zweideutigkeit des Gottesgedankens ist ebenso unvermeidlich wie unauflösbar. In schlichter Eindrücklichkeit bringt sie das Buch Hiob zum Ausdruck: *„Ich bin nackt von meiner Mutter Leibe gekommen, nackt werde ich wieder dahinfahren. Der Herr hat's gegeben, der Herr hat's genommen; der Name des Herrn sei gelobt"* (Hi 1,21).

Für die Deutung des Todes folgt daraus, dass er keineswegs nur das natürliche Ende des menschlichen Daseins bezeichnet, sondern vielmehr in der ganzen Härte seiner abgründigen Unerbittlichkeit als *Gotteserfahrung* aufgefasst werden muss – als Erfahrung des schlechthinnigen Ausgeliefertseins an die Abgründigkeit der göttlichen Ursprungsmacht. Das schließt die Verzweiflung über das Sterbenmüssen, die Angst vor dem Nichtmehrdasein, die Bitterkeit angesichts versäumter oder verfehlter Möglichkeiten, das Überwältigtwerden von Leid, Schmerz und Sinnlosigkeit ausdrücklich ein. Anders formuliert: In der Begegnung mit dem Tod und dem eigenen Sterbenmüssen geht dem Menschen eine Wahrheit über sein Leben auf – die Wahrheit, in seinem kreatürlichen Dasein unter einer bestimmenden Macht zu stehen, die sein Leben begrenzt sein lässt und die Gesamtheit seines Denkens, Wollens und Tuns dem Schatten der Vergänglichkeit und des Todes unterwirft.

Doch gerade das ist nun zugleich nur die eine Seite. Im Gegenzug zeigt sich, dass seine Begrenztheit dem menschlichen Leben eine je individuelle Prägung verleiht. Eben weil es endlich ist, ist es auch unwiederbringlich und unwiederholbar: „[J]eder Augenblick zählt, jede Entscheidung [...] trägt etwas in die Geschichte ein, was nicht mehr rückgängig zu machen ist" (Klassen 2018, 189). Im Angesicht des Todes kommt dem Mensch mithin die unvertretbare Einmaligkeit seines Lebens zu Bewusstsein. Wird dieser Tod darüber hinaus als von Gott bestimmt verstanden, kommt noch ein entscheidendes Moment hinzu. Denn daraus folgt, dass das vom Tod umgrenzte einmalige Leben vom Menschen auch als ein solches angenommen und gestaltet werden soll. Indem der Mensch sein Leben als *von Gott* begrenzt erfährt, erfährt er sich zugleich in die Verantwortung gerufen, dieses Leben nicht einfach dahingehen zu lassen, sondern vielmehr ernst zu nehmen und bewusst zu führen.

Das bedeutet: Gerade in der religiösen Deutung von Tod und Endlichkeit geht dem Menschen die wahre Bestimmung seines Lebens auf, wird ihm bewusst, dass ihm dieses Leben nicht nur *gegeben,* sondern vielmehr *aufgegeben* ist.

Er soll nicht einfach *dahinleben*, sondern vielmehr sein Leben *führen*, soll als Naturwesen zugleich Person werden. Der das Leben umgrenzende Gott erweist sich dem Menschen damit als Bestimmungsgrund seiner eigenen Selbständigkeit und Freiheit. In der Anerkennung der gottbestimmten Endlichkeit seines Lebens wird dem Menschen bewusst, durch diese Endlichkeit gerade nicht vollständig bestimmt zu sein – erschließt sich ihm seine Berufung, in der Ausbildung personhafter, verantwortlich gelebter Freiheit aus den Grenzen naturhafter Verfasstheit herauszutreten. *Emanuel Hirsch* hat diesen paradoxen Sachverhalt in den Gedanken gefasst, dass dem Menschen in der Erfahrung des Todes als eines von Gott verhängten Schicksals zugleich seine eigene ‚Ewigkeitsbezogenheit' aufgehe (vgl. Hirsch 1938, § 60, 101–104).

Das bedeutet also: So sehr der Tod dem menschlichen Leben ein Ende setzt, so wenig ist damit das letzte Wort über dieses Leben gesagt. Vielmehr eröffnet paradoxerweise gerade das Ernstnehmen des Sterbenmüssens einen Ausblick auf die Ewigkeitsdimension des Menschen, erschließt sich ihm im Glauben an Gott als Grund und Grenze seines Lebens eine Bestimmtheit dieses Lebens, welche die Grenzen seiner kreatürlichen Endlichkeit überschreitet. Mithin tut sich hier eine dialektische Spannung auf zwischen der Todesverfallenheit des menschlichen Lebens einerseits und seiner Ewigkeitsbezogenheit andererseits. Im Angesicht des Todes erfährt der Mensch die Unerbittlichkeit seines Sterbenmüssens und wird doch zugleich dessen gewahr, kraft des Gegründetseins in Gott zu einem ewigen Leben bestimmt zu sein. Diese Spannung lässt sich gedanklich weder vermitteln noch auflösen. Der Tod begegnet dem Menschen als ein undurchdringliches Geheimnis; er stellt ihn unter die Drohung gänzlicher Vernichtung – setzt ihn lähmender Angst und bitterer Verzweiflung aus – und erscheint ihm zugleich als Grenze, an der von Gott her „die Wahrheit über das menschliche Leben offenbart und vollendet wird" (Klassen 2018, 212). Die darin liegende Doppeldeutigkeit des Todes entspricht der dialektischen Bestimmung Gottes als Herr über Leben und Tod. So wie Gott als Grund und Abgrund zugleich gedacht, Leben und Tod im Gottesbegriff mithin zu einer Spannungseinheit verbunden werden, so steht auch die Erfahrung menschlicher Endlichkeit und Sterblichkeit bleibend unter der Dialektik, im Tod der Drohung des absoluten *Endes* ausgeliefert und zugleich zur *Vollendung* des ewigen Lebens erhoben zu werden.

Mithin kann auch die christliche Ewigkeitshoffnung nicht einfach so verstanden werden, als ob sie den über der Endlichkeit des Lebens liegenden Schatten der Zweideutigkeit aufzulösen vermöchte. Auch für den Glauben behält der Tod den Charakter eines undurchdringlichen Geheimnisses, steht er dem Menschen bevor als „Eingehen in eine Nacht, die wir nicht erhellen können" (Hirsch 1989, Bd. 2, § 112, 244). Das menschliche Leben bleibt fortwährend der Gefahr ausgesetzt, dass die Angst vor der Abgründigkeit und Dunkelheit des Todes die Oberhand gewinnt und die Unwiderruflichkeit des Sterbenmüssens alle Lebenskraft und Lebensfreude zu ersticken droht. Es wäre fahrlässig und sträflich, wenn der christliche Glaube hier ein höheres Wissen vorgaukeln würde und sich jenem Schatten über der Endlichkeit des Lebens zu entziehen versuchte.

Und doch bleibt der christliche Glaube hier nicht einfach stehen. Seine eschatologische Hoffnung hebt das Geheimnis des Todes zwar nicht auf, artikuliert aber gleichwohl die Gewissheit eines Gegründetseins in Gott, das durch den Tod nicht widerrufen oder beendet wird. Auch wenn sich diese Gewissheit in die Gestalt eines bilderreich-apokalyptischen Panoramas der ‚letzten Dinge' kleidet, geht es also nicht um die solchermaßen vorstellig gemachten Begebenheiten selbst, sondern vielmehr um jene vertrauende Gewissheit, die darin zum Ausdruck gelangt.

Um ihr deutlichere Konturen zu verleihen, legt es sich nahe, nicht bei der apokalyptisch geprägten Tradition von der *Auferstehung* Jesu zu verharren, sondern stattdessen auf das Bild zurückzugehen, welches die biblischen Evangelien von Jesu Deutung seines *Todes* entfalten. Dabei zeigt sich, dass hier Anfechtung und Vertrauen in ein spannungsvolles Widereinander treten. Jesus nimmt seinen Tod keineswegs einfach nur gelassen hin, sondern geht ihm – so Markus – mit Zittern und Zagen entgegen (vgl. Mk 14,34). Von Bitten und Flehen, lautem Schreien und Tränen berichtet der Hebräerbrief (vgl. Hebr 5,7). Am Kreuz schließlich stirbt Jesus – so wieder Markus – mit einem lauten Schrei (vgl. Mk 15,37). „*Mein Gott, mein Gott, warum hast du mich verlassen*" (Mk 15,34) – in diesem Ruf bündelt sich die Erfahrung tiefster Einsamkeit und Gottverlassenheit, mit der Jesus angesichts des Todes zu kämpfen hat. Auch für ihn bleibt er mithin ein dunkles Geheimnis, das sich jeder sinnhaften Deutung verschließt. Doch zugleich belässt Jesus der Abgründigkeit und Verborgenheit Gottes nicht das letzte Wort. Wider allen Augenschein hält er an dem Vertrauen fest, „dass die Macht, die den Tod verhängt, das Leben will und [...] auf das Leben zielt" (Slenczka 2014, 226). Indem Jesus so den Tod nicht lediglich erleidet, sondern als Ausdruck göttlichen Willens zugleich bejaht, bleibt er auch im Sterben seines Gegründetseins in Gott gewiss. „*Vater, ich befehle meinen Geist in deine Hände*" (Lk 23,46) – in diesem Kreuzeswort kommt zum Ausdruck, dass sich der biblische Jesus in hingebendem Vertrauen ganz und gar dem Wirken Gottes übergibt. Für Emanuel Hirsch ist damit zusammenfassend benannt, was den christlichen Ewigkeitsglauben ausmacht: „Sterben heißt, sich Gott übergeben, *ohne* mit Sinnen und Verstand verstehen zu können, was er einem mit diesem Griff in die letzte Wurzel der Vitalität tut, und erst recht denn *ohne* zu wissen oder auch nur zu fühlen, welche Wege er durch den Tod hindurch nun mit dem Geist, der Seele gehen wird" (Hirsch 1963a, 188; Hervorhebung ML).

Am Bild des biblischen Jesus wird so deutlich, dass die eschatologische Hoffnung von einer inneren Spannung durchzogen ist. Es geht gerade nicht darum, an die Stelle der ‚bildlosen Nacht' (vgl. Hirsch 1963a, 174) allein die strahlende Gewissheit einer jenseitigen Auferstehung zu setzen. Nochmals: Auch für den Glauben bleibt mit der Ambivalenz Gottes als Herr über Leben und Tod zugleich die Doppeldeutigkeit des Todes zwischen vernichtendem Ende und ewiger

Vollendung unaufhebbar. Der christliche Ewigkeitsglaube hebt diese Spannung nicht auf, aber er macht sie lebbar. Er vermag das Geheimnis des Todes nicht zu durchdringen, nimmt diesem aber seine zersetzende und lebenszerstörende Kraft. Die Negativität des Todes kommt gerade darin zum Austrag, dass sie Angst und Verzweiflung übermächtig werden lässt oder sich aus einer *Angst vor dem Tod* geradezu in eine *Angst vor dem Leben* verwandelt – sei es die Angst, den Herausforderungen des Lebens standzuhalten, sei es die Angst, im Leben etwas zu versäumen, oder sei es schließlich die Angst, das eigene Leben zu verfehlen. Das Bewusstsein des Todes legt sich dann wie ein lähmender Schatten über alle Versuche, die endliche Gegebenheit des Lebens ernst zu nehmen in eine selbständig-verantwortliche Gestaltung dieses Lebens umzumünzen. Er hemmt und unterminiert so die Bestimmung des Menschen zu personaler Freiheit und Selbsttätigkeit. Die Pointe des Ewigkeitsglaubens besteht darin, diese negative Macht des Todes zu brechen und dem Menschen immer wieder neu jene fragile Balance im Umgang mit der Doppeldeutigkeit des Todes zu eröffnen. Das gewisse Vertrauen darauf, dass das im Glauben erschlossene Gegründetsein in Gott in und durch den Tod hindurch Bestand haben wird, schenkt dem Menschen die Freiheit, der Drohung des Todes standzuhalten, angesichts des Todes den Sinn für das Leben zu bewahren und schließlich den Mut zu finden, sich dem eigenen Sterben anheimzugeben.

Freilich lässt sich ein solcher Ewigkeitsglaube weder autonom anbilden noch argumentativ andemonstrieren oder gar autoritativ ansinnen. Er bleibt eine unverfügbare Gnadengabe und ein uneinholbares Geschenk. Zugleich erschließt sich damit zuletzt der Sinn der Rede von der Auferstehung Jesu: Eben dort, wo die Gewissheit sich einstellt, im Tod zugleich von Gott umfangen, gehalten und zum ewigen Leben geführt zu sein, wird Jesus gegenwärtig und als der Auferstandene erfahren. Zugespitzt formuliert: Der Ewigkeitsglaube ist dann weniger der Glaube *an* ein – wie immer geartetes – ewiges Leben als vielmehr die Fülle dieses ewigen Lebens selbst.

Literatur

Barth, Karl (1999): *Der Römerbrief* (Zweite Fassung) (1925), 16. Aufl., Zürich.
Barth, Ulrich (2021): *Symbole des Christentums. Berliner Dogmatikvorlesung*, hg. von Friedemann Steck, Tübingen.
Bultmann, Rudolf (1972): Die Eschatologie des Johannes-Evangeliums (1928), in: Ders.: *Glauben und Verstehen. Gesammelte Aufsätze*, Bd. 1, Tübingen, 7. Aufl., 134–152.
Ebeling, Gerhard (1979): *Dogmatik des christlichen Glaubens, Bd. 3: Der Glaube an Gott den Vollender der Welt*, Tübingen.
Hjelde, Sigurd (1987): *Das Eschaton und die Eschata. Eine Studie über Sprachgebrauch und Sprachverwirrung in protestantischer Theologie von der Orthodoxie bis zur Gegenwart*, München.
Hirsch, Emanuel (1938): *Leitfaden zur christlichen Lehre*, Tübingen.
Hirsch, Emanuel (1963a): *Das Wesen des reformatorischen Christentums*, Berlin.

Hirsch, Emanuel (1963b): *Hauptfragen christlicher Religionsphilosophie,* Berlin.
Hirsch, Emanuel (1989): *Christliche Rechenschaft,* 2 Bde., Tübingen.
Jüngel, Eberhard (1971): *Tod,* Gütersloh.
Klassen, Anna-Maria (2018): *Die theologische Deutung des Todes bei Emanuel Hirsch. Eine systematisch-theologische Analyse mit einem Ausblick auf gegenwärtige glaubenspraktische Fragen,* Tübingen.
Mühling, Markus (2007): *Grundinformation Eschatologie. Systematische Theologie aus der Perspektive der Hoffnung,* Göttingen.
Moltmann, Jürgen (1964): *Theologie der Hoffnung. Untersuchungen zur Begründung und zu den Konsequenzen einer christlichen Eschatologie,* Gütersloh.
Niebuhr, Reinhold (1943): *The Nature and Destiny of Man. A Christian Interpretation,* Bd. 2: *Human Destiny,* New York.
Polke, Christian (2020): Von letzten Dingen. Zum Status eschatologischer Aussagen, in: *Neue Zeitschrift für Systematische Theologie und Religionsphilosophie* 62, 389–412, 393.
Sauter, Gerhard (1995): *Einführung in die Eschatologie,* Darmstadt.
Schleiermacher, Friedrich (2003): *Der christliche Glaube nach den Grundsätzen der evangelischen Kirche im Zusammenhange dargestellt* (1830/31), 2 Bde., KGA I/13, Bd. 2, hg. von Rolf Schäfer, Berlin.
Slenczka, Notger (2014): Die Christologie als Reflex des frommen Selbstbewusstseins, in: Jens Schröter (Hg.): *Jesus Christus,* Tübingen, 181–241.
Strauß, David Friedrich (1841): *Die christliche Glaubenslehre in ihrer geschichtlichen Entwicklung und im Kampfe mit der modernen Wissenschaft dargestellt,* 2 Bde., Bd. 2, Tübingen.
Thomas, Günter (2009): *Neue Schöpfung. Systematisch-theologische Untersuchungen zur Hoffnung auf das Leben in einer zukünftigen Welt,* Neukirchen-Vluyn.
Trillhaas, Wolfgang (1967): *Dogmatik,* 2. Aufl., Berlin.
Troeltsch, Ernst (1925): *Glaubenslehre.* Nach Heidelberger Vorlesungen aus den Jahren 1911 und 1912, hg. von Gertrud von le Fort, München.
von Balthasar, Hans Urs (1957): Eschatologie, in: Johannes Feiner/Josef Trütsch/Franz Böckle (Hg.): *Fragen der Theologie heute,* Einsiedeln, 403–421.
Weeber, Martin (2000): *Schleiermachers Eschatologie. Eine Untersuchung zum theologischen Spätwerk,* Gütersloh.
Wittekind, Folkart (2014): Tod, Auferstehung und ewiges Leben in der gegenwärtigen Theologie, in: Werner Zager (Hg.): *Tod und ewiges Leben,* Leipzig, 127–158.

Reiner Anselm

Der professionelle assistierte Suizid aus der Perspektive der evangelischen Ethik[*]

I.

Als Isolde Karle, Ulrich Lilie und ich mit einem Beitrag für die Frankfurter Allgemeine Zeitung (FAZ) im Januar 2021 (Anselm/Karle/Lilie 2021) eine intensivere Diskussion gerade auch innerhalb der evangelischen Kirchen über ihre Haltung zum assistierten Suizid anstoßen wollten, hatten wir in einem Passus auch von der Professionalisierung des assistierten Suizids gesprochen. Dass unserem Beitrag dann durch die Redaktion der Titel „Den professionellen assistierten Suizid ermöglichen" gegeben wurde, erwies sich allerdings als zweischneidig: Auf der einen Seite provozierte diese Überschrift zahlreiche kontroverse Diskussionen, auf der anderen Seite aber lenkte sie auch von einer intensiveren Beschäftigung mit konkreten Regelungs- und Verfahrensfragen ab, die in der Folge des Urteils des Bundesverfassungsgerichts (BVerfG) vom 26.02.2020 nun anstehen. Denn „professionell" assoziierten manche mit der kalten Routine abgeklärter Akteure und sahen daher in der in dem Beitrag vorgetragenen Argumentation die Vorboten einer unmenschlichen Kultur. Denn mit einer solchen Professionalität würde, so der Vorwurf, eine gesellschaftliche Ordnung etabliert, in der nicht mehr der Schutz des Lebens im Mittelpunkt stünde, sondern eine schrankenlose Selbstbestimmung, die die Auswirkungen individueller Freiheitsrechte auf andere nicht in den Blick nehme.

Schnell fokussierte sich die Debatte sodann wieder auf die grundsätzliche Frage, ob ein assistierter Suizid durch die christliche Freiheit gedeckt sei oder ob dem Verständnis von Selbstbestimmung, das dem Urteil zugrunde liegt, aus der Perspektive einer christlichen Ethik vehement widersprochen werden sollte. Diese Fokussierung der Diskussion wiederum dürfte mit dafür verantwortlich gewesen sein, dass ein Ziel unseres Beitrags zumindest für die letzte Legislatur-

---

[*] Der Text wurde erstveröffentlicht in: Wolfram Eberbach/Nikolaus Knoepffler (Hg.) (2022): *Mein Tod gehört mir. Zur Debatte um die Hilfe zur Selbsttötung*, Kritisches Jahrbuch der Philosophie 23, Würzburg, 113–120. Der Wiederabdruck erfolgt mit freundlicher Genehmigung des Verlags Königshausen und Neumann.
Zur Thematik habe ich mich vielfältig geäußert, auf die dort entfalteten Argumente greife ich hier zurück. Vgl. insbesondere Anselm 2022.

periode verfehlt wurde, nämlich eine für alle Beteiligten Sicherheit gewährleistende, an ethischen Standards ausgerichtete und gerade deswegen professionelle Suizidassistenz zu etablieren: Zu einer entsprechenden gesetzlichen Regelung ist es nicht gekommen und die vorgelegten Gesetzentwürfe haben die konkrete Regelung einer entsprechenden Praxis kaum oder gar nicht in den Blick genommen. Sie fokussieren in ihrer überwiegenden Mehrzahl auf die prozedurale Sicherstellung des Selbstbestimmungsrechts, ohne den organisatorischen Rahmen mit in den Blick zu nehmen.

Gefangen in den Grundsatzdebatten und in dem Bestreben, das Urteil des BVerfG als Bruch mit bisher bestehenden Grundüberzeugungen des Gemeinwesens darzustellen, konnte sich somit kein umfassender Diskurs darüber etablieren, wie denn die Praxis des assistierten Suizids in institutionalisierten Kontexten, in Krankenhäusern, Hospizen, in den Einrichtungen der stationären Altenpflege ausgestaltet werden könnte. Genau hier liegen aber die Herausforderungen, vor die eine Ethik am Lebensende gestellt ist. Denn nur über eine an Regeln orientierte Praxis kann, so die Überlegung, die im Hintergrund des Beitrags in der FAZ steht, vermieden werden, dass sich problematische Routinen in diesem Feld einstellen. Das wäre beispielsweise dann der Fall, wenn solche Routinisierungen die Perspektive der Mitbewohnerinnen und Mitbewohner in einem Altenheim oder auch die Rechte sowie die ethischen Grundüberzeugungen von Mitarbeitenden in der Pflege und in der medizinischen Betreuung außer Acht lassen. Darüber hinaus steht eine Vorgehensweise, die sich an Einzelfällen orientiert und bei der sich die Handlungsoptionen primär über ein nicht näher reguliertes Vertrauensverhältnis im Nahbereich ergeben, in der Gefahr, faktische Machtasymmetrien zu verschleiern und vor allem Grenzüberschreitungen nicht adäquat sanktionieren zu können. Schließlich könnte das Vorhandensein allgemein bekannter und verbindlicher Regeln einen Anlass dazu darstellen, über die Vorstellungen am Lebensende ins Gespräch zu kommen und so dem Mangel an Selbstwirksamkeit, der einen wesentlichen Grund für den Wunsch nach dem assistierten Suizid darstellen dürfte, entgegenzuwirken.

Mit dem Hinweis, es sei notwendig, einen professionellen assistierten Suizid zu ermöglichen, ist daher, ganz im Sinne der strukturfunktionalistischen Professionalisierungstheorie von Talcott Parsons (Parsons 1968), gemeint, die assistierende Handlung und ihre Vorbedingungen nicht individuellen Maßstäben zu überlassen, sondern nachvollziehbaren und auch sanktionierbaren Standards. Die Professionalisierung des assistierten Suizids bedeutet in dieser Perspektive das Gegenteil einer distanzierten und vor allem außerhalb der Regeln der Moral und nur nach dem Nützlichkeitskalkül erfolgten Handlung: Der professionelle assistierte Suizid ist ein ethischen Standards unterstellter assistierter Suizid.

II.

Diese Herangehensweise setzt natürlich voraus, dass der Suizid und damit auch die Suizidassistenz aus der Perspektive der evangelischen Ethik nicht grundsätzlich abzulehnen ist. Denn in diesem Fall wären – das ist das Quäntchen Wahrheit in der Konzentration auf die Grundsatzfragen, wie sie insbesondere von katholischer, teils aber auch von evangelischer Seite vorgebracht worden – alle Erwägungen zur *Ausgestaltung* des assistierten Suizids weder notwendig noch ethisch vertretbar. Das „Nein" vor der Klammer würde in diesem Fall die Diskussion konkreter Praktiken unnötig und zugleich als unethisch darstellen, da sie ja die grundsätzliche Legitimität des assistierten Suizids voraussetzen müsste. Tatsächlich gibt es eine lange Tradition innerhalb beider Kirchen, die den Suizid in der Nachfolge einer Argumentation, die sich in der christlichen Tradition zunächst bei Augustin findet, für moralisch verwerflich hält. Auffällig ist, dass sich die Bibel selbst einer eindeutigen Stellungnahme zum Suizid enthält. Zumeist werden die Suizide, von denen in den biblischen Schriften berichtet wird, lediglich berichtend zur Kenntnis genommen. Dabei ist zudem interessant, dass die Suizide mit einer Ausnahme, nämlich der Suizid Judas', ausschließlich im Alten Testament überliefert sind, und dort wiederum in den Geschichtsbüchern. Hier erscheint nicht der Suizid selbst als Gegenstand der Beurteilung, sondern allein die Kontexte und die Motive. Dabei überwiegt eine Sicht, die den Suizid als ein tragisches Lebensschicksal hinnimmt und insbesondere das uneigennützige Selbstopfer als ethisch legitim darstellt.

Diese Spur scheint nun Augustin aufgenommen zu haben, wenn er in Anknüpfung an ein Argument aus Platons „Phaidon" die Ordensfrauen kritisiert, die nach ihrer Schändung durch römische Soldaten als Geschändete nicht mehr weiterleben wollten und sich das Leben nahmen. Augustin argumentiert, dass damit die Ordensfrauen dem Urteil Gottes zuvorkommen und sich selbst richten, statt sich dem Gericht Gottes anzuvertrauen. Ebenso hatte auch Platon argumentiert, dass es nämlich gelte, den Tod zu erwarten und nicht selbst zu handeln, ehe es nicht einen entsprechenden Befehl Gottes gebe.[1]

Diese Figur, dass der Suizid ein Auflehnen gegen den Willen Gottes und damit Sünde sei, findet sich seither in zahlreichen Varianten in der theologisch-ethischen Position. Doch auch wenn die Position bis in die Gegenwart populär ist, ist sie doch aus theologischen Gründen zurückzuweisen. Zum einen ist das Argument, hier rechtfertige sich jemand selbst, statt auf die Gnade Gottes zu vertrauen und diese zu erwarten, nicht stichhaltig. Denn sie spielt die Gnade Gottes gegen die Verzweiflung der Suizidenten aus und konterkariert sie damit gerade. Denn können Christinnen und Christen nicht im Licht des Gekreuzigten und Auferstandenen darauf vertrauen, dass sich die Gnade Gottes auch und gerade ge-

---

[1] Vgl. dazu die instruktiven Ausführungen bei Vollenweider 2002, 257f.

genüber demjenigen erweisen wird, der in einer tiefen und ausweglosen Situation für sich keine andere Alternative als den Selbstmord sieht? Und das verwandte Argument, allein Gott als dem Geber des Lebens komme das Recht zu, auch über das Ende eines Lebens zu verfügen, übersieht, dass die Fähigkeit, sich das Leben zu nehmen, offenbar zu den Freiheiten und zu der Würde gehört, mit dem der Mensch ausgestattet ist. Gott ist der Grund, nicht die Grenze der Freiheit. In traditionellen Begriffen gesprochen: Zu seiner Bestimmung als Gottes Ebenbild gehört eben auch, dass er in Freiheit handeln kann. Dass diese Freiheit dabei keine beziehungslose Willkür ist, wie Kritiker des Freiheitsbegriffs immer wieder unterstellen, möchte ich ausdrücklich betonen. Die Notwendigkeit, die eigenen Handlungen in ihren Auswirkungen auf andere zu verantworten, ist gleichursprünglich mit der Freiheit gegeben.

Genau diese Linie nun, dass das Selbstbestimmungsrecht auch das Recht umfasse, Suizid zu begehen und sich dabei der Hilfe Dritter zu bedienen, stellt den ethischen Kern der Argumentation des Verfassungsgerichtsurteils zum § 217 StGB dar. Eben deswegen ist dieses Urteil auch nicht nur um der juristischen Klarheit willen, sondern auch aus ethischen Gründen zu begrüßen. Eine freiheitliche, würdebasierte Rechtsordnung kann nicht anders, als dem Einzelnen die Verfügung über sein eigenes Leben zuzugestehen. Wenn dem aber so ist, dann erscheint es, ebenfalls ganz auf Linie des Urteils, auch konsequent, den Gesetzgeber dazu zu verpflichten, sicherzustellen, dass niemand anderes in dieses Leben eingreifen darf. Das beinhaltet wiederum selbst zweierlei: Zum einen bedeutet dies, dass das Recht zu leben ein äußerst hochstehendes Gut ist, das die Rechtsordnung zu schützen hat, zum anderen bedeutet es aber auch, dass es keine Pflicht zu leben geben kann und darf. Dabei ist es wichtig, sich deutlich zu machen, dass das Recht im Blick auf den Lebensschutz kein abstraktes Leben schützt, sondern stets das Leben eines konkreten Menschen. Nur am Rande und sehr verkürzt kann ich darauf verweisen, dass dieser Grundsatz auch dann zu gelten haben muss, wenn es im Rahmen des Umwelt- und Klimaschutzes um eine Ausweitung rechtlicher Schutzpflichten geht. Möglicherweise stellt es eine spezifische Schwäche des deutschen Umweltschutzrechts dar, dass es über die Staatszielbestimmung im Art. 20a GG der Natur nur einen objektivrechtlichen Schutz zubilligt und dadurch die Möglichkeit, konkrete Schutzverpflichtungen einzuklagen, sehr stark einschränkt. Stattdessen wäre es sicher verheißungsvoller, etwa Tieren bestimmte subjektive Rechte zuzusprechen, die dann auch entsprechend einklagbar wären.

Doch zurück zum Lebensschutz im Kontext des assistierten Suizids: Dass die Rechtsordnung das Leben eines konkreten Menschen zu schützen hat, bedeutet, dass in das Leben eines konkreten Menschen durch andere nicht eingegriffen werden darf. Dies gilt auch für die staatlichen Organe, die nur in äußersten Grenzfällen in dieses Lebensrecht eingreifen dürfen. Diese Dimension des Lebensschutzes leitet dazu an, die Grenze zwischen dem Verfügen über das eigene

Leben und dem Verfügen über fremdes Leben zu wahren. Daher ist auch die Unterscheidung zwischen assistiertem Suizid und der Tötung auf Verlangen strikt einzuhalten. Ein zusätzliches Argument dafür ist zudem die Tatsache, dass dort, wo die Tötung auf Verlangen zugelassen wurde, die Fälle stark gestiegen sind. Offenbar ist die Hemmschwelle sehr viel höher, sich selbst zu töten als jemand anderen damit zu beauftragen.

Dass andere nicht in das Leben eines Menschen eingreifen können, bringt es selbstverständlich mit sich, dass die Rahmenbedingungen so gestaltet werden müssen, dass es keinen sozialen Druck zum Suizid gibt, und dass eine entsprechende medizinische, psychosoziale und seelsorgliche Betreuung ein Leben auch beim Vorliegen von schweren Erkrankungen möglich macht. Ethisch gilt es also zwischen der Perspektive der ersten Person und der der dritten Person zu unterscheiden. Die bislang nicht umgesetzte Anregung des BVerfG, ein sog. legislatives Schutzkonzept zu entwickeln, zielt auf diese Dimension des Lebensschutzes. Führt man sich diesen Zusammenhang vor Augen, dann wird auch deutlich, dass die bisher für ein solches Schutzkonzept vorgelegten Entwürfe, die wesentlich auf die prozedurale Sicherstellung von Selbstbestimmung abzielen, einen zu engen Fokus haben.

Allerdings gibt es auch klare Grenzen des Lebensschutzes. Denn dass in das Lebensrecht nicht eingegriffen werden darf, bedeutet umgekehrt auch, dass es keine Pflicht zum Leben geben kann. Niemand ist verpflichtet, sein Leben maximal zu verlängern. Dementsprechend ist dafür Sorge zu tragen, dass es im Fall des Suizids keine moralische Verurteilung und kein Bedrängen des individuellen Gewissens gibt.

Fasst man nun diese Überlegungen zusammen, so ergibt sich: Der Lebensschutz erstreckt sich auf den weiten Raum der Ermöglichung des Lebens, ohne daraus eine Verpflichtung zum Leben zu machen. Daher ist es auch wenig sinnvoll, die häufig mit der Hospizbewegung und der Palliativmedizin assoziierte *Hilfe beim Sterben* mit einer *Hilfe zum Sterben* zu kontrastieren, zumindest solange mit *Hilfe zum Sterben* nicht die aktive Sterbehilfe bzw. die Tötung auf Verlangen gemeint sind. Beides ist gleichermaßen wichtig und zu verfolgen, aber die Beschränkung auf eine *Hilfe beim Sterben* wird, ebenso wie die damit in aller Regel verbundenen Paradigmen der passiven und der indirekten Sterbehilfe, der palliativen Sedierung und des freiwilligen Verzichts auf Nahrung und Flüssigkeit, der Reichweite der Selbstbestimmung und damit der Würde des Menschen nicht gerecht. Denn hier klingt nur die Position des Platon nach, dass der Mensch den Tod erwarten, ihn aber nicht selbst herstellen könne. Dass diese theologisch problematisch ist, habe ich bereits ausgeführt, dass sie unter den Bedingungen der modernen Gesellschaft und ihrer Hochleistungsmedizin gänzlich unpassend ist, sei hier nur noch kurz erwähnt: Im Gegenüber zur Medizin ist die einzige Handlungsweise, die sich mit dem Erwarten des Todes verbinden ließe, die vollständige Verweigerung medizinischer Behandlung – und auch dies wäre bereits eine gegen das Leben gerichtete Entscheidung.

Interessanterweise klingt hier – wie in allen ethischen Überlegungen zur Suizidassistenz – ein grundsätzliches Problem an, dessen Auswirkung oft unterschätzt wird: Die grundsätzliche Unschärfe nämlich des Suizidbegriffs selbst, für den es bis heute keine allgemein anerkannte Definition gibt. Einigermaßen konsensfähig dürfte nur sein, dass es sich bei einem Suizid um eine vorsätzliche Tat handelt, sich vorzeitig den Tod zu geben und ihn nicht aus dem Willen zu leben zu vermeiden zu suchen. Welche Handlungen allerdings unter den Aspekt *Suizid* fallen und wann es sich um einen Vorsatz handelt, ist schwer zu erheben oder zu klassifizieren.

III.

Dies vor Augen, möchte ich mich abschließend noch einmal dem Problemfeld der Professionalisierung zuwenden. Die Unschärfe des Suizidbegriffs selbst stellt dabei bereits eine entscheidende Hürde da. Denn wenn unklar bleibt, um welche Handlungen es sich handelt, so ist eben auch unklar, wie eine professionelle Assistenz dazu aussehen könnte. Ist das etwa, um ein für den kirchlichen Bereich besonders bedeutsames Feld herauszugreifen, schon bei Unterstützungsleistungen der Fall, die den freiwilligen Verzicht auf Nahrung und Flüssigkeit durchführbar machen? Oder nur dann, wenn eine entsprechende Infusion vorbereitet wird, deren den Tod bringende Aktivierung dann dem Suizidenten vorbehalten bleibt?

Solche Uneindeutigkeiten sind es, die auch in meinen Augen sehr berechtigte Zweifel an der Möglichkeit einer kleinschrittigen Regulierung des assistierten Suizids laut werden lassen. Dabei geht es nicht um eine kalte Professionalität, sondern um das Problem der Uneindeutigkeiten und Individualitäten am Lebensende, die durch eine zu detaillierte Praxis verloren gehen können. Man kann das kulturkritisch als den Niedergang einer humanitären Kultur durch das Organisieren des Sterbens beschreiben, man kann das aber – in meinen Augen sachgerechter – auch strikt aus der Perspektive der Einzelnen thematisieren: Die Regelungen müssen entsprechende individuelle Handlungs- und Gestaltungsmöglichkeiten erlauben, sie dürfen sie nicht überdeterminieren. Man kann es auch so sagen: Eine zu kleinschrittige Regelung müsste notwendig die Selbstbestimmung am Ende des Lebens konterkarieren.

Da jedoch, wie eingangs bereits erwähnt, doch auch gewichtige Gründe dafür sprechen, konkrete Regulatorien zu entwickeln und Zuständigkeiten festzuhalten, scheinen mir folgende Aspekte Berücksichtigung finden zu müssen. Dabei ist vorausgesetzt, dass Freiheit und Selbstbestimmung nicht als Zerrbilder verwendet werden, dass also beide nicht nur mit einer solipsistischen Willkür verbunden werden können, sondern immer auch die eigene Beziehung zu anderen mit einschließen, und zwar als Begrenzung des eigenen Handlungsraums wie auch als deren Ermöglichung und Erweiterung.

Aus dem Letztgenannten ergibt sich ein erster Gesichtspunkt für eine professionelle Assistenz zum Suizid: Die Eröffnung von Handlungsräumen und Entscheidungsoptionen. Dies beinhaltet zuallererst die Hinweise auf alternative Möglichkeiten, insbesondere die Möglichkeiten der Palliativmedizin. Wenn ich diese Lotsenfunktion hier eigens ausführe und nicht einfach unter den Ausbau der stationären und ambulanten Palliativversorgung subsumiere, dann deswegen, weil mir der unvoreingenommene Blick auf deren Leistungsmöglichkeiten wichtig zu sein scheint. Natürlich sind hier enorme Fortschritte gemacht worden, allerdings darf nicht übersehen werden, dass ein Teil des Leids durch die Palliativmedizin nicht gelindert werden kann. Die patientenzentrierte Analyse, welche Möglichkeiten gegeben sind, welche Handlungsalternativen infrage kämen und auch, welche alternativen Zukunftsszenarien denkbar sind, ist eine eigene Aufgabe, die im Medizinsystem verortet ist, aber nicht mit einer unmittelbaren Behandlung identisch ist. Es ist selbstverständlich, dass in diesem Zusammenhang auch die Abklärung über das Vorliegen akuter Einschränkungen der Entscheidungsfähigkeit vorgenommen werden muss. Und es ist ebenfalls selbstverständlich, dass in diesem Zusammenhang die sozialen Verflechtungen, der mögliche Druck von Angehörigen, aber auch der mögliche Druck auf Angehörige thematisch werden kann. Professionelle Suizidassistenz beinhaltet in diesem Zusammenhang also zunächst ein umfassendes Beratungskonzept.

Ein zweiter Aspekt der Regulierung bezieht sich darauf, die Reichweite der Suizidassistenz zu regeln und dabei, wie einleitend ausführlicher dargestellt, die Distanz zwischen der Tötung auf Verlangen und der Suizidbeihilfe zu wahren. Das bedeutet, auch wenn es in gewissen Fällen des nicht linderbaren Leids Härten bedeutet, dass Suizidassistenz sich darauf beschränken sollte, den Zugang zu dem tödlich wirkenden Medikament sicherzustellen. Suizidhilfe ist, in Variation der bereits zitierten Formel, Hilfe *zum*, nicht Hilfe *beim* Suizid.

Professionelle Suizidassistenz muss sich, das wäre mein dritter Aspekt, schließlich dem Kontext verpflichtet fühlen, und zwar dem beruflich-organisatorischen ebenso wie dem familialen und dem gesellschaftlichen. Das bedeutet konkret, Praktiken und Orte zu finden, die die Entscheidung eines Menschen respektieren, sich zu suizidieren, die aber auch respektieren, dass andere sich dadurch unter Druck gesetzt fühlen können oder sich auch mit diesen Fragen nicht beschäftigen möchten. Dies spricht in meinen Augen dafür, in transparenten Verfahren unter Einbeziehung aller Beteiligten zu Regelungen zu gelangen, welcher Rahmen für einen Suizid mit Suizidassistenz in einer Einrichtung vorgenommen werden kann. Ist das in einem besonderen Raum und ggf. unter Inanspruchnahme seelsorglicher Begleitung möglich? Oder soll er nur außerhalb einer Einrichtung erfolgen? Auch wenn ich den ersten Weg präferieren würde, scheinen mir beide Wege grundsätzlich möglich, sofern sie offen kommuniziert werden.

All dies wirft, damit möchte ich schließen, die Frage auf, wer eine solche professionelle Suizidassistenz leistet. Ich denke, nach dem Vorbild moderner Gesellschaften werden wir hier nicht umhinkommen, dies als ein eigenes Berufsbild zu etablieren. Das mag manche schaudern lassen, allerdings sollte nie vergessen werden: Dass wir diese Fragen überhaupt diskutieren müssen, ist die Folge einer beispiellosen Erfolgsgeschichte nicht nur der Medizin, sondern auch der Durchsetzung individueller Freiheits- und Selbstbestimmungsrechte.

Literatur

Anselm, Reiner (2022): Individuum und Institution. Die Debatte um den assistierten Suizid als Neuauflage einer etablierten Kontroverse, in: Michael Coors/Sebastian Farr (Hg.): *Seelsorge bei assistiertem Suizid. Ethik, Praktische Theologie und kirchliche Praxis,* Zürich, 71–85.

Anselm, Reiner / Karle, Isolde / Lilie, Ulrich (2021): Den professionellen assistierten Suizid ermöglichen, in: *Frankfurter Allgemeine Zeitung*, 11. Januar 2021, 6.

Bundesverfassungsgericht (2020): *Urteil vom 26. Februar 2020*, Az. 2 BvR 2347/15.

Parsons, Talcott [1939] (1968): Die akademischen Berufe und die Sozialstruktur, in: Ders.: *Beiträge zur soziologischen Theorie*, Neuwied/Berlin, 160–179.

Vollenweider, Samuel (2002): *Horizonte neutestamentlicher Christologie*, Tübingen.

IV.
Herausforderungen für die Seelsorge

Christoph Morgenthaler

Seelsorge bei assistiertem Suizid

Erfahrungen und konzeptionelle Überlegungen aus der Schweiz

Welchen Herausforderungen müssen sich Seelsorgerinnen und Seelsorger stellen, wenn sie einen Menschen, der mit assistiertem Suizid aus dem Leben scheiden will, hilfreich begleiten wollen – und dessen Angehörige auch? Es sind Erfahrungen aus der Schweiz und sich daraus ergebende Konsequenzen für die Seelsorge bei assistiertem Suizid, die im Folgenden dargestellt werden.[1]

Seelsorge bei assistiertem Suizid und ihre Kontexte

Seelsorge bei assistiertem Suizid ist kontextuelle Seelsorge. Assistierter Suizid in der Schweiz, wie er sich in den letzten vierzig Jahren entwickelt hat, ist nicht, was sich als assistierter Suizid in Deutschland entwickeln wird. Es sind nationale – historische, politische, juristische, gesellschaftliche und kirchliche – Kontexte, die die Praktiken rund um einen assistierten Suizid prägen.

Was Urteil des Bundesverfassungsgerichts in Deutschland ist, ist in der Schweiz ein alter, mehr als hundertjähriger Paragraph im Strafgesetzbuch: „Wer aus selbstsüchtigen Beweggründen jemanden zum Selbstmorde verleitet oder ihm dazu Hilfe leistet, wird, wenn der Selbstmord ausgeführt oder versucht wurde, mit Freiheitsstrafe bis zu fünf Jahren oder Geldstrafe bestraft" (Art. 115 StGB). Man kann diesen Artikel ex negativo so lesen: Liegen keine selbstsüchtigen Motive vor, ist Beihilfe zum Suizid legal. Dieser Strafartikel wurde in der Schweiz seit den 1980er Jahren die Eingangspforte zur Entwicklung von Praktiken der Suizidbeihilfe. Der assistierte Suizid wurde zuerst sozusagen im Trial-and-Error-Verfahren in diesem juristischen Rahmen entwickelt, die Zahlen sind erst nach 2000 stark gestiegen, steigen auch heute noch, aber nicht exponentiell. Man kann also nicht von einem Dammbruch sprechen.[2]

---

[1] Dokumentiert und theologisch, seelsorglich und homiletisch reflektiert in: Morgenthaler/Plüss/Zeindler 2017.

[2] Innerhalb der letzten, statistisch abschließend ausgewerteten fünf Jahre (2015 bis 2018) stieg die Zahl von 965 auf 1176 Fälle pro Jahr. Das entsprach im Jahr 2018 1,7 % der Sterbefälle. Diese Entwicklung darf nicht von anderen getrennt gesehen werden: Seit 1990 ist die

Träger dieser Entwicklung sind vereinsrechtlich verfasste Sterbehilfeorganisationen, die sich heute als umfassende Dienstleister für Fragen um das Sterben öffentlich positionieren, deren Kerngeschäft aber weiterhin die Begleitung assistierter Suizide ist. Im Laufe der Jahre haben diese Organisationen fein abgestufte Abläufe bei der Begleitung eines assistierten Suizids entwickelt, von der sogenannten Dossier-Eröffnung bis hin zur Übergabe des Sterbemittels Pentobarbital und der Dokumentation der Sterbebegleitung.[3] Diese Organisationen leisten Beihilfe zum Suizid, wenn bestimmte Kriterien erfüllt sind: Die sterbewillige Person muss beurteilen können, was sie tut und welches die Folgen sind. Der Entschluss muss wohl erwogen sein, und es darf kein Druck von außen ausgeübt werden. Der Todeswunsch muss über längere Zeit konstant bleiben. Zudem muss die sterbewillige Person noch fähig sein, selbst den Suizid zu initiieren, also das Sterbemittel zu schlucken oder die Infusion auszulösen. Das Kriterium des Leidensgrads wurde (z. B. bei der Sterbehilfeorganisation *Exit*) sukzessive erweitert: Von hoffnungsloser Prognose über unerträgliche Beschwerden, unzumutbare Behinderung bis hin zu anhaltendem psychischem Leiden.[4] Die Praktiken in der Schweiz sind also restriktiver als jene, die gegenwärtig in Deutschland gesetzgeberisch angedacht sind.

Wer geht mit einem assistierten Suizid aus dem Leben? Es nehmen sich numerisch mehr Frauen so das Leben als Männer. Setzt man die Zahlen mit der höheren Lebenserwartung der Frauen in Beziehung, verschiebt sich allerdings das Bild. Altersbereinigt nehmen sich wenig mehr Frauen als Männer so das Leben.[5] Weitere sozio-ökonomische Bedingungen eines assistierten Suizids zeigt eine soziologische Untersuchung (Steck u. a. 2014): Mit assistiertem Suizid sterben mehr Menschen, die allein leben, als solche in Partnerschaften, mehr Menschen ohne religiöse Zugehörigkeit als Protestanten und Katholiken, häufiger Personen mit höherer Bildung, mehr Personen in städtischen Regionen und in sozio-ökonomisch besser gestellten Gegenden, im Alter häufiger Geschiedene, bei jüngeren Erwachsenen seltener die mit Kindern. Dieses Profil verrät auch etwas über die Vulnerabilität für einen assistierten Suizid (der Wegfall von Beziehungen ist ein klares Risiko), über die Rolle der Exposition (es gibt große regionale Unterschiede, rund 50 % der assistierten Suizide werden im Großraum

---

Zahl der „normalen" Suizide fast um die Hälfte zurückgegangen, ab 2010 nur noch leicht. Zwischen 2001 und 2013 nahm die palliative Sedierung von 4,7 % auf 17,5 % der Sterbefälle zu.

[3] Die größte dieser Organisationen ist der Verein *Exit* (2021: mehr als 142 000 Mitglieder in der Deutschschweiz und im Tessin, „Freitodbegleitungen" 973, davon 571 Frauen und 402 Männer, Durchschnittsalter 78,2 Jahre). Der Verein *Dignitas* bietet die Begleitung bei assistiertem Suizid auch für Personen mit Wohnsitz außerhalb der Schweiz an.

[4] Will sich jemand wegen anhaltendem schwerem Leiden infolge einer psychischen Erkrankung beim Suizid begleiten lassen, müssen bei *Exit* zwei voneinander unabhängige psychiatrische Gutachten eingeholt werden.

[5] Nicht begleitete Suizide bei Männern im höheren Lebensalter sind fünfmal häufiger als bei Frauen.

Zürich vollzogen), über soziale Ungerechtigkeit (assistierter Suizid ist eher etwas für Gutbetuchte), und es zeigt auch protektive Faktoren (Kirchlichkeit ist einer dieser protektiven Faktoren).

Was sagen die Kirchen?

Natürlich formen auch die Kirchen Kontexte für diese Praktiken des Sterbens aus, sie taten dies in einem langen, kontroversen Prozess auf der nationalen und den kantonalen Ebenen. Ökumenische Einigkeit herrscht im Blick auf die Förderung von Palliative Care als Form guten Sterbens und die Notwendigkeit, in der Schweiz eine neue Sterbekultur zu entwickeln und damit verbundene gesellschaftspolitische Fragen zur Debatte zu stellen (z. B. ökonomische Randbedingungen der Unterstützung Schwerkranker und Sterbender). Weit auseinander gehen die theologischen Positionsnahmen zum assistierten Suizid: Die Schweizerische Bischofskonferenz hat sich mehrfach scharf ablehnend geäußert. „Unter keinen Umständen kann der Ausweg des assistierten Suizids gerechtfertigt werden" (Schweizer Bischofskonferenz 2019, 4). Natürlich sollen schwer Leidende begleitet werden. Ziel dieser Begleitung ist es aber, sie möglichst vom assistierten Suizid abzubringen. Seelsorger*innen dürfen beim Suizid selbst nicht anwesend sein. Die Positionsnahmen der reformierten Kirchen kann man so zusammenfassen: Nein, der assistierte Suizid ist keine Option wie jede andere. Er ist ein seelsorglicher Ausnahme- und Notfall. Dies darf aber „nicht blind machen für Lebenslagen, in denen Moral und Recht an ihre Grenzen stoßen. Es gibt Ausnahmesituationen, in denen es einem Menschen unerträglich schwer oder gar unmöglich wird, das eigene Leben auszuhalten". Deshalb gilt es, „die autonome Entscheidung der Person zu respektieren und sie, auf ihren Wunsch hin, auf ihrem weiteren Lebensweg zu begleiten" (Mathwig 2010, 4).

Prozessorientierte Seelsorge

Wenn man Erfahrungsberichte aus der Seelsorge analysiert und vergleicht und empirische Studien konsultiert, lassen sich fünf Stadien auf dem Weg hin zu einem assistierten Suizid unterscheiden, die durch je wieder andere psychische und soziale Dynamiken gekennzeichnet sind.

Annäherung: Einem assistierten Suizid geht meist eine längere Zeit der Annäherung voraus. Man wird älter, körperliche Beschwerden setzen ein, Gedanken ans Sterben und daran, wie man nicht sterben möchte, werden bedrängender. Zur Patientenverfügung, in der sich diese Auseinandersetzung verdichtet, kommt möglicherweise auch der Beitritt zu einer Sterbehilfeorganisation, für den „Fall der Fälle", wie oft formuliert wird.

Entscheidung: Wenn sich das subjektive Leiden verschärft, z. B. eine Krebserkrankung trotz mehrmaliger Chemotherapie nicht mehr aufhaltbar ist, Schmerzen zunehmen, Abhängigkeit droht, intensiviert sich die Auseinandersetzung und reift in einem hoch ambivalenten Prozess und im Kontakt mit einer Sterbehilfeorganisation der Plan, mit einem assistierten Suizid zu sterben. Irgendeinmal fällt dann der Entscheid: „Ja, ich will jetzt wirklich so gehen."

Realisierung: Bis zum Suizid folgt eine Zeit der konkreten Vorbereitung: Wann soll der assistierte Suizid stattfinden, in welchen Räumlichkeiten? Was soll bis dahin noch geschehen? Wer wird beim Suizid selbst anwesend sein? Wer von der Suizidhilfeorganisation wird als Sterbebegleiter*in das Sterbemittel überreichen und dafür sorgen, dass alle formalen und juristischen Anforderungen erfüllt sind? Nicht selten wird auch Kontakt mit jener Pfarrperson aufgenommen, die den Bestattungsgottesdienst halten wird, und wird dessen Ablauf besprochen.

Öffentlicher Abschied und Trauer: Es folgt der Abschied in einem öffentlichen Trauergottesdienst oder einer Feier im engeren Familienkreis und dann die weitere Verarbeitung des Suizids bei den Hinterbliebenen.

Die Angehörigen gehen diesen Weg mit mehr oder weniger Distanz mit. Sie werden in die diesbezüglichen Überlegungen einbezogen (oder auch nicht), müssen sich mit dem Todeswunsch eines ihnen nahen Menschen auseinandersetzen, dessen Entscheid zum assistierten Suizid verarbeiten, müssen ihn auf der Strecke der Realisierung begleiten, sich entscheiden, ob sie beim Suizid anwesend sein wollen und diesen Suizid durchstehen. Trauer setzt bereits vor dem Tod ein, da dieser absehbar ist, und beschäftigt Angehörige und Betroffene später weiter.

Was heißt dies für die seelsorgliche Begleitung? Seelsorge bei assistiertem Suizid ist *prozessorientierte Seelsorge*, die um diese psychischen und sozialen Dynamiken weiß, die der Wunsch nach einem assistierten Suizid in Gang setzt. Sie orientiert sich an den Bedürfnissen der Betroffenen und ihren expliziten oder impliziten Aufträgen. Menschen, die mit einem assistierten Suizid sterben wollen, erwarten dabei prozessabhängig Unterschiedliches von der Seelsorge, je nachdem wo sie sich in ihrer Auseinandersetzung mit einem assistierten Suizid befinden: Ethische Beratung meist in der Zeit der Annäherung – „Darf man das, Frau Pfarrerin?"[6] –, empathische Begleitung in der Zeit des Ringens um einen Entscheid („Begleiten Sie mich und meinen Mann, der das nicht will!"), rituelle Unterstützung in der Phase der Realisierung („Ich brauche noch eine Wegzehrung, ein Abendmahl."), homiletischer, liturgischer und seelsorglicher Support im Trauergespräch („Sie dürfen es niemand weitersagen.") und im Bestattungsgottesdienst, und: Trauerbegleitung, unter Umständen Unterstützung in der Bewältigung komplizierter Trauer („Ich fühle mich schuldig, weil ich nicht mehr

---

6   Vgl. zu diesen Aufträgen die entsprechenden Fallbeispiele in: Morgenthaler/Plüss/Zeindler 2017.

lieb sein konnte."). Bei einer Traumatisierung durch den Suizid muss vielleicht auch eine Überweisung in die Psychotherapie in die Wege geleitet werden. In der Gemeindeseelsorge kann es in jedem dieser Stadien zur Kontaktaufnahme kommen, häufig geschieht dies im Umfeld des Bestattungsgottesdienstes. In Alters- und Pflegeheimen werden Menschen vor allem in der Zeit der Entscheidung und Realisierung begleitet.

Seelsorge bei assistiertem Suizid

An einem Fall seelsorglicher Begleitung bei assistiertem Suizid aus einem Pflegeheim[7] soll nun weiter präzisiert werden, welche Aufgaben Seelsorge in diesem Prozess hin zum Suizid übernehmen kann.

Herr A., 72-jährig, verheiratet, trat nach drei Suizidversuchen ins Heim ein. Nach dem letzten Suizidversuch war er schwer pflegebedürftig. Er war an das Bett gefesselt und äußerte immer wieder seine große Verzweiflung, immer noch, und erst noch in diesem Zustand, leben zu müssen. Bei mehreren Gesprächen äußerte er den Wunsch, mit Exit aus dem Leben zu gehen.

Drei Suizidversuche hat Herr A. hinter sich, nun ist er ans Bett gefesselt, von seiner Frau getrennt, ganz abhängig von der Pflege. Es ist eine dieser Situationen, in denen man versteht, dass ein Mensch sterben will. Dabei können sehr unterschiedliche Faktoren zu solchen Sterbewünschen führen (erweitert nach: Abraham 2008).

Physische Symptome, Schmerzen und Immobilität zermürben die Fähigkeiten eines Menschen, mit den Herausforderungen des Alltags umzugehen. Besonders häufig sind Tumorerkrankungen im Spiel, zunehmend auch Altersmultimorbidität und Schmerzproblematiken. Genauso wichtig sind: *Sinnverlust* und damit verbundene existentielle Fragen („Was soll das noch?") und *Glaubensprobleme* („Straft mich Gott?"). *Antizipationen,* die Vorwegnahme von negativen Entwicklungen wirken ebenfalls belastend. Herr A. findet es unerträglich „immer noch und so weiterleben zu müssen". Auffällig oft gehen einem assistierten Suizid neurodegenerative Erkrankungen voraus, bei denen schwierige Entwicklungen antizipierbar sind. Aber auch Antizipationen von zunehmenden Schmerzen, körperlichem Abbau, Abhängigkeit und Pflegebedürftigkeit beunruhigen die Betroffenen. Dazu kommen *Belastungen im sozialen Zusammenhang:* Der Verlust der Partnerin, Einsamkeit, die Angst, für die Angehörigen eine Bürde zu werden,

---

[7] Nach der Sterbehilfeorganisation *Exit,* die den Ort des Suizids registriert, finden assistierte Suizide meist in Privaträumen statt, selten in einem Sterbezimmer, zunehmend auch in Heimen (im Zeitraum von 2016 bis 2021 stieg der Anteil von assistierten Suiziden in Heimen von 10 % auf 15 %).

Konflikte in der Familie oder mit anderen bedeutungsvollen Menschen. Bis zu welchem Punkt ein Mensch sein Leben noch lebenswert findet, wann aber der Breaking Point erreicht ist und ein Suizid subjektiv legitim wird, hängt zudem zusammen mit persönlichen *Werten und Normen*. Es ist auch eine Frage der *Persönlichkeit*, ob Menschen die Durchsetzungsfähigkeit haben, diesen Weg auch gegen Widerstände der Angehörigen zu gehen. Sie werden häufig als sehr selbstbestimmt charakterisiert. Bereits im Leben taten sie, was sie wollten, und so jetzt auch beim Sterben. Auch *psychische Störungen* können sich hinter einem Sterbewunsch verbergen. Im Beispiel stellt sich die Frage nach einem präsuizidalen Syndrom (mit entsprechender kognitiver und emotionaler Einengung). Und, nicht zu vergessen: Solche Wünsche haben auch eine Appellfunktion, sie signalisieren ein *Bedürfnis nach Aufmerksamkeit*. „Immer wieder" hat Herr A. seinen Sterbewunsch geäußert. Wie hat das Pflegeteam, die Umgebung auf seine Wünsche reagiert? Die Gefahr ist groß, dass solche Sterbewünsche wenig Gehör finden, im Alltag einer Klinik untergehen, weil sie einen ängstigen und an grundlegende Werte rühren. Ganz im Gegensatz dazu treffen Sterbewillige bei einer Sterbehilfeorganisation auf mehr als offene Ohren.

Seelsorge in der Zeit des Abwägens

Einige Monate nach dem Eintritt ins Heim entscheidet sich Herr A., mit Exit aus dem Leben zu scheiden. Der Termin steht fest.

Was geschieht zwischen der Phase des Abwägens und diesem Entscheid? Aus anderen Beispielen und der Forschung lässt sich Einiges eintragen in diese Leerstelle. Ein solcher Entscheid ist mehr als eine Addition einzelner Belastungsfaktoren. Stärkster motivationaler Faktor ist die *Willensbildung*. Assistierter Suizid ist kein Kurzschluss, sondern eine bewusst gewählte Handlung. Man muss sie mit Ausdauer verfolgen, sie rechtfertigen und durchziehen. *Bilanzierungen* sind Teil dieser Willensbildung: Wie lebenswert ist die gegenwärtige Situation bezüglich Lebensqualität, Selbständigkeit, gesundheitlichen Problemen noch für die betroffene Person? Was sieht sie auf sich zukommen? Zudem konkretisiert sich die *Planung* des assistierten Suizids im Gespräch mit der Sterbehilfeorganisation: Es muss überprüft werden, ob die Kriterien für einen assistierten Suizid erfüllt sind (und ist dies der Fall, wird der Wille, so zu gehen, gestärkt, da er nun auch in dieser Hinsicht legitimiert ist). Gespräche mit dem Arzt, der ein Rezept für das Pentobarbital ausstellen muss, finden statt, was zu weiterer Klärung und Legitimation beitragen kann. Gegebenenfalls sind Gebühren zu zahlen (als „Gegenleistung" erhält der Suizid dadurch zusätzlichen Schub). Mit dem *Entscheid*, sich begleitet zu suizidieren, entsteht so ein Gefälle Richtung Tod. Ein solcher Entscheid wird manchmal zwar ausgesetzt und aufgeschoben, aber selten rückgängig gemacht. Ambivalenzen, emotionale und kognitive Dissonanzen werden in Richtung des Sterben-Wollens aufgelöst. „Der Termin steht fest." Der Sterbewille verdichtet sich in *Begründungsnarrativen*, die den Suizid in den Augen der Betroffenen und in deren Umfeld plausibilisieren. „Das alles ist geschehen, so schlimm leide ich und diese negativen Entwicklungen sind absehbar, deshalb kann es für mich nur noch diesen Ausweg geben."[8]

Soziale Faktoren
- Einsamkeit
- Verlusterfahrungen
- Angst, eine Bürde zu sein

Sterbehilfeorganisationen
- Offenes Ohr
- Angebot eines «Korridors»
- Schneller, schmerzloser, begleiteter Tod

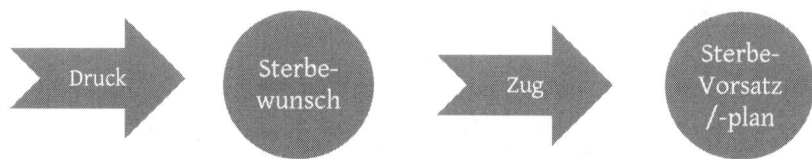

Individuelle Faktoren
- Extremes Leiden
- Antizipationen
- Werte
- Persönlichkeit

Selbst und Umfeld
- Selbstverpflichtung
- Begründungsgeschichte
- Plausibilisierung im Umfeld

Abb. 1: Push- und Pull-Faktoren (Quelle: Christoph Morgenthaler)

Wichtige Faktoren, die zu Sterbewünschen und schließlich zum Entschluss für einen assistierten Suizid führen, lassen sich in einem schematischen Überblick erfassen (vgl. Abb. 1). Es sind die bereits genannten „Push"-Faktoren auf der individuellen und sozialen Ebene, die Druck ausüben. Es wirken zusätzlich aber auch „Pull"-Faktoren, Kräfte, die hin zu einem assistierten Suizid ziehen: die soziale Unterstützung durch die Sterbehilfeorganisation, die einen Korridor aus dem Leiden öffnet, Hoffnung auf ein sanftes Sterben, aber auch Faktoren bei der betroffenen Person und in deren Umfeld, z. B. Plausibilisierungen („Bei diesem Leiden kann ich das verstehen."). Aus dem Sterbewunsch wird so Schritt um Schritt ein Sterbevorsatz und schließlich ein konkreter Sterbeplan.

Herr A.s Wunsch nach einem assistierten Suizid kann also beides sein: einer dieser Sterbewünsche, die kommen und gehen, oder bereits Ausdruck eines festen Sterbewillens. Der Wunsch nach assistiertem Suizid wird zur Chiffre für bei-

---

[8] Viele solche Begründungsnarrative dokumentiert und analysiert Bernhart-Just 2015.

des. Deshalb sind differenzierte Wahrnehmung und genaues Zuhören auch hier so wichtig.

Seelsorge in der Zeit des Entscheids und Realisierung

Eine Woche vorher werde ich vom Pflegepersonal gebeten, Herrn A. zu besuchen. Das Pflegepersonal hat ihn auf das Seelsorgeangebot aufmerksam gemacht und er möchte einen Besuch. Er ist kirchlich sehr distanziert. Herr A. hat viele Fragen: Was kommt nachher? Ist Gott gnädig? Bin ich angenommen, auch wenn ich mir das Leben nehme? Ich nehme seine Anliegen personenzentriert auf – auch mit der Frage, was seine Gedanken/Antworten dazu sind – bei direkten Fragen an mich als Pfarrerin/Expertin antwortete ich ihm im Glauben an einen Gott der Liebe. Den Entscheid, mit Exit, aus dem Leben zu scheiden, möchte er nicht in Frage stellen.

Prozessbedingt sind es unterschiedliche Herausforderungen, vor die die Seelsorgerin sich hier gestellt sieht. In der Zeit vor dem Entscheid ist ergebnisoffene Begleitung in einem hochambivalenten Suchprozess hilfreich. Immer noch ist ein anderer Ausgang möglich. Seelsorge kann hier noch zur *Suizidprävention* beitragen. Anders wird dies auf der Wegstrecke der Realisierung: Seelsorge wird zur *Suizidbegleitung*, zur Begleitung eines Menschen, der sterben will. Das ist eine ganz neue seelsorgliche Aufgabe, mit vielen Implikationen. Seelsorger*innen müssen sich mit dem Sterbewillen (und nicht nur mit dem Lebenswillen) eines Menschen konstruktiv in Beziehung setzen.

Das Beispiel zeigt deutlich, was in dieser Situation die spezifische Kompetenz der Seelsorge ist: ihre Fähigkeit, ethische und spirituelle Fragen aufzugreifen, ihnen Raum zu geben, mit Betroffenen zusammen um Antworten zu ringen. Die Fragen von Herrn A. geben einen tiefen Einblick in sein inneres Ringen, in religiöse Antizipationsprozesse sozusagen, seinen Versuch, sich vor Gott zu verantworten, auch als sehr distanziertes Kirchenmitglied.

Das Beispiel zeigt ebenfalls, wie wichtig die Integration in die Prozessabläufe einer Institution ist. Herr A. wird gefragt, ob er Seelsorge möchte, weil dies in den Leitlinien dieses Heims so vorgesehen ist, die Seelsorgerin wird aktiv angefordert. Die „Überweisung" hängt nicht von Religiosität und Sympathie der Pflegenden ab, sondern wurzelt in geregelter Kooperation. Die Pflege weiß, was Seelsorge hier Spezifisches beitragen kann. Unter diesen Voraussetzungen wird der Besuch der Seelsorgerin zur *Krisenintervention* in einem engeren Sinn.

Angehörige

Werfen wir auch einen Blick auf die Angehörigen. Sie bleiben im Beispiel im Hintergrund. Das ist nicht nur hier so, sondern häufig in solchen Situationen: Die Wahrnehmung ist auf die sterbewillige Person fokussiert, die Angehörigen fallen aus der Wahrnehmung heraus. Aber auch sie sind betroffen, gehen mit, leiden. Und was sich in einem Familiensystem abzuspielen beginnt, beeinflusst auch die sterbewillige Person.

Angehörige akzeptieren einen solchen Entscheid meist ohne Diskussion, stellen vielmehr gegenseitiges Wohlmeinen und Respekt vor dem Entscheid in den Vordergrund (vgl. Gamondi/Pott/Payne 2013). Die meisten haben aber mit moralischen Dilemmas zu kämpfen („Aber Dein Gewissen meldet sich: Ist das richtig? Ist es nicht richtig? Er wollte es ... Aber vielleicht hätte ich ihn noch umstimmen können." „In der Bibel heißt es doch: Du sollst nicht töten!"). Zwei Typen der Beteiligung bei der Vorbereitung lassen sich dabei unterscheiden: Einen eher aktiven Stil der Begleitung zeigen Familien, die sich bei der Vorbereitung eines assistierten Suizids engagieren, die sterbewillige Person im Stadium der Realisierung unterstützen (z. B. mit ihr noch eine letzte Reise unternehmen, einen Abschiedsapéro organisieren) und in der Sterbeszene selbst anwesend sind. Ein eher passiver Stil charakterisiert Familien, die sich arrangieren, das Geschehen laufen lassen, ihr Unbehagen und ihren Dissens nur mehr oder weniger verblümt zum Ausdruck bringen, wie dies vermutlich auch in Herrn A.s Familie geschah.

Seelsorgliche Selbstdifferenzierung

Ich habe ihm gesagt, dass es mir leidtue, dass er keinen anderen Weg sehe; dass ich seinen Entschluss versuche zu respektieren; dass ich ihm sagen möchte, ein solcher Entschluss könne von ihm bis zum Tag X immer auch in Frage gestellt und geändert werden – dass wir (ich und das Team) jederzeit für ihn da sein werden (um ihn zu unterstützen, evtl. auch neue Perspektiven zu suchen etc.). Es ist im Gespräch auch möglich, nach dem zu fragen, was ihm für die verbleibende Zeit wichtig ist, wie die Angehörigen dazu stehen (sie scheinen Verständnis zu haben, ob das Einverständnis heißt, ist mir nicht ganz klar).

Diese Positionsnahme fasst kurz zusammen, was die Möglichkeiten von Seelsorge in der Zeit der Realisierung sind. Die Seelsorgerin tut sich schwer mit dem assistierten Suizid, den Herr A. plant: Es „tut ihr leid", dass er keinen anderen Weg mehr sieht. Sie „versucht" den Entscheid zu respektieren. Man spürt ihren inneren Konflikt. Sie versteckt das nicht, bringt etwas davon *selektiv-authentisch* zum Ausdruck, ohne offenbar den Kontakt mit Herrn A. zu verlieren. Dies ist ein seelsorglicher Hochseilakt. *Respekt* vor der Person und ihrer Entscheidung ist eine weitere grundlegende Voraussetzung jeder Begleitung und nicht gleichbedeutend damit, den assistierten Suizid zu befürworten. Die Seelsorgerin übernimmt zudem eine Art *Gatekeeping*, steht ein für die Widerrufbarkeit des Entscheids, lässt sich nicht zu stark in den Zug hin zum Tod hineinziehen. Wer A gesagt hat, muss *nicht* B sagen. Sie sichert Herrn A. ihre Unterstützung zu, hält sich an das auch im Team verankerte medizinethische Prinzip des Nonabandonment. *Achtsame, verlässliche Präsenz* ist ein grundlegendes Gebot dieser Seelsorge. Die Seelsorgerin fragt zudem, was Herrn A. in der verbleibenden Zeit noch wichtig ist. Auch wenn er sich zum Suizid entschieden hat, hat er doch Zukunft. Auch die letzte Phase ist Leben, die *Rest-Zeit,* ist *Gestaltungszeit,* Zeit der Klärung, in der Seelsorge hilfreich sein kann. Schließlich nimmt die Seelsorgerin auch das *Umfeld* wahr, erfasst präzise den Konflikt, in dem viele Angehörigen stehen: Verständnis heißt nicht unbedingt Einverständnis. Sie bleibt aber bei der Rückfrage nach den Angehörigen und versucht nicht, diese einzubeziehen (und schließt damit an den eher passiven Stil der Auseinandersetzung in dieser Familie an).

Begleitung in der Zeit der Realisierung

Herr A. und ich vereinbaren noch einen weiteren Besuch. Zwei Tage vor dem geplanten Todestag besuche ich ihn noch einmal. Herr A. wünscht ein Gebet und einen Segen. Wichtig sind ihm in den letzten Tagen Besuch seiner Angehörigen, Erleichterung der aktuellen Beschwerden, möglichst viel Präsenz durch Pflegende (vor allem in der Nacht vor seinem Tod). Er scheidet im Beisein der Exit-Freitodbegleiterin aus dem Leben.

Was heißt seelsorgliche Begleitung in der Zeit der Realisierung? Im Beispiel geschieht sie im unmittelbaren Vorfeld, zwei Tage vor dem Sterbetermin. Die Seelsorgerin spricht ein letztes Mal mit einem Menschen, der übermorgen tot sein wird, todsicher. Das ist eine ganz neue seelsorgliche Konstellation. Besonders hilfreich sind hier liturgische Formen für das Unsägliche und Unsagbare, das doch vor Gott zur Sprache kommen will. Die Seelsorgerin bezieht sich nicht auf ein liturgisches Formular (solche gibt es bisher in den Schweizer Kirchen nicht). Stattdessen geht sie auf die Wünsche Herrn A.s ein: „Er wünscht sich ein Gebet und einen Segen." Sie kreiert also personenzentriert einen stimmigen liturgischen Ablauf aus der Situation heraus, dies natürlich auch als Amtsperson der reformierten Kirche.

Die Seelsorgerin ist im Beispiel bei der Selbsttötung nicht dabei. Allerdings kann man sich fragen, ob das so sein muss. Sterbebegleiter*innen übernehmen in gewisser Weise eine der klassischen Funktionen der Seelsorge. Soll Seelsorge sich hier verweigern? Das ist in den Schweizer Kirchen eine strittige Frage.[9] Ich

---

[9] Dies ist in den Richtlinien der Bischofskonferenz so vorgesehen (Schweizer Bischofskonferenz 2019). In den Reformierten Kirchen Bern-Jura-Solothurn kam es wegen dieser Frage

denke, Seelsorger*innen müssen sich bei einer allfälligen Anfrage jedenfalls sorgfältig überlegen, wie weit sie gehen wollen. Dabei sind theologische Überlegungen wichtig („Kann ich dies vor meinem Gewissen verantworten? Welche Botschaften sende ich, wenn ich beim Suizid dabei bin?"). Zudem spielen professionelle („Geht dies mit meinem professionellen Selbstverständnis zusammen? Wenn ja: Welches wäre für mich eine Teilnahme an der Szene, die ich professionell verantworten kann?") und persönliche Fragen beim Entscheid eine Rolle („Möchte ich mich diesem Suizid so direkt aussetzen?").

Hier kommen zudem die Angehörigen direkt in den Blick. Auch sie brauchen in dieser Extremsituation Begleitung und Unterstützung, in der Szene selbst, oder auch im unmittelbaren zeitlichen Umfeld (Seelsorger*innen machen mit ihnen während des Suizids einen Spaziergang, gestalten eine kleine Liturgie).

Problemsysteme bei assistiertem Suizid

Um einen Menschen, der mit einem assistierten Suizid gehen will, entwickelt sich in einem Heim ein hochkomplexes Problemsystem von Mitarbeitenden aus unterschiedlichen Berufen (Pflege, Verwaltung, Medizin, Seelsorge), von An- und Zugehörigen der Sterbewilligen und Anderen, die sich zu diesem Herrn A. und seinem Plan des assistierten Suizids direkt oder indirekt verhalten müssen. Das sei nochmals am Beispiel vergegenwärtigt (Abb. 2).

---

zum innerkirchlichen Konflikt. In ihren Leitlinien (Reformierte Kirchen Bern-Jura-Solothurn, Synodalrat, 2018) hält diese Kirche fest, dass es keine Grenze der Solidarität gibt und Menschen bis zum Schluss seelsorglich begleitet werden können, falls dies nicht gegen das Gewissen der Seelsorger*innen geht. Dagegen erhob sich Protest eines Teils der Pfarrerschaft, der sich durch diese Leitlinien unter Druck gesetzt fühlte.

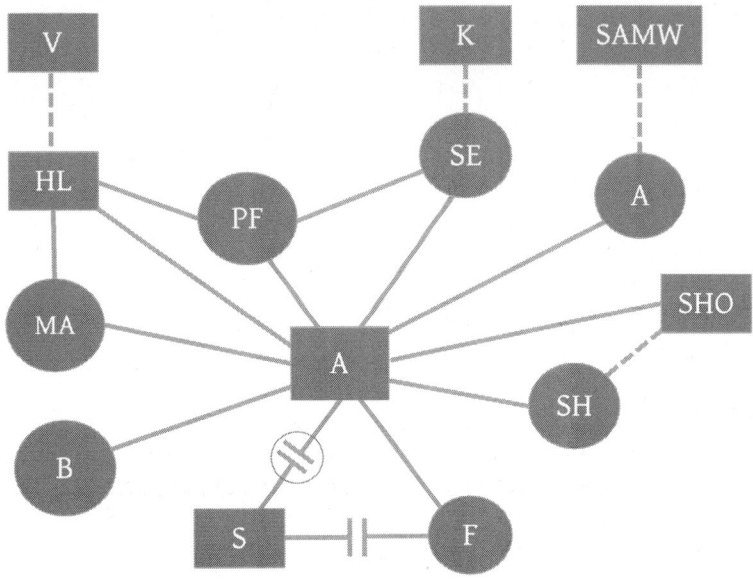

Abb. 2: Problemsystem (Quelle: Christoph Morgenthaler)

Herr A. (A) hat direkt Kontakt mit der Sterbehilfeorganisation (SHO) aufgenommen, die sein Gesuch prüft und eine Sterbehelferin (SH) delegiert, welche die weitere Begleitung übernimmt. An irgendeinem Punkt des Prozesses (vielleicht nicht einmal zuerst) kommt die Familie ins Spiel, beispielsweise eine Ehefrau mit Verständnis (F), ein Sohn (S) mit verdecktem Kommunikationsabbruch zum Vater und offenem Konflikt mit seiner Mutter. Zudem stehen Pflegende (PF) in direktem, alltäglichem Kontakt mit Herrn A., bauen eine Beziehung zu ihm auf, sind mit seinen Sterbewünschen direkt konfrontiert, sind zudem in die Institution eingebunden und der Heimleitung (HL) gegenüber verantwortlich. Diese muss den Ablauf mit Herrn A. regeln und ist ihrerseits gebunden durch Richtlinien, die der Vorstand des Heims (V) verabschiedet hat. Über Pflegende kommt im Beispiel auch die Seelsorge (SE) ins Spiel, mit ihr im Hintergrund die Kirche (K) mit ihrer Positionierung in Sachen assistiertem Suizid. Ein Vertrauensarzt der Sterbehilfeorganisation (A) oder auch ein Hausarzt stellt das Rezept für das Sterbemittel aus, im Hintergrund steht die Schweizerische Akademie der medizinischen Wissenschaften (SAMW), die ihre Position in dieser Frage bereits mehrmals aktualisiert hat (vgl. Schweizerische Akademie für Medizinische Wissenschaften SAMW 2022). Mitarbeiter*innen in Küche, Service etc. (MA) haben wegen ihres religiösen und kulturellen Hintergrunds oft große Mühe mit dem, was da geschieht. Auch andere Mitbewohner*innen des Heims (B) machen ihre Beobachtungen, stellen Vermutungen an und lassen Bemerkungen fallen.

Es bildet sich also um Herrn A. ein sehr komplexes Problemsystem von Instanzen und Institutionen, die in dieser Situation Verantwortung übernehmen müssen, und von Menschen, die einzeln, aber auch als Vertreter*innen ihrer Systeme involviert sind, welche je einer unterschiedlichen Logik folgen und aufeinander reagieren. Deshalb ist eine systemische Sichtweise in solchen Situationen besonders hilfreich.

Es geht darum, das hochkomplexe und gestresste Problemsystem präzise *wahrzunehmen*, in dem die Kommunikation brüchig wird, genau in jenem Moment, wo sie besonders wichtig wäre, und Konflikte im Familiensystem, im Heim und zwischen Heim und Familie aktiviert werden. Es gilt, sich hier *bewusst zu positionieren*. Systeme haben eine Tendenz, Seelsorger*innen an einen bestimmten Ort zu schieben. Wollen sie dies? Wo sehen sie selbst ihren Ort in dieser konkreten Situation? Wie handeln sie auf die daran Beteiligten, bezogen und zugleich selbstbestimmt? *Auftragsklärung* ist sehr wichtig, weil die von dieser Situation Betroffenen unterschiedliche Bedürfnisse und Erwartungen an die Seelsorge richten. Im Beispiel sind es Erwartungen und offene bzw. verdeckte Aufträge Herrn A.s, der Pflege, des Heims, der Kirche, „eines Gottes der Liebe" wie die Seelsorgerin dies ausdrückt. Seelsorger*innen müssen solche Aufträge bewusst wahrnehmen und ihren Auftrag im Schnittbereich dieser Erwartungen selbst bestimmen und kommunikativ umsetzen. Ein assistierter Suizid kann ein solches System Betroffener in Problemtrance setzen. Viel Aufmerksamkeit richtet sich auf den assistierten Suizid, um den die Ängste kreisen. In diesem emotional belasteten Zustand werden Lösungen blockiert. Hilfreich sind hier die *Ressourcenaktivierung*, ein Grundprinzip systemischen Handelns, und die *Suche nach alternativen Lösungen* in einem Umfeld, das durch die Fokussierung auf die „Lösung" assistierter Suizid eingeschränkt ist.

Seelsorge selbst ist eine wichtige *Ressource*, die es zu kommunizieren gilt: Sie ist eine Form der sozialen Unterstützung, sie kann hilfreiche Rituale und Traditionen im Umgang mit Kontingenz zur Verfügung stellen, sie trägt beratend zur Klärung der Situation und unterschiedlicher Bedürfnisse bei, kann in Konflikten vermittelnd wirken und realisiert eine Präsenz, die in Gottes unbedingtem Ja gründet. Seelsorge kann damit zum *Safe Space* werden: zum geschützten Raum, in dem alle Fragen rings um einen assistierten Suizid ohne Konsequenzen laut werden dürfen. Dazu trägt bei, dass Seelsorge nicht in den Vollzug eines solchen Suizids aktiv involviert ist, zumindest in der Schweiz nicht.

Wichtig ist schließlich die *Rollenklärung* im System des Heims. Wie ist Seelsorge institutionell eingebunden? Inwiefern ist ihr spezifisches Angebot bekannt? Wird sie informiert und in die Begleitung einer suizidwilligen Person aktiv einbezogen, wie die Seelsorgerin Herrn A.s, was einen Seelsorgebesuch kurz vor dem Suizid ermöglicht? Das institutionelle Umfeld und Bestimmungen, die den Umgang mit Sterbewünschen, insbesondere dem Wunsch nach einem assistierten Suizid betreffen, bestimmen den Aktionsradius der Seelsorge mit. Eine aktive *Mitwirkung* bei der Entwicklung solcher *Bestimmungen* gehört deshalb ebenfalls zu den Herausforderungen dieser Seelsorge. Dies sei im Blick auf jenes Heim noch etwas konkretisiert, in dem die Seelsorgerin Herrn A.s wirkt.

Institutionelle Rahmenbedingungen der Seelsorge – ein Beispiel

Im Jahr 2016 wurden in einem Leitbildprozess des Ethik-Forum von *Domicil*, einem Verband mehrerer Alten- und Pflegeheime, Richtlinien zum Umgang mit assistiertem Suizid entwickelt (vgl. Domicil Bern 2018). Auch die Seelsorge war bei deren Entwicklung und Implementierung aktiv beteiligt. Diese Regelungen bestimmen den unmittelbaren institutionellen Kontext, in dem die Seelsorgerin sich bewegt und zu positionieren hat. Assistierter Suizid wird im rechtlichen Rahmen toleriert, jedoch nicht unterstützt. Das Recht auf Selbstbestimmung auch am Lebensende muss respektiert werden. Sterbehilfeorganisationen haben nur einen eingeschränkten Zutritt. Sie müssen sich vor Kontakten mit Heimbewohner*innen zuerst bei der Heimleitung melden. Äußert eine Heimbewohnerin den Wunsch nach einem assistierten Suizid, sucht die Heimleitung das Gespräch mit ihr, verschafft sich ein Bild der Urteilsfähigkeit, informiert sie über Alternativen, gerade auch der palliativen Begleitung im Heim. Der assistierte Suizid findet in deren Zimmer statt, das als „Privatraum mit eigener Adresse" verstanden wird. Es besteht ein Mitwirkungsverbot für Angestellte. Wenn eine Angestellte aus persönlichen Gründen beim Suizid anwesend sein will – beispielsweise weil sich eine enge Beziehung entwickelt hat –, dann ist dies nach bewilligtem Gesuch an die Heimleitung möglich, aber sie tut dies als Privatperson. Das Datum des Suizids muss der Heimleitung gemeldet werden, damit die Diensthabenden an diesem Tag entsprechend geschützt werden können. Es gehen sonst keine Information über das Geschehen an Dritte, beispielsweise an andere Heimbewohnerinnen. Zudem wird Gewicht darauf gelegt, dass diese Bestimmungen in der Institution allen Mitarbeiter*innen und auch den Bewohner*innen bekannt sind und umgesetzt werden.

Umgang mit Komplexität

Seelsorge bei assistiertem Suizid ist nicht zuletzt deshalb anspruchsvoll, weil sie mit grundlegenden ethischen Fragen zusammenhängt, insbesondere mit der Schwierigkeit, mit ethischen Dilemmata rings um den Suizid umzugehen und gleichzeitig offen für eine Begleitung zu bleiben. Eine professionelle Begleitung setzt voraus, dass Seelsorger*innen ihre Haltung zum assistierten Suizid auf drei Ebenen reflektieren, auf einer persönlichen, einer theologisch-ethischen und einer professionellen.

Dies sei etwas verdeutlicht. An einer Tagung mit Deutschen Alters- und Pflegeheimseelsorgerinnen bat ich die Teilnehmenden, sich auf einer Skala von ganz ablehnend (-2) bis ganz zustimmend (+2) zu drei Aussagen zu positionieren: 1. Ich kann mir gut vorstellen, im „Fall der Fälle" so aus dem Leben zu gehen (persönlich). 2. Theologisch, spirituell habe ich keine Mühe mit dieser Form des

Sterbens, ich kann dies mit meinem Glauben vereinbaren (theologisch). 3. Ich kann es mit meinem Berufsethos vereinbaren, Betroffene, die mit assistiertem Suizid aus dem Leben gehen wollen, seelsorglich zu begleiten, wenn nötig bis zum Ende (professionell). Die Antworten verteilten sich wie folgt auf den Skalen (Abb. 3):

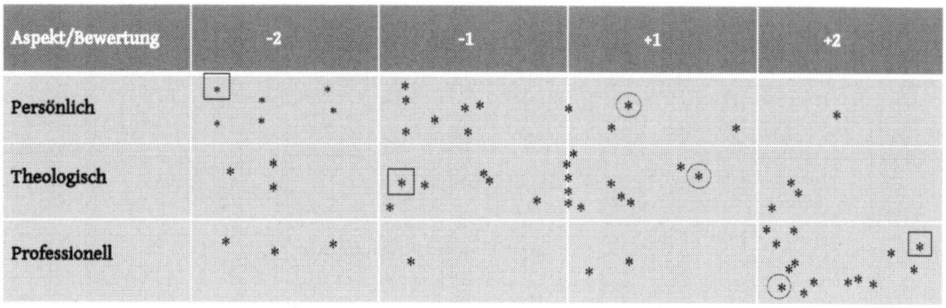

Abb. 3: Scores der Positionierungen von Seelsorger*innen (Quelle: Christoph Morgenthaler)

Ich hebe nur wenige, interessante Aspekte hervor. Diese Positionierungen können bei einem Seelsorger/einer Seelsorgerin ganz unterschiedlich streuen. Sie können weit auseinander liegen (wie die drei Positionierungen einer Seelsorgenden, die viereckig hervorgehoben sind) oder auch näher beieinander (in Kreisen). Entsprechend unterschiedlich ist die innerpsychische Komplexität, mit der diese Seelsorger*innen umgehen können müssen. Es ist auch diese Komplexität, die eine Begleitung so anspruchsvoll macht und immer neu situations- und personenbezogen reflektiert werden muss.

Zudem streuen die Positionierungen breit auf allen Ebenen. Stellt man sich diese sehr unterschiedlich „geschichteten" Haltungen in einem Seelsorgeteam einer Klinik vor, dann ist verständlich, weshalb diese Vielfalt von Haltungen auch Kooperation in einem Team nicht einfach macht. Auch gegen außen, in einem Seelsorgeteam, aber auch in der interdisziplinären Zusammenarbeit ist der Umgang mit dieser Komplexität anspruchsvoll.

Offensichtlich ist schließlich auch hier, was sich in der Umfrage der Hannoveraner Kirche[10] zeigt. Eine Mehrheit der Seelsorger*innen kann eine Begleitung Sterbewilliger mit dem Berufsethos vereinbaren. Eher ablehnend fallen hingegen die Positionierungen auf der persönlichen Ebene aus. Die Begleitung eines sterbewilligen Menschen weckt unausweichlich auch die Frage: Wie wäre dies für die Seelsorgerin selber? Wo sitzen hier ihre ganz persönlichen Ängste, Phantasien und Wünsche? Auch dies ist für die seelsorgliche Begleitung relevant. Interessant ist es schließlich, dass sich auf der theologischen Ebene viele Positionierungen im Mittelfeld finden. Dies ist vermutlich auch Ausdruck der hohen theologischen und ethischen Ambivalenz, die mit dem assistierten Suizid verbunden ist.

---

[10] Vgl. Arnold-Krüger/Inthorn 2022a und Arnold-Krüger 2022b.

Normative Komplexe und Ambivalenzen

Zur Reflexion dieser Ambivalenzen ist eine schematische Darstellung dieses Spannungsfelds hilfreich (Abb. 4), die Frank Mathwig, Sozialethiker der Evangelischen Kirche Schweiz, entwickelt hat (Mathwig 2007).

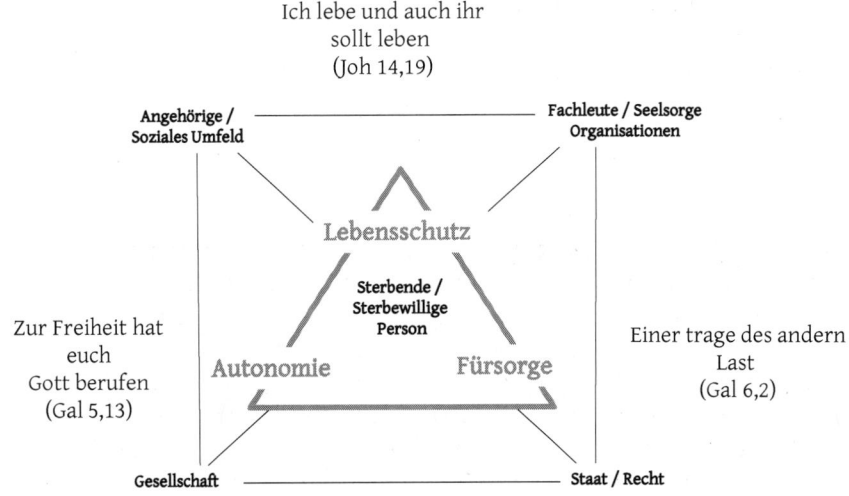

Abb. 4: Normatives Spannungsfeld im sozialen Kontext (Quelle: nach Mathwig 2007, 16, ergänzt durch Christoph Morgenthaler)

Mathwig spricht von drei normativen Komplexen im Spannungsfeld unterschiedlicher gesellschaftlicher Akteure, die durch einen assistierten Suizid tangiert sind: Autonomie, Schutz des Lebens und Fürsorgepflicht. Diese Werte und die damit verbundenen Normen sind tief in unserer christlichen Tradition verwurzelt. Es sind zentrale Themen christlicher Theologie und Ethik, für welche die angeführten Bibelstellen als Kürzel stehen. Man könnte auch im Anschluss an Martin Laube[11] formulieren: Gott ist Grund unserer Freiheit. Und er ist auch Grund unserer Lebendigkeit und Fürsorglichkeit. Die ethische Komplexität spiegelt also auch eine dogmatische Komplexität, die *complexio oppositorum* Gottes.

Diese drei Normbereiche stehen in Spannung zueinander. Das Recht auf Autonomie kann sowohl mit der Fürsorgepflicht wie mit dem Lebensschutz kollidieren, die Fürsorgepflicht mit dem Respekt vor der Autonomie, Lebensschutz auch mit der Fürsorgepflicht. Bei der seelsorglichen Begleitung eines Menschen, der sich suizidieren will, gilt es, diese theologisch höchst relevanten Dilemmata auszuhalten, sich anfechten zu lassen und trotzdem präsent zu bleiben. Glaube

---

[11] Vgl. den Beitrag Martin Laubes in diesem Band.

gibt die Gewissheit, mit Spannungen umzugehen.[12] Das ist auch emotional anspruchsvoll. Mit diesen Dilemmata sind nämlich Ambivalenzen verbunden, die uns auch in unseren Gefühlen zerreißen können: Ich möchte dazu beitragen, dass dieser Mensch sein Leben weiterhin als Geschenk Gottes erfahren kann, und gleichzeitig möchte ich ihn auch als einen der Freigelassenen der Schöpfung achten und begleiten. Seelsorger*innen, welche diese ambivalenten Gefühle und die damit verbundenen Wertvorstellungen wahrnehmen können, kommen Betroffenen nahe und ermöglichen es auch ihnen, besser mit ihren Ambivalenzen umzugehen (vgl. auch Morgenthaler/Plüss/Zeindler 2017, 244ff.).

Liturgische Sprache

Eine letzte Herausforderung sei genannt, auf die ich hier nur noch ganz kurz hinweisen kann: Muss sich in der Begleitung von Menschen, die mit einem assistierten Suizid aus dem Leben gehen wollen und von Angehörigen, die diesen Weg mitgehen, auch unsere liturgische Sprache wandeln? Müssen wir sprachfähiger werden, auch dem Willen zum Tod eine liturgische Form zu geben, in der dieser zu sich findet, aufgehoben ist und sich transzendieren kann? Die Schweizer Kirchen haben bisher keine liturgischen Empfehlungen und Texte herausgegeben. So ist diese Suche nach einer solchen Sprache ebenfalls eine wichtige Herausforderung der Seelsorge bei assistiertem Suizid. In Resonanz zu Fallbeispielen, die mir vorlagen, habe ich eine Reihe von Texten geschrieben, in denen ich selbst nach einer solchen Sprache tastete. Ich schließe meine Ausführungen mit einem dieser Texte:

Gott,
Manchmal möchte ich einfach gehen.
Meinen Töchtern sagen: Adieu, ich breche auf, es ist so weit.
Nichts mitnehmen, nur mich selbst.
Gespannt auf das, was kommt,
voller Erwartung und mit einem tiefen Seufzer der Erleichterung.
Ein letztes Mal winken, Adieu sagen, und dann gehen
hinein ins große Unbekannte
hinein in die Erinnerung meiner Familie, meiner Töchter
hinein in deine Erinnerung.
Amen

---

[12] Nochmals nach Martin Laube.

Literatur

Arnold-Krüger, Dorothee/Inthorn, Julia (2022a): Einstellungen und Erfahrungen von Gemeindepfarrpersonen in Deutschland zur seelsorglichen Begleitung des assistierten Suizids, in: Michael Coors/Sebastian Farr (Hg.): *Seelsorge bei assistiertem Suizid. Ethik, Praktische Theologie und kirchliche Praxis*, Zürich, 129–141.

Arnold-Krüger, Dorothee (2022b): Evangelische Seelsorge und assistierter Suizid. Überlegungen im Anschluss an eine empirische Studie, in: *Wege zum Menschen* 74/6, 489–500.

Abraham, Janet L. (2008): Patient and Family Requests for Hastened Death, in: *Hematology* 13, 475–480.

Bernhart-Just, Alexandra (2015): Weiterleben oder sterben? Entscheidungsprozesse leidender Menschen, Göttingen.

Domicil Bern (2018): Assistierter Suizid. Wegleitung Domicil Bern AG zum Verhalten bei Assistiertem Suizid, Bern.

Gamondi, Claudia/Pott, Muriel/Payne, Sheila A. (2013): Families' Experiences with Patients who Died After Assisted Suicide. A Retrospective Interview Study in Southern Switzerland, in: *Annals of Oncology* 24, 1639–1644.

Mathwig, Frank (2007): *Das Sterben leben*, SEK Positionen, Bern.

Mathwig, Frank (2010): *Leben dürfen - sterben können. 10 Fragen - 10 Antworten*, Schweizerischer Evangelischer Kirchenbund, Bern.

Morgenthaler, Christoph/Plüss, David/Zeindler, Matthias (2017): *Assistierter Suizid und kirchliches Handeln. Fallbeispiele, Kommentare, Reflexionen*, Zürich.

Reformierte Kirchen Bern-Jura-Solothurn, Synodalrat (2018): *Solidarität bis zum Ende. Position des Synodalrats der Reformierten Kirchen Bern-Jura-Solothurn zu pastoralen Fragen rings um den assistierten Suizid*, Bern.

Schweizer Bischofskonferenz (2019): *Seelsorge und assistierter Suizid. Eine Orientierungshilfe für die Seelsorge*, Lugano.

Schweizerische Akademie für Medizinische Wissenschaften (SAMW) (Hg.) (2022): *Umgang mit Sterben und Tod. Medizinisch-ethische Richtlinien*, Online-Veröffentlichung, https://www.samw.ch/de/Ethik/Themen-A-bis-Z/Sterben-und-Tod.html [Zugriff: 18.08.2022].

Steck, Nicole/Junker, Christoph/Maessen, Maude/Reisch, Thomas/Zwahlen, Marcel/Egger, Mattias (2014): Suicide Assisted by Right-to-die Associations. A Population based Cohort Study, in: *International Journal of Epidemiology* 43 (2), 614–622.

Uwe Keller-Denecke

„Begleiten" – Was macht Krankenhausseelsorge da eigentlich?

*Vorbemerkung: Der Workshop, aus dem dieser Text hervorgegangen ist, fand im Rahmen der Tagung „Begleiten oder nicht begleiten? Seelsorge und Assistierter Suizid" am 8. März 2022 nach drei Hauptvorträgen statt. Er war im Wesentlichen davon geprägt, dass die Teilnehmenden als Reflex auf Gehörtes ihre je eigenen Erfahrungen ausgetauscht und dabei die lokalen Gegebenheiten und individuellen Besonderheiten eine prägende Rolle gespielt haben. Die Beiträge waren allesamt klassisch trianguliert im Beziehungsgeschehen zwischen Patient*in / Seelsorger*in / Institution (Krankenhaus, Heim etc.) und eingebettet in das Meta-Umfeld „Kirche und Diakonie". Dieser individuelle kommunikative Austausch lässt sich auf der Grundlage allgemeiner Überlegungen zur Gestalt der Krankenhausseelsorge für eine zukünftige Perspektive hin fruchtbar machen. Das soll im Folgenden skizziert werden.*

Krankenhausseelsorge ist Begegnung auf begrenzte Zeit. Einerseits macht eine grundsätzlich verkürzte Verweildauer bei akuten Diagnosen und deren Behandlung eine Mehrfach-Begegnung zwischen Seelsorge und Patient*in oft zum Ausnahmefall. Andererseits stirbt, jedenfalls bis zum Beginn der Covid-Pandemie und ihrer Übersterblichkeit, fast die Hälfte der Menschen in Deutschland in einer Klinik. Der Ort der Genesung und Heilung ist weiterhin auch der Ort des Sterbens. Krankenhausseelsorge erlebt dies zugespitzt in der Begleitung intensivmedizinischer Maximalsituationen. Oder, so vorhanden und etabliert, in palliativmedizinischen Strukturen, die dann ihrerseits allerdings ausgedehntere Begegnungen möglich werden lassen.

In diesen Begegnungen wird ein kommunikatives Geschehen professionell gestaltet und die Vielzahl der individuellen Begegnungen und Gesprächsinhalte lässt sich auf basale, grundlegende Gesprächsimpulse zurückführen.[1] Sich diese zu vergegenwärtigen ist hilfreich und orientierend für die Momente, in denen Seelsorger*innen mit Suizidwünschen konfrontiert werden.

Krankenhausseelsorge fragt nach der Situation des Gegenübers: „Wie kommt es, dass Sie hier sind? Was ist mit Ihnen?" So zu fragen öffnet für die Gesamtsituation des/der Patient*in und vermeidet eine eindimensionale, verkürzende Diagnoseabfrage. Der Mensch ist mehr als seine Krankheit und allemal

---

[1] Vgl. Frör/Frör 2018, 22–45: Hier werden die somatische, die emotionale, die relationale und die spirituelle Dimension als „Aufmerksamkeiten" in der Begleitung definiert.

mehr als „die Leber in Zimmer 14". So zu fragen gibt dem/der Patient*in die Gelegenheit, sich als Expert*in des eigenen Lebens zu verhalten und zuallererst selbst die eigene Situation zu versprachlichen.

Alles Erleben, alles Erleiden, alles Bestehen hat eine hohe emotionale Qualität und Aufladung: „Wie erleben Sie das? Wie ist das für Sie?" Hier wird die Seelsorge alle denkbaren Reaktionen und Verarbeitungsweisen erleben: Affektiven Ausdruck und Überschwang ebenso wie rationalisierende Einordnung und Handhabung. Das mutet Seelsorgenden zu, in größtmöglicher Offenheit, ohne Wertung und mit Aufmerksamkeit für Übertragungsdynamiken das Gegenüber gelten zu lassen. An dieser Stelle tut die Seelsorge gut daran, sich als kundige Hüterin der Ambivalenz zu zeigen. So kann sie der Tatsache Rechnung tragen, dass kaum etwas je und durchgängig eindeutig ist oder aber aus unterschiedlicher Perspektive differenziert erlebt werden kann.

Vor diesem Hintergrund ist auch die Frage nach dem Kontext zu stellen: „Wer gehört zu Ihnen? Wer ist mit Ihnen?" Die An- und Zugehörigen sind allemal beides: hilfreiche Ressource und Kraftquelle. Und ebenso Adressat*innen der Sorge oder der Vermeidung. In jedem Falle sind sie Mitbetroffene und wollen im System dieses Menschen mitbedacht werden.

Zu den Ressourcen, die es zu stärken gilt, gehört der weite Bereich von Glaube und Religion, von Spiritualität und Sinnsuche: „Wie schaffen Sie das alles? Was hat Ihnen bislang geholfen? Was trägt Sie, im Leben, (und vielleicht:) beim Sterben?" Seelsorgende werden hier auf das weite Feld der individuellen Kraftquellen und persönlichen Überzeugungen geführt. Sie werden Zeug*innen von gelebter Alltagsreligion und praktischer Lebensklugheit. Ihnen begegnen geprägte Frömmigkeit und multireligiöse Amalgame. Und ebenso das, was im Kontext von Spiritual Care als *search for meaning* tituliert wird. Was immer dabei Worte findet, einen Ausdruck bekommt, sei es im Stottern und Suchen oder in festem Bekenntnis, verdient gehört und gehoben zu werden.

Das Seelsorgegespräch ist eine Begegnung auf Zeit, wird abgelöst und muss sich lösen. Das Krankenhaus ist – wie auch immer – ein Ort des Transits. Wer hierherkommt, wird nicht bleiben können, auch wenn es manchmal gewünscht wird. Darum gehört auch die Dimension der Zukunft zu einer ernsthaften seelsorglichen Begegnung: „Wie sieht die nächste Zeit aus? Wohin geht es weiter, wie müsste es weitergehen?"

Situation und Emotion, Umfeld und Ressourcen sowie Perspektiven sind fünf identifizierbare Elemente, die sehr individuell im Seelsorgegespräch Gestalt gewinnen und dabei von einer interpersonellen Dynamik und intrapersonalen Bewegtheit gefärbt werden.

Wie auch immer ein künftiges Gesetz zum assistierten Suizid aussehen wird: Die Seelsorge wird nicht zu den formalen Akteuren eines Antrags- und Entscheidungsverfahrens gehören. Da werden andere, nominell weltanschaulich neutrale Größen, maßgeblich werden: Beratungsstellen, Ärzt*innen, Psycholog*innen. Aber Seelsorge wird weiterhin Gesprächspartnerin der Betroffenen und Beteiligten sein. Womöglich sogar sehr unmittelbar, in Kliniken und Pflegeeinrichtungen oder gar im häuslichen Kontext: „Wenn das so weitergeht, dann will ich nicht mehr!" „Man müsste in die Schweiz können ..." „Das hat doch so keinen Sinn mehr!" „Zum Glück habe ich vorgesorgt und mir was besorgt." Seelsorgende kennen diese und ähnlich gelagerte Aussagen. Professionelle Seelsorge weiß um die Notwendigkeit, genau jetzt im Kontakt zu bleiben, weiter zu begleiten und dabei den Kompass aus Situation und Emotion, Umfeld und Ressourcen sowie Perspektiven zu haben. Seelsorgende sind im unmittelbaren Kontakt, können aber in mehrerer Hinsicht die hilfreiche, distanzierende Position einnehmen. Sie sind auf Zeit zu Gast in einem fremden Leben und damit nicht Teil von dessen privatem Beziehungssystem. Sie sind, wenngleich eingebunden in die multiprofessionelle Welt eines Krankenhauses mit seiner eigenen Systemlogik, auch an dieser Stelle ein Gegenüber. Das gibt die Freiheit, eine multiperspektivische Rolle einzunehmen und potentiell alle Beteiligten auf die Bühne zu bitten. Das gibt die Möglichkeit, im Umfeld eines Suizidwunsches alle Ressourcen und Potentiale zu erkunden zu suchen, damit die Betroffenen, letztlich der vermeintlich todeswünschende Mensch, die je eigene Entscheidung finden können. Die Freiheit zum Suizid bedeutet ja nicht unausweichlich einen Zwang zum Suizid. Eine Wahl, die sich als frei versteht, muss immer eine Wahl zwischen Alternativen sein. Eine gesetzliche Regelung zum assistierten Suizid macht diesen nicht per se zum Normalfall, sondern schafft im besten Falle eine rechtssichere realistische Option für den Grenzfall. Denn der Todeswunsch kennt auch den Lebenswunsch und beides ist oft gleichzeitig und ineinander.

Weil das so ist, kann in der seelsorglichen Begegnung sondiert werden, ob alle Aspekte im Blick sind, die die Situation konstituieren: Der Hinweis auf palliative Optionen kann die Situation erweitern. Die oftmals hermetische emotionale Vehemenz darf zum Ausdruck kommen und ebenso auf ihre Differenzierung hin befragt werden. Der systemische Blick bringt die An- und Zugehörigen und ihre Rollen zur Sprache; so wird Sozialität, in der die individuelle Autonomie verortet ist, womöglich fluider. Wenn tragende Lebensgewissheiten und Orientierungen zur Sprache kommen können, mag sich Trost einstellen und nächste Schritte gangbar werden. Gleichwohl bleibt in allem ein Vorbehalt, der sich auch einem seelsorglichen Machbarkeitsirrtum entgegenstellt: Es ist ein theologisch reflektiertes und existenziell begründetes Wissen um das, was als „untröstlicher Rest" bezeichnet werden muss.

Seelsorgende wissen, dass, jenseits von Methodenkompetenz und theologischer Expertise, sie selbst mit ihrer Person das entscheidende *Medium* oder *Werkzeug* der Seelsorge sind. So können sie Wahrnehmungen und Einfälle ebenso zur Sprache bringen, wie Ambivalenzen und Störungen benennen. In dem interpersonellen Geschehen einer Begleitung sind sie also mit ihrer eigenen Person gefordert und involviert. Sie sind kommunikatives Medium und gehen in Kontakt mit ihrem Gegenüber in reflektierter, gesteuerter Resonanz. Dabei geht es auch um Rollenklarheit und darum, mancher Versuchung zu widerstehen: Als bloß affirmierende Instanz missbraucht zu werden, in die Position des Schiedsrichters verführt zu werden oder sich selbst auf vermeintlich sichere, orthodoxe Positionen zurückzuziehen. Vor Verwicklungen mag sie schützen, dass sie zwischenmenschliche Dynamiken kennen und eigene innere Anteile geklärt haben. Vor Überforderung muss sie der Grundgedanke schützen, dass suizidwillige Menschen zwar seelsorgliche Begleitung bekommen sollen, womöglich bis in die Stunde des Todes hinein. Dass aber der/die je einzelne Seelsorger*in genau davon auch Abstand nehmen können muss und ein System von kollegialer Vertretung entlasten kann.

Für diese Arbeit sind strukturelle, organisatorische Rahmenbedingungen unverzichtbar:

Es braucht eine qualifizierte Weiterbildung in pastoralpsychologisch fundierter Seelsorge. Das setzt den unverzichtbaren Prozess der Selbstklärung und inneren Arbeit der Seelsorgerin, des Seelsorgers über die eigene Haltung in Gang. Dabei geht es um persönliche Hoffnungen und Ängste, um individuelle Wünsche und Befürchtungen für das eigene Geschick. Dabei geht es um die individuellen Faktoren und die eigenen Fähigkeiten der kommunikativen Beziehungsgestaltung sowie die inneren Beteiligungen. Es berührt die eigenen Ressourcen und die spirituellen, religiösen Grundierungen über die materielle ethische Urteilsfindung hinaus. Der vorgängige Prozess jedoch ist letztlich der Auftakt für jede weitere innere Arbeit der Seelsorgenden, gestützt durch Supervision und kollegiale Beratung und eigene Resilienz-Mobilisation.

Nötig bleibt dann die laufende Fortbildung in Fach- und Einzelfragen, in ethischer Urteilsbildung und Beratungskompetenz, in Grundfragen von Palliativmedizin und -pflege, um in den multiprofessionellen Kontexten sprachfähig zu sein.

Weit mehr aber geht es um eine unmittelbare existenzielle Sprach- und Begegnungsfähigkeit im direkten Kontakt zum Gegenüber. Aus der falschen Alternative von bloßer Affirmation und rigider Abwehr führt meines Erachtens eine *Mäeutik am Lebensende*. Es geht um eine Haltung, die das Gegenüber mit Respekt und Empathie begleitet, sowie dessen Autonomie achtet und fördert. Sie trägt dazu bei, dass eine persönliche Haltung und Entscheidung zum Lebensende, in welcher Form auch immer, so frei und bezogen wie irgend möglich ist und sich Rilkes Wort erfüllen kann:

„O Herr, gib jedem seinen eignen Tod
das Sterben, das aus jenem Leben geht,
darin er Liebe hatte, Sinn und Not"

(Rilke 1918, 86).

Literatur

Frör, Peter / Frör, Wilhelm (2018): *Praxisort Intensivstation*, Stuttgart.
Rilke, Rainer Maria (1918): Das Buch von der Armut und vom Tode (1903), in: Ders., *Das Stundenbuch*, Leipzig.

Johannes Bröckel

„Wann holt der liebe Gott mich endlich heim?"

Seelsorgliches Handeln und assistierter Suizid

Das Bundesverfassungsgericht (BVerfG) hat mit seinem Urteil vom 26. Februar 2020 selbstbestimmtes Sterben in jeder Phase menschlicher Existenz als einen Akt autonomer Selbstbestimmung bezeichnet, was dem Freiheitsgedanken des Grundgesetzes entspreche. Das allgemeine Persönlichkeitsrecht (Art. 2 Abs. 1 in Verbindung mit Art. 1 Abs. 1 GG) umfasst ein Recht auf selbstbestimmtes Sterben. Dieses Recht schließt die Freiheit ein, sich das Leben zu nehmen und hierbei auf die freiwillige Hilfe Dritter zurückzugreifen. Es liegt in der Freiheit des Menschen, sich gegen das eigene Leben zu entscheiden.

Die Bibel berichtet ohne jede Wertung von Todeswünschen kranker oder enttäuschter Menschen (Hi, Tob 3,6) und von Suiziden und Tötung auf Verlangen im Kontext eines militärischen Ethos der Soldatenehre (1 Sam 31,4–5). Die Kirchen haben eine lange Geschichte der Verurteilung von Menschen, die Suizid begangen haben. Diese kirchliche Haltung hat die Hinterbliebene in ihrer Trauer weiter belastet. Diese Schuldgeschichte verpflichtet nun nicht, unhinterfragt ein *selbstbestimmtes* Sterben durch Suizid in diakonischen Einrichtungen zuzulassen oder anzubieten, sondern die Frage nach einem würdigen Sterben verstärkt in den Blick zu nehmen (Konferenz für AltenPflegeHeimSeelsorge in der EKD 2022, 1).

Sterbewünsche im seelsorglichen Gespräch

In der *AltenPflegeHeimSeelsorge* begegnen Seelsorger*innen in Gesprächen Sterbewünschen. Noch relativ gesunde, aber hochaltrige Menschen fragen: „Hat der Herrgott mich vergessen?" Andere fürchten, dass eine diagnostizierte Demenz sie schleichend ihrer Persönlichkeit berauben wird. Andere blicken auf ihr Leben zurück und sind enttäuscht oder leiden darunter, dass es nie wieder so werden wird wie früher. Schwer kranke Menschen halten Schmerzen, den zunehmenden Verlust der Kontrolle über ihre Körperfunktionen und Schwäche nicht mehr aus. Ein erschöpfter Körper erschöpft ihre seelischen Kräfte. Die Wünsche zu sterben, stehen in unterschiedlichen biografischen, sozialen, situativen Zusammenhängen. Manchmal werden sie gleichzeitig mit einem Wunsch zu leben, besser zu leben, geäußert; ihre Intensität ändert sich von Tag zu Tag. Die *AltenPflegeHeimSeelsorge* nimmt die innere Not von Menschen, die um ihre Lebensqualität und ein menschenwürdiges Dasein in der Phase von schweren unheilbaren Krankheiten ringen, sehr ernst. Seelsorge rund um den assistierten Suizid ist gefordert auszuhalten, dass es keine theologisch-ethische letztgültige Klarheit in dieser Frage gibt. Seelsorge eröffnet einen Gesprächsraum, in dem Emotionen, Beweggründe, Ängste, Hoffnungen angesprochen werden. Es gilt auszuhalten sowohl für die Betroffenen als auch für die begleitenden Seelsorger*innen, dass die ethischen Grundlagen zur Entscheidungsfindung und zur persönlichen Einstellung zum assistierten Suizid mehrdeutig sind. Es entstehen dabei für alle Beteiligte emotionale Ambivalenzen, die nicht aufzulösen sind. Es gehört zum Selbstverständnis der Seelsorge, die unhörbaren Sorgen zu hören, die den Wunsch nach einer selbstbestimmten Selbsttötung meist unbewusst beeinflussen. Es gilt das Vertrauen zu bestärken, in dieser ambivalenten Situation von Gott gehalten zu sein.

Leben und Sterben geschieht in Beziehungen

Die Seelsorge ist gut beraten, die Diskussion um einen bestmöglichen Sterbebeistand von der Diskussion um die zunehmend ideologisierten Begriffe von *Autonomie* oder *Selbstbestimmung* zu entkoppeln. Das BVerfG-Urteil definiert die *Würde* des Menschen einseitig durch *Selbstbestimmung*, in diesem Fall der Möglichkeit, sich mit Hilfe anderer das Leben zu nehmen. *Würde* wird hier mit Selbstbestimmung gleichgesetzt und Selbstbestimmung im Sterben auf Suizid bezogen. Diese Engführung wird der Menschenwürde, die die Phase des Sterbens miteinschließt, nicht gerecht. *Selbstbestimmung* im Sterben hat viele Facetten: Die *Würde* und ihre Antastung liegt oft in den vorletzten Dingen, nicht in den letzten (Marquard 1986, 45): Es geht um viele alltägliche kleine Entscheidungen, um Wünsche und Bitten, die ein Sterbender oder des Lebens müder Mensch noch hat, und die helfen, Leben und Sterben erträglich zu machen.

Die Sorge um die Begleitenden

Die *AltenPflegeHeimSeelsorge* schaut auf den inneren Konflikt, die ein Akt der selbstbestimmten Tötung bei Angehörigen und Mitarbeitenden in der Pflege und medizinischen Begleitung auslöst. Der *selbstbestimmte Tod* betrifft besonders die Menschen, die den Sterbenden nahestehen. Die Entscheidung, aus eigenem Entschluss aus dem Leben zu gehen, wird häufig allein und in einsamen Stunden getroffen. Die große Betroffenheit, die ein selbstgewählter Abschied im nahen

Umfeld bei betreuten Personen hervorruft, wird bei solchen einsamen Entscheidungen oft übersehen. Wo Angehörige und Zugehörige über die Entscheidung zum Suizid wissen, müssen sie die verbleibende Zeit bis zum Vollzug des Sterbens mit sich, untereinander und den Suizidwilligen tragen. „Hätten wir nicht doch noch etwas anders machen können?", diese Frage bleibt. Ein Suizid verändert auch die Erinnerung an die gemeinsame Lebensgeschichte: Die Biografie eines Menschen, die Zeit mit ihm hat in einer Selbsttötung ein selbstgewähltes Ende gefunden, das eine heilende Erinnerung belastet. Auch An- und Zugehörige brauchen Begleitung, für sich und im Gespräch mit dem Sterbewilligen. Ebenso Menschen, die keine unmittelbaren Angehörigen oder Zugehörigen mehr haben, stehen im Umfeld eines Altenpflegeheims in Beziehungen. Wie wirkt es sich auf Mitarbeitende in der Pflege aus, wenn sie wissen, dass die von ihnen betreute Person jetzt in dieser Stunde durch einen assistierten Suizid stirbt? Welche Signale gehen bewusst und unbewusst an die anderen Mitbewohner und Mitbewohnerinnen, welche Sogwirkung kann solch ein Suizid entwickeln? Wie wirkt sich ein assistierter Suizid auf die Atmosphäre, den Geist einer Einrichtung aus? Einrichtung müssen wohl überlegte Konzepte bereithalten, um der Sorge um ein würdiges Sterben gerecht zu werden.

Spannungen im seelsorglichen Selbstverständnis

Die Anfragen nach einer seelsorglichen Begleitung für einen assistierten Suizid erfolgen unvermittelt. Es bleibt keine Zeit für langes Bedenken. Denn die Entscheidung ist meist schon gefallen. Nicht selten steht der Termin für den Abschied aus dem Leben schon fest. Daher müssen sich Seelsorger*innen über ihre eigene Einstellung zum assistierten Suizid bewusst sein. Niemand kann zu einer seelsorglichen Begleitung verpflichtet werden. Aber zunehmend setzt sich die professionelle Erkenntnis durch, dass Menschen in dieser angespannten emotionalen Situation eines assistierten Suizids nicht alleingelassen werden dürfen. Es ist unausweichlich, dass die seelsorgliche Begleitung konfliktbelastet bleibt, weil eine ethisch-theologische Klarheit nicht erreicht werden kann und die emotionalen und theologischen Ambivalenzen sich nicht einfach auflösen werden. Diesem heiklen Spannungsfeld der Begleitung beim assistierten Suizid sieht sich die Seelsorge ausgesetzt und bedarf einer stetigen Reflexion, um sich selbst und den zu Begleitenden gerecht zu werden.

Seelsorgliche Begleitung beim assistierten Suizid

In der öffentlichen Diskussion wird der assistierte Suizid zuweilen als das *gute Sterben*, im Sinne eines selbstbestimmten Sterbens auf eine sanfte Art und Weise, propagiert. Die Mehrheit der Bevölkerung hat sich diese Sichtweise stillschweigend zu eigen gemacht. Die Kirche wird dagegen als eine Institution wahrgenommen, die diesem *guten Sterben* kritisch gegenübersteht. Sie wird mit ihrer Sicht auf den assistierten Suizid als Grenzfall, als Einzelfall, als Ausnahme, als wenig hilfreich in dieser herausfordernden emotionalen Situation am Ende des Lebens wahrgenommen. Es stellt sich die Frage für die kirchliche Seelsorge, ob sie noch als Ansprechpartnerin für Suchende nach einem für sie angemessenen Lebensende in Anspruch genommen wird. Es gilt verstärkt darauf zu achten, eine seelsorgliche Begleitung anzubieten, die wertschätzend erfahren wird, damit Suchende für die eigene Entscheidung in dieser mehrdeutigen und ambivalenten Situation gestärkt werden. Seelsorge im Alter nimmt wahr, dass Krankheiten und Altersbeschwerden ein Ausmaß annehmen können, mit der eine verständliche Lebenssattheit, manchmal sogar Lebensekel, einhergeht und der Wunsch nach einem selbstbestimmten Ende verständlich wird. *AltenPflegeHeimSeelsorge* als Regelangebot oder als Form der Gemeindeseelsorge sieht sich in der Pflicht, den Alltag in Pflegeeinrichtungen so mitzugestalten, dass Menschen dort möglichst angstfrei leben und in Würde sterben können.

Seelsorge bis zum Ende

Die Entscheidungen, die Menschen in sehr schwierigen Lebenssituationen treffen, werden von der Seelsorge nicht bewertet. Sie begleitet Menschen bis in den Tod, indem sie hört, was diese Menschen zu diesem endgültigen Schritt bewegt. Sie begleitet die An- und Zugehörigen in ihrer Trauerarbeit, die diese Entscheidung oft gezwungenermaßen mittragen müssen. Die Würde von Menschen im Tod erweist sich für die *AltenPflegeHeimSeelsorge* darin, dass Menschen erfahren, „ich gehe getröstet von dieser Erde, weil ich mich gehalten und in der Gemeinschaft von Gott und uns Menschen geborgen fühle". Sie achtet darauf, dass das Leben und das Sterben die Zeit bekommen, die ihnen zusteht. Sie setzt sich dafür ein, dass in unserer Gesellschaft das Sterben nicht als Belastung für andere erlebt wird. Der Tod ist ein wichtiger Teil des Lebens, der zu einer solidarischen Gemeinschaft hinzugehört, die sich bewusst ist, dass Leben und Sterben nicht machbar sind, sondern ihr als Geschenk von Gott dem Schöpfer des Lebens anvertraut sind.

Seelsorge beim Akt des Sterbens

Es bleibt an einem Punkt noch eine Unsicherheit: Seelsorge bei dem Akt des Sterbens. Hier gibt es noch wenig Erfahrung. Leistet die kirchliche Seelsorge hier nicht Vorschub, wenn Kirchen dieses Angebot vorhalten, sodass der assistierte Suizid zum Normalfall wird? Was macht dieser besondere Moment mit begleitenden Seelsorgenden? Ist ein sorgfältig überlegter seelsorglicher Beistand für die eigene seelische Balance zu verantworten? Was bieten wir als Kirche an, wenn Seelsorgende aus verständlichen Gewissensgründen eine Begleitung ablehnen? Es bedarf noch eines langwährenden kollegialen Austausches, um diesen neuen Anforderungen an die Seelsorge gerecht zu werden. Die Kirchen mit ihrer Seelsorge müssen sich mit ihrer betont kritischen Haltung zum assistierten Suizid hinterfragen, wie sie in der Öffentlichkeit wahrgenommen werden. Die öffentliche Diskussion orientiert sich am *guten Sterben*. Sterbehilfeorganisationen treten als alleinige Heilsbringer auf, die ein *gutes Sterben* ermöglichen, und die Kirchen disqualifizieren sich im Ansehen der Mehrheit unserer Bevölkerung als ewige Spielverderber, die man nicht mehr benötigt. Ist es nicht an der Zeit, die gewohnten Muster als *notorische Verweigerer* abzulegen und neue vertretbare Wege einzuschlagen? Die Wahrheit in der Frage nach dem assistierten Suizid liegt darin, dass es die eine Wahrheit nicht gibt. Die Erfahrungen mit dem selbstgewählten Freitod am Ende unseres Lebens bleiben für Betroffene und Begleitende ambivalent. Sie belasten uns Menschen. Als seelsorgliche Kirche teilen wir diese schweren Belastungen, damit wir die Schwere, die im Tod verborgen liegt, in einer verantwortlichen Weise vor Gott gemeinsam tragen.

Literatur

Coors, Michael / Farr, Sebastian (Hg.) (2022): Seelsorge bei assistiertem Suizid und kirchliche Praxis, Zürich.

Konferenz für AltenPflegeHeimSeelsorge in der EKD (Hg.) (2022): *Grenz-Wert. Seelsorgliches Handeln und assistierter Suizid*, Kollegiale Orientierungshilfe, https://www.seelsorge-im-alter.de/fileadmin/default/001_Das_Alter/02_Krisen_im_Alter/2021_03_29_Orientierunghilfe_AS_.pdf [Zugriff: 16.01.2023].

Marquard, Odo (1986): Zur Diätetik der Sinnerwartung, in: Ders.: *Apologie des Zufälligen. Philosophische Studien*, Stuttgart.

Morgenthaler, Christoph / Plüss, David / Zeindler, Matthias (Hg.) (2017): *Assistierter Suizid und kirchliches Handeln*, Zürich.

Isabelle Noth / Mathias Wirth

Der Sterbewunsch in der Psychiatrie – Assistierter Suizid aus klinikseelsorglicher Sicht[1]

1. Einleitung

Zwei kurze Vorbemerkungen scheinen in der aktuellen historischen und gesellschaftlichen Situation wichtig:

1. Angesichts des Kriegs in Europa und des vehementen Widerstandsgeists vieler Personen in der Ukraine, der mit einem unbändigen Wunsch zu leben und zu überleben assoziiert werden kann, ist es nicht ganz einfach, hier über einen spezifischen Sterbewunsch nachzudenken. Diese Spannung, die natürlich sonst ebenso besteht angesichts von Personen, die etwa terminal krank sind, jedoch weiterzuleben wünschen, wollen wir zumindest einleitend zur Sprache bringen. Zahlreiche Menschen in der Ukraine sind schon gestorben und werden – mit hoher Wahrscheinlichkeit – noch sterben, die eigentlich leben wollten, die schlichtweg unnötig und unter schrecklichsten Umständen ums Leben kamen, und das vielleicht Bitterste daran ist, dass dies alles bewusst und kalkuliert von Menschenhand und ohne jedes Quantum Mitleid verursacht wurde und noch wird.

In der Forschung zu sogenannten lebenskritischen Ereignissen kann aus Sicht der Entwicklungspsychologie der Lebensspanne zwischen *normativen* bzw. altersgebundenen Krisen wie etwa Pubertät, *Midlife Crisis*, Menopause etc. und *akzidentellen* Krisen unterschieden werden, die nicht erwartungsgemäß auftreten, sondern aufgrund unvorhersehbarer und außergewöhnlicher Ereignisse wie etwa Unfall, Krankheit, Krieg und Gewalttat. Insbesondere letztere können schwere Traumafolgestörungen auslösen, wobei auch Traumata unterschieden werden können zwischen solchen, die einmalig auftreten und von kurzer bzw.

---

[1] Überarbeitete und um das Gespräch mit dem Berner Ethiker Prof. Dr. Mathias Wirth erweiterte Fassung eines Vortrags gehalten am 08. März 2022 im Workshop im Rahmen der von dem Zentrum für Gesundheitsethik (ZfG) an der Evangelischen Akademie Loccum, der Evangelischen Kirche in Deutschland (EKD) und der Konferenz für Krankenhausseelsorge in der EKD veranstalteten Online-Tagung *Begleiten oder nicht Begleiten? Seelsorge und Assistierter Suizid*.

zeitlich begrenzter Dauer sind, und solchen, die länger andauern und/oder mehrfach auftreten. Erstere zählt man zu den Typ I-Traumata, die beispielsweise Naturkatastrophen und Unfälle umfassen. Letztere werden zu den Typ-II-Traumata gezählt, die *man-made disasters* umfassen wie etwa sexualisierte Gewalt und Folter, also direkt durch menschliche Einflussnahme verursachte Traumata. Sie sind sehr oft Ursache schwerster Störungen. Gerade bei Traumata also, die durch einen anderen Menschen verursacht wurden, ist das Risiko, dass das Opfer eine Posttraumatische Belastungsstörung (PTBS) entwickelt, besonders hoch. Mit den Folgen solcher Erfahrung ist auch in der Belegung psychiatrischer Kliniken zu rechnen. Der skizzierte Konnex gilt zwar *grosso modo* wie dargestellt, wenn auch, ebenso grundsätzlich, mit individualisierendem Impetus festgehalten werden muss: „Ein und dasselbe Ereignis bedeutet für einzelne Menschen, in einzelnen Lebensaltern, unter unterschiedlichen Lebensumständen und auch zu einzelnen historischen Zeitpunkten höchst Unterschiedliches" (Filipp/Aymanns 2010, 27).

2. Wer sich mit der komplexen Frage von assistiertem Suizid und Sterbewünschen im psychiatrischen Kontext befasst, muss sich zunächst Folgendes sehr deutlich vor Augen führen: Einerseits gehört die Vorannahme über einen defekten Willen oder gestörte Präferenzordnungen zu einem verbreiteten Charakteristikum der Haltung psychiatrischer Patient*innen gegenüber (vgl. z. B. Fabrício/Chagas/Diniz 2020). Andererseits befinden sich Patient*innen in einer psychiatrischen Institution notorisch in einer ausgesprochen verletzlichen Situation, die von außen nur sehr bedingt nachzuvollziehen ist. Mögen sich Personen nun freiwillig oder unfreiwillig, aus eigenem Antrieb oder per ärztlichem oder richterlichem Zwang in der Psychiatrie befinden, sie werden dort mit eigenem Schmerz und fremdem Leid in einer Weise konfrontiert, die sich schwer für solche, die das nicht selber erlebt haben, verständlich machen lässt (vgl. Wirth/Schmiedebach 2017, 59). Die betreffenden Personen müssen sich, wenn sie zum ersten Mal in einem solchen Setting sind, zunächst an ein ihnen bisher unvertrautes Gebäude mit vorgegebenen strukturierten Tagesabläufen, hierarchischen Funktionen und gewöhnungsbedürftigen Kommunikationsweisen sowie Einschränkungen der persönlichen Freiheit zurechtfinden. Es gilt im besten Fall, der allerdings an Gründe für ein Vertrauen gebunden ist, die eine psychiatrische Klinik jeweils liefern muss, sich an- und einzupassen und sich möglichst vertrauensvoll einer Behandlung auszusetzen und je nach Krankheitsbild und Phase darin mitzuwirken. Leidende Menschen werden besonders im Kontext der Psychiatrie in einem ihr ganzes Leben umfassenden Sinn zu Patient*innen. Sie werden mit Fremdwörtern konfrontiert und müssen häufig mit Unbekannten, mit denen sie womöglich noch das Zimmer teilen und die ungewohnte und manchmal auch ängstigende Verhaltensweisen zeigen, den Tag verbringen. Sie erhalten Diagnosen, die von ihnen selber häufig als Abstempelung und Stigmatisierung wahrgenommen werden, weil sie die Person als Person zu adressieren

scheinen (vgl. Schmiedebach 2021). Dies alles kann das Gefühl der Kränkung (Haller 2021)[2] und Demütigung sowie des Ausgeliefertseins hervorrufen, auch wenn das Gefühl hinzutreten kann, dass durch den Eintritt in eine Klinik, dem eigenen Leiden irgendwie Gerechtigkeit widerfährt und es sichtbar wird. Ambivalente Gefühle kennzeichnen psychiatrische Aufenthalte wie kaum andere. Aufgrund des nach wie vor verbreiteten negativen Bildes psychischer Erkrankungen und der Psychiatrie allgemein (vgl. Till/Arendt et al. 2021; Schmiedebach 2011) fällt es bis auf den heutigen Tag vielen Menschen schwer, sich selber schon nur in eine ambulante Psychotherapie zu begeben. Aufklärungs- und Sensibilisierungskampagnen in Sachen Vorurteilen und Unwissen im Bereich von Psychiatrie und psychischem Leid stellen angesichts einer hohen Inzidenz psychischer Störungen ein wichtiges Desiderat dar.

2. Das Recht auf einen assistierten Suizid als Zeichen von Gleichberechtigung?

Bewegungen wie *Recovery*, die sich im Laufe der sozialpsychiatrischen Patientengeschichte entwickelten, versuchen bis heute, das Gefühl der Selbstwirksamkeit von Personen mit bestimmten psychischen Dispositionen zu stärken. Am *1. Internationalen Psychiatriekongress zu seelischer Gesundheit und Recovery*, der vor zehn Jahren in Bern stattfand, hielt die Erstautorin einen Vortrag über Recovery und Religion. Es ging um die in der Religionspsychologie bekannten Zusammenhänge von Religiosität und psychischer Gesundheit. Eine Gruppe von Patient*innen nahm am Anlass teil. In der anschliessenden Diskussionsrunde stellte sie zwei Fragen, die angesichts des Themas überraschten. Erstens interessierte die Gruppe, was mit Seele gemeint sei (vgl. dazu Noth/Wagner 2023). Zweitens wollte sie von der Referentin wissen, ob sie dafür oder dagegen sei, dass Menschen mit einer psychiatrischen Diagnose von einem assistierten Suizid Gebrauch machen dürften. Während die Erstautorin also zu Religion und Religiosität und den saluto- und pathogenetischen Wirkungen gelebter Religiosität vortrug, befasste sich die Gruppe von Patient*innen mit der Frage, was die Theologin, Kirchenvertreterin und Klinikseelsorgerin zum Thema assistiertem Suizid meinte. Ihre Antwort lautete, dass sie sich nicht dazu berufen fühlte, darüber zu urteilen, was andere zu tun oder zu lassen hätten. Ihr Interesse gälte der Frage, weshalb jemand so oder anders sich entscheide. Als Seelsorgefachperson gehe es darum zu erfahren, was Menschen motiviert, was sie bewegt und antreibt (vgl. Noth 2013). Ohne ethische Implikationen abzustreiten, die etwa eine *Normalisierung* des assistierten Suizids mit sich brächte, sei es dennoch kein adäquates Verständnis

---

[2] Die nach wie vor viel zu wenig gewürdigte Bedeutung von Kränkungen im Leben von Menschen zeigt sehr eindrücklich der Psychiater Reinhard Haller auf, vgl. Haller 2021.

von Seelsorge, moralische Urteile zu fällen, sondern ein tieferes Verständnis für Menschen und ihre jeweiligen Absichten und Handlungen zu entwickeln.

Die Antwort schien zu befriedigen, aber von Interesse blieb, wie eine solche Frage zu dem in Rede stehenden Vortrag passte. Es stellte sich heraus, dass die Patient*innen gesundheitspolitisch engagiert waren und ihre Stellung und die anderer Betroffener durch eine verstärkte gesellschaftliche Aufmerksamkeit zu verbessern suchten und größten Wert darauf legten, gleichberechtigt mit allen anderen Mitgliedern der Gesellschaft zu sein, wozu in der Schweiz unter bestimmten Bedingungen eben auch das Recht zählt, von einem assistierten Suizid Gebrauch machen zu dürfen. Psychiatrische Diagnosen dürften dies nicht verunmöglichen, obwohl dies in der gängigen Rechtsprechung und Regulierung in der Regel genau der Fall ist, weil ein kompetentes und durch keine psychische Dysfunktion getrübtes Urteil erforderlich ist (vgl. Hachtel/Häring et al. 2022).[3] In der Frage nach dem Recht auf einen assistierten Suizid erkannten die Patient*innen ein klares Indiz dafür, ob Personen mit einer psychischen Erkrankung diskriminiert würden und ob sie *in toto* mit ihrer Erkrankung identifiziert bzw. auf diese reduziert würden oder nicht.[4] Es handelte sich demnach in der Perspektive der zitierten Betroffenen um eine Art Lackmustest, wie ernst es mit der breit unterstützten Forderung nach einer Gleichstellung von psychischen mit physischen Erkrankungen wirklich gemeint ist.[5]

3. Psychische Erkrankungen und der Wunsch zu sterben

So sehr die Gleichstellung in Fragen zum Beispiel der Antidiskriminierung oder sozialen Berücksichtigung von psychischen und physischen Erkrankungen erstrebenswert und notwendig ist, so deutlich muss auch auf eine besondere Schwierigkeit in Bezug auf den assistierten Suizid hingewiesen werden, der eine

---

[3] Vgl. dazu auch Richter 2021, 52f., der gestützt auf die UN-Behindertenrechtskonvention in der „zusätzlichen fachärztlichen Begutachtung der Urteilsfähigkeit" „eine Diskriminierung" sieht und meint: „Dies bedeutet nun nicht, dass die Urteilsfähigkeit nicht mehr geprüft werden sollte", sondern, „dass dies nicht in diskriminierender Form geschehen darf. [...] Sollte die Urteilsfähigkeit die Inanspruchnahme des Rechts beeinträchtigen, so hat diese Prüfung unabhängig von der Grunderkrankung zu geschehen".

[4] Vgl. Hoff 2012, 852 auf die Frage, ob ein Arzt einer sterbewilligen Person Beihilfe zum Suizid leisten soll: „[...] jede mögliche Antwort muss, wenn sie nicht diskriminierend sein will, für alle Personen in gleicher Weise gelten. Das bedeutet: Wer grundsätzlich unter klar bestimmten Voraussetzungen die ärztliche Beihilfe zur Selbsttötung für erlaubt, ja geboten hält, kann nicht allein *qua Diagnose* psychische Kranke ausschliessen".

[5] Vgl. Richter 2021, 51: „Recovery und Empowerment bedeuten in der Konsequenz, dass Menschen mit psychischen Erkrankungen im Prinzip über alle Aspekte des Lebens – und des Sterbens – selbst bestimmen dürfen".

Gleichbehandlung einschränkt: Sterbewünsche können nämlich auch Bestandteil oder Ausdruck einer psychischen Erkrankung sein (vgl. Zürcher 2022)[6] und können nicht umstandslos als Folge des Leidens an einer psychiatrischen Erkrankung und eines autonomen Entscheids erfasst werden. So notiert Paul Hoff:

> „Genau hier – bei der Frage des Zusammenhangs zwischen Sterbewunsch und psychischer Erkrankung – liegt das eigentliche Problem. Pointiert formuliert: Geht es im Einzelfall um einen Bilanzsuizid als zu respektierende autonome Entscheidung? Oder belegt, gerade umgekehrt, die Suizidalität lediglich den durch die psychische Erkrankung bedingten markanten Verlust an Autonomie?" (Hoff 2012, 852)

und

> „Wie – vielleicht die schwierigste, weil ‚persönlichste' Frage – finden wir zu einer zuverlässigen Beurteilung, ob ein Sterbewunsch auf einer abgewogenen autonomen Entscheidung beruht oder wesentlich, wenn nicht gänzlich auf einen durch die psychische Erkrankung substanziell veränderten personalen Werthorizont gründet?" (Hoff 2021, 12).

André Böhning schreibt von der „immer wiederkehrenden strittigen, als unklärbar erscheinenden Frage [...], wie stark der Einfluss der psychischen Erkrankung auf die Entscheidung ist und ob diese bei erfolgreicher Therapie anders getroffen würde" (Böhning 2021, 18). Ein medizinethisches Problem stellt ein in diesem Zusammenhang regelmäßig übersehenes Problem dar, das sich aus der monochromen Rede über Erkrankungen aus dem psychiatrischen Formenkreis ergibt. Es müsste ganz unabhängig von der Frage, wie man den assistierten Suizid normativ bewertet, geklärt werden, ob eine Einschränkung der stets geforderten Urteilsfähigkeit für alle psychiatrischen Erkrankungen in gleicher Weise gilt (vgl. Richter 2021, 56). Vielmehr scheinen Differenzierungen nötig, nicht nur, weil solche Erkrankungen regelmässig über verschiedene Episoden verfügen und es eine Art von Gewalt darstellt, einen remittierten Zustand zum Beispiel bei einer depressiven oder bipolaren Störung etwa als solchen mitsamt der möglichen passageren Entscheidungskompetenz zu verkennen (vgl. Lane/Broome 2022). So hält Christian Kind fest: „Urteilsfähigkeit ist für eine bestimmte Entscheidung in einem bestimmten Moment binär, entweder vorhanden oder nicht; sie kann aber für verschiedene zu beurteilende Situationen und zu unterschiedlichen Zeitpunkten bei der gleichen Person variieren" (Kind 2021, 32).[7]

---

[6] Vgl. auch Hoff 2012, 853: „Eine depressive Person ist nicht einfach traurig, sie hat auch kognitive Beeinträchtigungen, und [...] ihre gesamte Lebensperspektive, vor allem ihre *Wertmassstäbe* verändern sich".

[7] Deshalb fordern die entsprechenden in Geltung stehenden Richtlinien der *Schweizerischen Akademie der Medizinwissenschaften* SAMW eine sehr sorgfältige Evaluation der „Urteilsfähigkeit", „Freiwilligkeit", „Wohlerwogenheit" und „Dauerhaftigkeit" eines Suizidwunsches.

Den kategorial nicht notwendigen, aber regelmäßig virulenten Unterschied zwischen einem Todeswunsch infolge einer unheilbaren körperlichen und für eine erkrankte Person nicht mehr erträglichen Erkrankung und einem Todeswunsch infolge einer schweren psychischen Störung haben Ursula S. Spitzer und Christoph Linnemann im Jahr 2019 anhand von Fallvignetten anschaulich herausgearbeitet:

> „In der Psychiatrie, bei der Begutachtung eines Patienten, der ausschliesslich an einer psychiatrischen Erkrankung leidet, ist die Ausgangslage anders [erg.: als bei einem Menschen, dessen ‚Todeswunsch in freier Selbstbestimmung aufgrund einer unheilbaren somatischen Erkrankung entsteht, die das Leben für den Patienten nicht mehr aushaltbar macht']: Der Psychiater sieht vor dem Erstellen des Gutachtens über die Urteilsfähigkeit, neben der Alternative des begleiteten Suizids nicht den Tod, der auf andere Art innerhalb kürzester Zeit eintreten wird. Der Psychiater kann Alternativen zum begleiteten Suizid anbieten, die sich auf die Lebensqualität auswirken. Er muss voreingenommen sein [...] aufgrund seines Berufs, in welchem Suizidalität als Krankheitsmerkmal, das potenziell behandelbar ist, beurteilt wird" (Spitzer/Linnemann 2019, 204).

Diese Voreingenommenheit birgt allerdings die Gefahr eines medizinisch unzulässigen Paternalismus, die den Bemühungen von *Recovery* und anderer medizinethischer Prinzipien zuwiderläuft. Eine paternalistische Intervention in der Medizin ist nämlich nur unter der Voraussetzung legitim, dass eine körperliche, kognitive oder emotive Einschränkung entweder des Wollens oder des Vollbringens das Gewollte massiv gefährdet oder unmöglich macht (vgl. Genius 2021).[8] Aus Gründen der nötigen Einzelfallprüfung, die gewaltförmige Falschzuschreibungen und Subsumptionen verhindert, muss es in der medizinischen, rechtlichen und ethischen Prüfung dabei immer um den konkreten Diskurs zu einem bestimmten Zeitpunkt gehen (vgl. Stoll/Hodel et al. 2021). Insofern es die bloße Möglichkeit einer intermittierend besseren oder sogar gänzlich aufgeklarten Urteilssituation gibt, ist eine solche auch bei der Frage nach dem Sterbewunsch einzukalkulieren. Dies ist formal nicht nur für die Position relevant, die sich für den assistierten Suizid in der Psychiatrie einsetzt, sondern auch für die Position, die sich allgemein für eine bessere Berücksichtigung der Person in der Psychiatrie mit ihren existentiellen Nöten stark macht. Ob die Äußerung eines Sterbewunsches als Epiphänomen einer psychiatrischen Erkrankung oder als Ausdruck des Wollens bewertet wird, dürfte die Reaktion des medizinischen, pflegerischen und persönlichen Umfelds maßgeblich beeinflussen.

Unabhängig von der hier formulierten Kritik an einem monolithischen Verständnis des Zusammenhangs von psychiatrischen Erkrankungen und Urteils-

---

[8] Zum Paternalismus-Diskurs im konkreten Zusammenhang des assistierten Suizids vgl. Richter 2021, 54f.

fähigkeit (vgl. Richter 2021, 40; Scholten/Gather et al. 2021)[9] ist für die Frage nach dem assistierten Suizid die Vorausverfügung von Patient*innen relevant (vgl. Scholten/Gieselmannm et al. 2019; Wied/Haberstroh et al. 2021). Sie wiederum darf nicht lediglich auf die Phase vor der Diagnosestellung bezogen sein, sondern muss mögliche und vielleicht partielle Remissionen einer rezidivierenden psychischen Störung umfassen, in denen aufgeklärte und urteilsfähige Entscheide von ambulanten wie stationären psychiatrischen Patient*innen möglich sein können (Zimmermann/McGlinchey et al. 2006). Dies wiederum hängt an der Frage, die hier nicht geklärt wird, ob man das *eigene Sterbenwollen* überhaupt für einen Gegenstand hält, der vorausverfügt werden kann, oder ob es sich dabei um eine Handlungskaskade handelt, die, wenn überhaupt, eine unmittelbare Einsichtsfähigkeit voraussetzt. Es könnte argumentiert werden, dass es sich beim Sterbenwollen um nichts handelt, das angemessen antizipiert werden kann. In einem strikten Sinn stellt aber auch dies keine notorische Exklusion von psychiatrischen Patient*innen aus den Reglements zum assistierten Suizid dar, denn es kann nicht per se ausgeschlossen werden, dass trotz, vielleicht sogar wegen einer psychiatrischen Dysfunktion, eine sehr adäquate Vorstellung über die Bedeutung des individuellen Sterbens vorliegt. Mit solchen Dispositionen müssen allerdings Hilfsgebote balanciert werden, die wiederum die Komplexität der Entscheidungssituation in der Psychiatrie und ihre charakteristische Nähe zum Paternalismus andeuten (vgl. Caruso Brown 2021).

4. Klinikseelsorgliche Perspektiven auf den Sterbewunsch

Als Psychiatrieseelsorgefachperson begegnet man regelmäßig Menschen, die einen Suizidversuch hinter sich haben (vgl. Noth 2012). Sie schildern ihn im Nachhinein häufig nicht als Ausdruck des Wunsches, nicht mehr leben zu wollen. Vielmehr gehe es oft darum, nicht mehr in der Art leben zu wollen oder zu können wie bisher und keine Hoffnung oder Aussicht auf Besserung und Veränderung gehabt zu haben. Der Schmerz über den faktischen Zustand kann subjektiv so unausstehlich sein, dass es nur noch relevant scheint, ihn nicht mehr spüren zu müssen; lieber tot als so weiter leben zu müssen. Psychiatrieseelsorgende sind jedoch auch mit Personen konfrontiert, die chronisch erkrankt sind und für die aus medizinischer Sicht keine Besserung ihres Zustands zu erwarten ist.

---

[9] Vgl. dazu Richter 2021, 40: „Viele psychiatrisch Tätige bezweifeln, dass zwischen einem wohlerwogenen rationalen Grund und einer psychopathologisch bestimmten Handlung [...] unterschieden werden kann".

So erging es Frau X.,[10] *die ein Klinikseelsorger in regelmäßigen Abständen in der Klinik traf und die, auch wenn sie „draußen" war, am Sonntag zu den Gottesdiensten aufs Areal anreiste. Sie litt an einer chronischen Erkrankung, die auch das Gedächtnis betraf. Sie wollte, solange sie noch zurechnungsfähig war, mit einer Sterbehilfeorganisation aus dem Leben treten. Ihr Sterbewunsch hatte konkrete Formen angenommen, sie hatte bereits den Termin für einen assistierten Suizid erhalten, da ein progredienter Krankheitsverlauf attestiert wurde. Sie wünschte, vom Klinikseelsorger beerdigt zu werden. Dieser hatte mit ihr ein ausführliches Gespräch, in dem sie ihm von der Situation ihrer ebenfalls an der Erbkrankheit leidenden und seit Jahren in einer Spezialeinrichtung lebenden Mutter erzählte und von ihrer panischen Angst, gleich wie sie leben zu müssen. Im Verlauf des Gesprächs wurden noch andere Vorstellungen virulent, die ihre Entscheidung zu motivieren schienen und sie als in mehrfache Richtungen reflektiert auswies. Bilder, wie sie sonst noch leben könnte, was es sonst noch alles für Möglichkeiten gäbe, mit ihrer Krankheit weiterzuleben, spielten in ihrem Abwägungsprozess ebenfalls eine Rolle. Sie hellte auf und begann sich vorsichtig auszumalen, wie diese Alternativen zum Suizid aussehen könnten und dass sie dies gerne weiterverfolgen wolle. Der Klinikseelsorger machte mit ihr einen weiteren Termin gleich am nächsten Tag aus. Sie kam nicht, und der Seelsorger versuchte, sie zu erreichen. Er kontaktierte ihre Wohnstätte und erfuhr vom dortigen Leiter, Frau X. sei tot. Sie hatte sich am Morgen zur Sterbehilfeorganisation begeben. Es war für den Klinikseelsorger schockierend, und er fühlte sich betrogen, zutiefst getroffen und geriet selbst in einen Zustand des Schmerzes, der Wut und des Entsetzens. Es war wie ein letztes Aufflammen des Wunsches zu leben gewesen, das das Seelsorgegespräch am Vortag geprägt zu haben schien, um das Pendel dann auf die andere Seite ausschlagen zu lassen.*

Es war der Begründer der Pastoralpsychologie, der Zürcher Pfarrer Oskar Pfister (1873–1956), der einst forderte: „Es wäre dringend zu wünschen, dass es, wie eine forensische, so auch recht bald eine pädagogische und pastorale Psychiatrie mit besonderer Berücksichtigung der psychanalytischen [sic; IN] Methoden gäbe" (Pfister 1909, 188). Damit könnte ein intensiver Kontakt zwischen Seelsorgenden und Personen in der Psychiatrie methodisch gefasst so stattfinden, dass letztere auf ihre emotionalen, kognitiven, moralischen und religiös-spirituellen Fähigkeiten und Wünsche, die nicht einfach mit einer psychiatrischen Diagnose untergehen, angemessen angesprochen und nach Möglichkeit dazu ihre Familienangehörigen und Freund*innen miteinbezogen werden. So könnte ein Beitrag geleistet werden, jenseits der „Malisierung jeglicher Fremdbestimmung" in der Psychiatrie, dem Selbstsein psychiatrischer Patient*innen, auch in Fragen des Sterbenwollens, zu einem differenzierten Ausdruck, vor allem für sie selbst und entsprechend der Phase ihres Krankheitsverlaufs, zu verhelfen.

Literatur

Böhning, André (2021): Ein nicht klassisches Vorwort, in: André Böhning (Hg.): *Assistierter Suizid für psychisch Erkrankte. Herausforderung für die Psychiatrie und Psychotherapie*, Bern, 15–19.
Caruso Brown, Amy (2021): The Last Bastion of Paternalism? A Reflection on Proceduralism, Power, and Privilege, in: *Journal of Clinical Ethics* 32(2), 173–181.
Fabrício, Daiene Morais / Chagas, Marcos Hortes/Diniz Breno (2020): Frailty and cognitive decline, in: *Translational Research*. Jul 221:58–64, doi: 10.1016/j.trsl.2020.01.002.

---

[10] Vollständig anonymisiertes Beispiel und verfremdete Situation.

Filipp, Sigrund-Heide / Aymanns, Peter (2010): *Kritische Lebensereignisse und Lebenskrisen. Zum Umgang mit den Schattenseiten des Lebens*, Stuttgart.

Genuis, Quentin (2021): A Genealogy of Autonomy: Freedom, Paternalism, and the Future of the Doctor-Patient Relationship, in *The Journal of Medicine and Philosophy* 46(3), 330-349, doi: 10.1093/jmp/jhab004.

Hachtel, Henning / Häring, Daniel / Kochuparackal, Tanya / Graf, Marc / Vogel, Tobias (2022): Practical Issues of Medical Experts in Assessing Persons With Mental Illness Asking for Assisted Dying in Switzerland, in: *Frontiers in Psychiatry* 13, 909194, doi: 10.3389/fpsyt.2022.909194.

Haller, Reinhard (2021): *Die Macht der Kränkung*, Salzburg.

Hoff, Paul (2012): Suizidwunsch bei Menschen mit einer psychischen Erkrankung: Symptom oder autonomer Entscheid?, in: *Schweizerische Ärztezeitung*, 93/23, 852-853.

Hoff, Paul (2021): Geleitwort, in: André Böhning (Hg.): *Assistierter Suizid für psychisch Erkrankte. Herausforderung für die Psychiatrie und Psychotherapie*, Bern, 11-13.

Kind, Christian (2021): Der Wunsch nach assistiertem Suizid. Ethische Herausforderungen eines polarisierenden Themas, in: André Böhning (Hg.): *Assistierter Suizid für psychisch Erkrankte. Herausforderung für die Psychiatrie und Psychotherapie*, Bern, 21-36.

Lane, Natalie / Broome, Matthew (2022): Towards personalised predictive psychiatry in clinical practice: an ethical perspective, in: The *British Journal of Psychiatry* 7, 1-3, doi: 10.1192/bjp.2022.37.

Noth, Isabelle (2012): Seelsorge auf der psychiatrischen Akutstation, in: Isabelle Noth / Ralph Kunz (Hg.): *Nachdenkliche Seelsorge - seelsorgliches Nachdenken. Arbeiten zur Pastoraltheologie, Liturgik und Hymnologie*, Band 62, Göttingen, 139-151.

Noth, Isabelle (2013): Recovery und Religion. Religionspsychologische Befunde zu seelischer Gesundheit, in: Christian Burr / Michael Schulz / Andrea Winter / Gianfranco Zuaboni (Hg.): *Recovery in der Praxis. Voraussetzungen, Interventionen, Projekte*, Köln, 40-47.

Noth, Isabelle / Wagner, Andreas (2023): Alttestamentliche Perspektiven auf das Seelenverständnis in der Seelsorge, in: *Wege zum Menschen*, 75/1, 72-84.

Pfister, Oskar (1909): Ein Fall von psychoanalytischer Seelsorge und Seelenheilung, in: *EvFr* 9, 108-114.139-149.175-189.

Richter, Dirk (2021): Unerträgliches Leiden und autonome Entscheidung. Warum Menschen mit psychischen Erkrankungen das Recht auf Sterbehilfe nicht verwehrt werden darf, in: André Böhning (Hg.): *Assistierter Suizid für psychisch Erkrankte. Herausforderung für die Psychiatrie und Psychotherapie*, Bern, 37-61.

Schmiedebach, Heinz-Peter (2011): The reputation of psychiatry in the first half of the twentieth century, in: *European Archives of Psychiatry and Clinical Neuroscience*. 261 Suppl 2, 192-196, doi: 10.1007/s00406-011-0247-x.

Schmiedebach, Heinz-Peter (2021): *Psychiatrische Ordnung in Gefahr. „Irrenanstalten" um 1900 im Blick von Öffentlichkeit und Literatur*, Basel.

Scholten, Matthé / Gieselmann, Astrid / Gather, Jakov / Vollmann, Jochen (2019): Psychiatric Advance Directives Under the Convention on the Rights of Persons With Disabilities: Why Advance Instructions Should Be Able to Override Current Preferences, in: *Frontier in Psychiatry* 10, 631, doi: 10.3389/fpsyt.2019.00631.

Scholten, Matthé / Gather, Jakov / Vollmann, Jochen (2021): Equality in the Informed Consent Process: Competence to Consent, Substitute Decision-Making, and Discrimination of Persons with Mental Disorders, in: *The Journal of Medicine in Philosophy* 46(1), 108-136, doi: 10.1093/jmp/jhaa030.

Spitzer, Ursula S. / Linnemann, Christoph (2019): Wie geht man mit dem Sterbewunsch eines psychisch kranken Patienten um, der bei einem Verein für Sterbehilfe angemeldet ist?, in: *Nervenheilkunde* 38, 201–205.

Stoll, Julia / Hodel, Martina / Riese, Florian / Irwin, Scott A. / Hoff, Paul / Biller-Andorno, Nikola / Trachsel Manuel (2021): Compulsory Interventions in Severe and Persistent Mental Illness: A Survey on Attitudes Among Psychiatrists in Switzerland, in: *Frontiers in Psychiatry* 12, 537379, doi: 10.3389/fpsyt.2021.537379.

Till, Benedikt / Arendt, Florian / Niederkrotenthaler, Thomas (2021): Effects of media portrayals of alleged malpractice in psychiatry and response strategies to mitigate reputational damage: Randomized controlled trial, in: *Journal of Psychiatric Research*. 138, 456–462, doi: 10.1016/j.jpsychires.2021.04.038.

Wied, Theresa / Haberstroh, Julia / Gather, Jakov / Karakaya, Tarik / Oswald, Frank / Qubad, Mishal / Scholten, Matthé / Vollmann, Jochen / Pantel, Johannes (2021): ENSURE Consortium. Supported Decision-Making in Persons With Dementia: Development of an Enhanced Consent Procedure for Lumbar Puncture, in *Frontiers in Psychiatry* 12, 780276, doi: 10.3389/fpsyt.2021.780276.

Wirth, Mathias / Schmiedebach, Heinz-Peter (2017): Shaping the Problem of Coercion in Psychiatry: Historical and Ethical Observations, in: Jochen Vollmann / Jakov Gather / Tanja Henking / Alexa Nossek (Hg.): *Beneficial Coercion in Psychiatry? Ethical Perspectives*, Paderborn, 57–86.

Zimmerman, Mark / McGlinchey, Joseph B. / Posternak, Michael A. / Friedman, Michael / Boerescu, Daniela / Attiullah, Naureen (2006): Discordance between self-reported symptom severity and psychosocial functioning ratings in depressed outpatients: implications for how remission from depression should be defined, in: *Psychiatry Research* 141(2), 185–191, doi: 10.1016/j.psychres.2005.05.016.

Zürcher, Tobias (2022): Free will and the desire for suicide in mental illness, in: *Frontiers in Psychiatry*. 13, 909970, doi: 10.3389/fpsyt.2022.909970.

„Verschiedene Wege, die zum Sterben führen, in einer Zeit, in der der Tod nicht mehr von alleine kommt, sollten uns geläufig sein ..."

Assistierter Suizid und Kasualpraxis

Interview mit Pfarrer Jürg Spielmann[*]

Herr Spielmann, Sie sind seit 30 Jahren Gemeindepfarrer in der Schweiz. Wie ist Ihnen das Thema „Assistierter Suizid" zum ersten Mal begegnet?

Das war Ende der 90er Jahre. Ich begleitete damals ein älteres Ehepaar, bei dem die Ehefrau eine fortschreitende, degenerative Lähmungserkrankung hatte. Ich weiß nicht mehr genau welche, etwas Ähnliches wie ALS (Amyotrophe Lateralsklerose), aber das hat ihr Leiden zusehends gesteigert und auch ihr mehr und mehr Angst gemacht: Wie geht das weiter ...?! Dann hat sie mir eines Tages gesagt, dass sie einfach zu große Angst vor dem Sterben hat, vor dem Ersticken, und dass sie sich jetzt bei EXIT angemeldet hat. Das ist die bekannte und auch die erste Schweizer Sterbehilfeorganisation. So wollte sie aus dem Leben scheiden. Das war das erste Mal, dass ich als Seelsorger und Gemeindepfarrer so direkt mit dem Thema konfrontiert war.

Hat sich Ihr Umgang mit dem assistierten Suizid im Laufe Ihres Berufslebens verändert?

Ja, im gewissen Sinn hat sich das schon verändert, zusammen mit der Veränderung, die ich bei den Gemeindemitgliedern wahrnahm, wenn sie zu mir kamen mit diesem Anliegen oder in der Seelsorge. Zuerst noch einmal ergänzend zu eben: Die Frau, von der ich eben erzählte, fragte mich dann auch, ob ich die Abdankung halten würde, also die Beerdigung. Ich habe das für mich selbstverständlich bejaht. Etwas schwieriger wurde es, als ihr Ehemann, der Witwer, etwa nach zwei, drei Jahren mit demselben Anliegen an mich gelangte. Er hatte keine wirkliche sichtbare, organische oder physische Krankheit – abgesehen vom zunehmenden hohen Alter, er war gegen 90 –, aber er fühlte sich einfach sehr einsam und war zunehmend depressiv. Insgesamt könnte man also sagen, er hatte eine seelische, eine psychische Erkrankung und war lebenssatt, lebensmüde. Er hat mich dann gebeten oder gefragt, ob ich beim eigentlichen assistierten Suizid

---

[*] Das Interview führten Dr. Anne-Kathrin Pappert und Dr. Dorothee Arnold-Krüger.

auch dabei sein würde. Bis dahin hatte ich alle entsprechenden Fragen bejaht, das war für mich einfach seelsorgerliches Gebot, Gebot der Stunde. Weshalb soll ich hier einen Unterschied machen, ich besuche auch Menschen im Gefängnis, die vielleicht einen Mord begangen haben usw., und weshalb hier nicht? Von dieser Überlegung her war es für mich immer klar, ich stehe als Seelsorger genau gleich zur Verfügung wie in anderen Situationen. Aus dieser Grundhaltung heraus habe ich auch zuerst zugestimmt, dabei zu sein. Je näher aber der Tag kam, desto mehr Skrupel empfand ich. Irgendwie spürte ich von der moralischen Intuition her: Das ist für mich nicht richtig, das stimmt irgendwie nicht, dass ich beim eigentlichen Akt, wenn die tödliche Medizin getrunken wird, dabei bin. Ich merkte, dass ich hier einfach einen zu großen Spagat würde machen müssen, dass es mit meinem Gewissen nicht vereinbar war. Und das teilte ich dem Mann mit, eine Woche vorher. Er verstand das, und wir vereinbarten daraufhin ein letztes Treffen, ungefähr einen halben Tag vor seinem Suizid. Das war für uns beide stimmig. Wir haben uns verabschiedet. Ich habe ihm nochmal versichert, dass ich auch seine Abdankung halten würde und so geschah das dann.

Jetzt zu Ihrer Frage, wie es sich verändert hat. Was ich als Veränderung festgestellt habe, war die Art und Weise, wie die betroffenen Familien kommunizieren. So um die Jahrtausendwende herum erlebte ich das sehr als Tabu. In der Todesanzeige las man nichts darüber, keine Andeutung. In der Abdankung wurde ich gebeten, das Thema diskret zu umgehen. Das hat sich heute wirklich verändert. Es wird viel offener kommuniziert. Die Leute sprechen das Thema an, sie sagen auch: „Ja, das dürfen Sie erwähnen. Schließlich war die Not unserer Mutter, unseres Vaters, das Leiden so groß. Das kann man verstehen, das darf man auch sagen." Also der assistierte Suizid ist, etwas verkürzt gesagt, meiner Wahrnehmung nach *salonfähig* geworden.

Damit hängt auch zusammen, dass die Zahl der assistierten Suizide zugenommen hat. Grob geschätzt, aus Ihrer Perspektive und Ihrer Erfahrung heraus: Mit wie vielen vollzogenen assistierten Suiziden hatten und haben Sie in Ihrer Zeit als Pfarrer auf die eine oder andere Art und Weise zu tun?

So bis zum Jahr 2010 etwa waren es wirklich immer noch Einzelfälle, aber so ab 2010 haben die Fälle für mich im Gemeindepfarramt spürbar zugenommen. Ich habe dann selbst eine kleine Statistik erstellt, so für die letzten zehn bis zwölf Jahre. Und im Durchschnitt würde ich sagen, waren es so drei bis fünf Fälle pro Jahr. Das hat sich in etwa bis jetzt durchgehalten. Dieses Jahr waren es bis jetzt zwei. Es waren immer so zwischen zwei, drei bis fünf Fälle, bei denen ich dann auch die Abdankung hielt. Insgesamt habe ich etwa 30 Abdankungen pro Jahr, dann sind das also einige Prozent.

Worauf führen Sie diese Zunahme der Fälle in ihrer Seelsorgepraxis zurück?

Ich glaube, man muss das im Kontext der fortschreitenden, wissenschaftlichen Erkenntnisse der Spitzenmedizin sehen. Überhaupt ist das Phänomen des assistierten Suizids, glaube ich, ganz wesentlich den medizinischen Möglichkeiten der heutigen Zeit geschuldet. Da sind wir beim Thema Übertherapie am Lebensende. Spitzenmedizin hat sehr viel Segen gebracht, das ist unbestritten. Aber gerade am Lebensende scheint mir keine sinnvolle Verhältnismäßigkeit von angewandten Therapien in Bezug auf entstehendes oder verlängertes chronisches Leiden zu bestehen. Es wird immer noch viel therapiert, das kurative Paradigma ist sehr vorherrschend, auch am Lebensende. Das führt dazu, dass die Leute eben nicht mehr sterben können. Es ist sehr ambivalent, sie wollen sterben und sie wollen leben. Aber wenn man nicht mehr sterben kann und das Leiden nicht mehr erträgt, oder noch größeres Leiden erwartet, dann macht man sich Gedanken, wie man aus dieser Welt scheiden kann. Paradoxerweise nehmen die Menschen dann trotzdem alle ihre Medikamente weiter, zehn bis zwanzig pro Tag. Das schaffen sie dann irgendwie auch nicht, auf Medikamente zu verzichten. Das ist mein kleiner Exkurs zu Ihrer Frage, warum das Thema assistierter Suizid in der seelsorgerlichen Praxis zugenommen hat. Es hat zugenommen, weil der assistierte Suizid als solcher zugenommen hat. Die Leute können nicht mehr sterben, also wählen sie, jene, die sich so entscheiden, diesen Weg. Diesen Weg der *todsicheren Lösung*, so nenne ich das. Der assistierte Suizid ist die todsichere Lösung. Man weiß, da bin ich dann wirklich tot, und zwar binnen Minuten.

Haben rechtliche Regelungen aus Ihrer Sicht einen Einfluss auf die Entscheidung für oder gegen einen assistierten Suizid?
Es braucht im betreffenden Land, wo es erlaubt ist, einen rechtlichen Rahmen; und der ist in der Schweiz seit ungefähr 40 Jahren gegeben. Das heißt, dass der assistierte Suizid grundsätzlich erlaubt ist, wenn er bei Urteilsfähigkeit geschieht, aus freiem Willen, ohne Einwirkung anderer Interessen und wirklich *aus eigener Kraft* vollzogen wird. Es wird dann aber immer auch überprüft. Wenn jemand mit assistiertem Suizid aus dem Leben geht, kommen unmittelbar nach dem Tod die Staatsanwaltschaft und die Polizei. Es wird sehr genau überprüft, ob alles rechtlich in Ordnung vonstattengegangen ist, ob da keine Fremdeinwirkung war usw. Das sage ich den Leuten auch immer. Diese zwei, drei Stunden Polizeipräsenz, darauf muss man sich einfach einstellen. Es ist kein – ja, wie soll ich sagen? – *ruhiges Sterben*, so wie man sich das vielleicht vorstellen oder wünschen würde. Obwohl die Sterbehilfeorganisationen das immer sehr feinfühlig und kompetent machen, soweit ich davon Kenntnis habe.

Wenn Sie sagen, die Menschen können nicht mehr sterben – haben die Gespräche über Sterbewünsche, auch unabhängig vom assistierten Suizid, dann auch allgemein in Ihrer seelsorglichen Praxis zugenommen?
Sie haben sehr zugenommen. Ein Standardsatz im Altenheim ist ja der – und ich bin sicher, dass das für Deutschland genauso gilt: „Warum darf ich eigentlich nicht sterben? Hat denn der Herrgott mich vergessen?" Das höre ich wirklich

oft, jede Woche, und das hat natürlich viele Gründe: Das ist die Hochaltrigkeit, verbunden mit Lebensmüdigkeit, Lebenssattheit, oft aber eben auch mit zunehmenden chronischen Leiden. Die Menschen haben keine Aufgabe mehr, sie sehen keinen Sinn mehr. Ich hörte das schon als junger Pfarrer, Anfang der 90er Jahre, aber das hat wirklich zugenommen. Das könnte man wieder parallelisieren mit der weiterhin steigenden Lebenserwartung. Der Tod kommt nicht mehr von allein. So wird es oft auch in der Literatur formuliert. Man muss ihn planen, man muss sich mit ihm auseinandersetzen. Gesundheitliche Vorausplanung wäre hier das passende Stichwort.

In wieviel Prozent Ihrer Gespräche, in denen es um Sterbewünsche geht, kommt konkret das Thema „Assistierter Suizid" vor?

Offen gestanden kann ich das statistisch nicht wirklich präzise formulieren. Vom Bauchgefühl her ist es sicher in 50 Prozent der Gespräche ein Thema. Es wird dann viel weniger oft vollzogen, wenn Sie an die andere Zahl denken, die ich vorhin genannt habe. Aber das Thema ist schon sehr präsent. Wir haben in der Schweiz sechsstellige Zahlen, wenn man alle Mitgliedschaften in den (meist privatvereinsrechtlich organisierten) Vereinen, den sechs Sterbehilfeorganisationen, die es in der Schweiz gibt, zusammenzählt. Allein bei EXIT sind es schon über 145 000 Mitglieder. Das heißt, viele Schweizerinnen und Schweizer haben sich mit dem Thema auseinandergesetzt, und sie halten sich diese Option als *Exit*, als *Emergency Exit*, als Notfallstrategie, offen. Allein diese sechsstellige Zahl an Mitgliedschaften sagt schon viel. Dazu muss man auch sagen, dass die Sterbehilfeorganisationen in den letzten 40 Jahren sehr viel Publicity gemacht haben. Gerade weil sie umstritten sind, suchen sie die Öffentlichkeit. Sie arbeiten daran, dass sie gesellschaftlich anerkannt und akzeptiert werden. Sie sind auch sehr überzeugt von ihrem Angebot. Das grenzt für mich manchmal schon ans Missionarische, wenn ich das so sagen darf. Und das hat wiederum seine Wirkung gezeigt: EXIT, die größte Sterbehilfeorganisation in der Schweiz, ist einfach sehr bekannt. Ich denke, es gibt wenig Leute in der Schweiz, die noch nie von EXIT gehört haben. Es ist ihnen auch gelungen, marketingmäßig den idealen Namen zu finden: EXIT, der Ausgang. Es ist aber dennoch ein deutlicher Unterschied festzustellen zwischen dem *Sich-damit-mal-auseinandergesetzt-Haben* oder einer solchen Organisation beigetreten zu sein und diesen assistierten Suizid dann auch wirklich zu vollziehen.

Mir ist noch eine statistische Zahl aus der Schweiz wichtig. Sie ist vielleicht vier oder fünf Jahre alt und stammt aus dem statistischen Jahrbuch in der Schweiz über verschiedene Phänomene, die man zählen kann. Demnach gibt es in der Schweiz im Durchschnitt 60 bis 70 Tausend Todesfälle pro Jahr und davon sind ungefähr drei Prozent Suizide. Wiederum ungefähr die Hälfte davon, also eineinhalb Prozent dieser Suizide sind assistierte Suizide, die andere Hälfte sind sogenannte gewaltsame Suizide, die allein, einsam begangen werden. Man kann darüber diskutieren, ist das viel oder ist das wenig? Ich würde jetzt sagen, es ist beachtlich, aber es ist auch nicht der Dammbruch, obwohl der assistierte Suizid 40 Jahre erlaubt ist in der Schweiz und die Tendenz steigend. Aber der Dammbruch ist eindeutig nicht eingetreten. Ich nenne diese Zahl, um das zu illustrieren, was ich vorhin sagte: Die Differenz zwischen dem Erwägen dieser Option und dem tatsächlichen Vollziehen ist groß. Und genauso erlebe ich es auch in den Seelsorgegesprächen. Die Leute sind eigentlich dankbar, wenn sie merken, sie dürfen mit dem Pfarrer oder der Diakonin oder einer anderen geistlichen Person mit, wenn ich das so sagen darf, ethisch-moralischer Fachkompetenz offen darüber sprechen und sich über dieses Thema austauschen. Und es interessiert dann die Leute immer im Gespräch, wie ich darüber denke. Letztlich geht es um die Fragen wie „Darf man das?" oder „Was gibt es dabei zu bedenken?" – stößt das auf Verständnis beim Pfarrer oder auf Ablehnung? Es ist uns ja wahrscheinlich allen irgendwo im Kopf, dass die Kirche über Jahrhunderte den Suizid aufs Schärfste verurteilt hat. Das steckt uns in den Knochen. Das hat sicher auch unsere moralische Intuition wesentlich geprägt. Deshalb erlebe ich es so, dass natürlich die Leute eher erstaunt und vor allem entlastet sind, wenn sie merken, mit unserem Gemeindepfarrer können wir offen und frei darüber reden. Erstens lässt er das im Gespräch zu und zweitens verurteilt er das auch nicht a priori. Das tue ich nämlich nicht. Ich verurteile das nicht. Ich befürworte den assistierten Suizid nicht. Ich propagiere ihn nicht. Ich versuche auf die Schwierigkeiten hinzuweisen, auf die Skrupel, die entstehen, gerade auch bei den Angehörigen in der Trauerverarbeitung. Ich versuche eher den palliativen Weg in den Vordergrund zu rücken oder den Therapieverzicht. Aber oft merke ich, die Leute haben sich das jetzt in den Kopf gesetzt, die wollen das. Dann hinterfrage ich das nicht mehr, sondern dann begleite ich das, ohne es in irgendeiner Form zu werten und zu verurteilen. Und, das stelle ich einfach fest, das schätzen die Leute in der Seelsorge. Wenn sie nicht von vornherein, sozusagen von Amtes wegen, vom Pfarrer abgestraft oder verurteilt oder abgelehnt werden.

Wie sieht Ihre Form der Begleitung im Kontext eines assistierten Suizids konkret aus?
Sie sieht eigentlich genau gleich aus wie andere Begleitungen auch. Mit der Ausnahme, dass ich bei dem letzten Akt des Vollzugs des Suizids, nicht dabei bin. Ich bin das öfter gefragt worden. Und ich versuche, mich da immer diskret abzugrenzen, weil ich nicht möchte, dass meine Abgrenzung eben doch als verkappte moralische Verurteilung verstanden wird. Ich habe für mich ein gutes Argument gefunden, wenn diese Frage kommt. Ich weiß nämlich aus Erzählungen von Hinterbliebenen, dass das in aller Regel sehr intime Momente sind, intime Augenblicke. Die Engsten der Familie oder des Freundeskreises versammeln sich noch einmal um den Sterbewilligen, und man verabschiedet sich. Manchmal sogar mit Humor, manchmal mit Prosecco, andere Male auch traurig, betroffen, aber man verabschiedet sich. Ein sehr intimer Moment. Und ich kann mit hoher Plausibilität darauf hinweisen, die Leute verstehen das meist, wenn

ich das so sage, dass in diesem persönlichen, intimen Rahmen meine Anwesenheit zum einen nicht nötig ist und zum anderen irgendwo auch nicht passend wäre. Ich bin ja nicht enger Freund oder Angehöriger, sondern ich bin seelsorglicher Begleiter. Ich möchte nämlich umgekehrt auch nicht, dass meine Anwesenheit bei diesem Moment sozusagen dem eigentlichen Akt des Suizids irgendeine geistliche Approbation verleihen würde. Das will ich ja auch nicht. Wenn jemand sich schuldig deswegen fühlt, kann ich, so wie in anderen Schuldkonflikten, auch nichts Anderes tun als im Gebet um Vergebung bitten oder Vergebung zusprechen im Glauben an einen gnädigen Gott. Das tue ich auch. Aber ich fürchte, dass meine physische Präsenz beim Vollzug eben dahingehend missverstanden würde, dass ich da den Segen dazu gebe. Das brauche ich nicht. Denn um diesen Segen muss jede Person letztlich selbst bitten.

Vor dem Vollzug des assistierten Suizids sieht die Begleitung nicht anders aus als in anderen Situationen, abgesehen vom Thema, das einfach spezifisch vorliegt. Die Fragen, die rund um den assistierten Suizid entstehen, sind themenspezifisch gegeben, aber ich führe Gespräche, spreche Gebete, wenn es gewünscht wird, ich führe auch *Roundtable-Gespräche*, wenn der Wunsch besteht, dass Angehörige mit dabei sind. Dann habe ich manchmal auch eine vermittelnde Position, wenn es um Interessenabgleich geht. Aber das kann ja in jeder anderen seelsorglichen Situation genauso der Fall sein. Von daher würde ich aus der seelsorglichen Begleitung beim assistierten Suizid nicht so sehr einen Sonderfall machen wollen.

Der Workshop, den Sie auf der Tagung im März 2022 geleitet haben, hieß „Neue Kasualpraxis. Seelsorge, Rituale und Bestattung beim assistierten Suizid." Noch einmal zugespitzt formuliert: Ist der assistierte Suizid ein eigener Kasus, mit dem auch eine veränderte Kasualpraxis in Seelsorge und Bestattung einhergeht? Und inwiefern stellt uns der assistierte Suizid praktisch-theologisch, also in der Theorie, vor die Herausforderung, das Thema neu oder eigens kasualtheoretisch zu reflektieren?

Ich habe mir diese Frage auch noch einmal nach dem Workshop gestellt, weil ein Teilnehmer ja sagte, er hätte sich eigentlich erhofft, hier ein paar kasualtheoretische Hinweise an die Hand zu bekommen für die Praxis. Ich muss gestehen, dass ich da nicht wahnsinnig viel anzubieten habe. Das hängt wiederum mit meiner Schilderung zusammen, weshalb ich beim eigentlichen Akt nicht dabei sein will. Sobald ich dabei wäre und zum Beispiel postulieren würde, dass man als Pfarrerin, Pfarrer, als Seelsorgerin, Seelsorger, auch dabei sein sollte, müsste man sich überlegen, ob man einen Kasus schaffen müsste. Aber ich argumentiere so, dass man nicht eigens einen Kasus schaffen sollte, um eben dem assistierten Suizid als solchem nicht eine zusätzliche *spirituelle* Qualität zu geben. Das hat er nicht, finde ich. Oder nicht mehr als ein Tod sonst auch. Ich finde, die Überlegungen gehören in die seelsorgliche Begleitung vor dem assistierten Suizid. Und zwar, dass ich theologisch eine Antwort bereit habe, wenn ich *geistlich* gefragt werde: „Darf ich das?" oder „Herr Pfarrer, das darf man doch nicht, das hat die Kirche immer gesagt. Wie kommen Sie dazu, als Amtsträger und Vertreter der Kirche, das jetzt, wenn nicht gut zu heißen, so doch nicht zu verurteilen?". Und da muss ich doch ein Argument parat haben. Ein theologisches, aber auch ein ethisches, moralisches Argument. Ein Stück weit grenze ich mich auch von der Frage, die Sie gestellt haben, bzw. der Antwort, einen Kasus schaffen zu wollen, ab.

Sie haben erwähnt, dass der Diskurs unter den Theologinnen und Theologen in der Schweiz zum Thema „Assistierter Suizid" im Grunde genommen noch gar nicht in der Breite geführt worden ist. Wäre die Frage von „neuer Kasualpraxis – ja oder nein?" nicht auch ein Punkt, der da diskutiert werden müsste? Wird die Frage bei Ihnen innerhalb der Kolleg:innenschaft diskutiert?

Das Thema wird sicher nicht offen und breit diskutiert. Ich habe im Laufe meines Pfarrdienstes in vier sogenannten Pfarrkapiteln gearbeitet. Wenn ich die üblichen Versammlungen der Pfarrerinnen und Pfarrer anschaue, die nennen sich bei uns eben Kapitelsversammlungen, man trifft sich zweimal im Jahr, dann war das noch nie irgendwo ein Thema. Zum ersten Mal wurde das im Jahr 2021 ein Thema – bei der Tagung zum assistierten Suizid, welche die Zürcher Landeskirche organisiert hat. Da kam es von der Zentrale her einmal aufs Tapet, und die verschiedenen Dekane, die den Kapiteln vorstehen, wurden dann auch vorgängig eingeladen, um sie für dieses Thema zu sensibilisieren. Aber bereits von dieser Ebene aus, von der Dekanenebene aus, ist mir zum Beispiel nicht zu Ohren gekommen, dass von dort etwas eingeflossen ist in die Kapitel. Es wäre also ein institutioneller Hinweis auf Ihre Frage, dass es eben nicht wirklich in die Breite dringt. Oder noch nicht. Ich habe auch eine Vermutung, warum das so ist. Und zwar habe ich das sozusagen am eigenen Leib erfahren. Es sind nun vier Jahre, dass ich mich in einer gewissen Öffentlichkeit zu diesem Thema „oute". Ich verwende bewusst den Begriff: „Ich oute mich". Als Pfarrer, der Menschen, die einen assistierten Suizid vollziehen, seelsorglich begleitet und auch ihre Abdankung hält. Faktisch tun das viele Pfarrkolleginnen und -kollegen, da bin ich überzeugt. Nicht alle. Es gibt solche, die das grundlegend ablehnen, aus fundamentaltheologischen Gründen. *Du sollst nicht töten*, ist da das Hauptargument von der biblischen Grundlage her; beinhaltend, dass der Suizid auch ein Mord ist, eben ein Selbstmord. Da bin ich zum Beispiel theologisch und auch ethisch-moralisch anderer Meinung. Wer aber dieser Meinung ist, wird sicher einen assistierten Suizid ablehnen oder auch die seelsorgliche Begleitung. Die Mehrheit der Pfarrkollegen leistet dennoch Seelsorge und macht solche Abdankungen, aber spricht nicht darüber. Warum nicht? Wenn man in der Öffentlichkeit darüber spricht, das habe ich selber erlebt, dann wird man sofort kategorisiert. Schubladisiert. Dann gilt man als ein Pfarrer, der EXIT befürwortet. So wurde es mir schriftlich kommuniziert in Briefen nach der ersten Radiosendung im Schweizer Radio. Der Beitrag lief am Sonntagmorgen, gefolgt von einer Sendung dazu. Und da habe ich mehrere Briefe erhalten des Inhalts, dass man sich sehr wundere, wie sich da nun ein Pfarrer plötzlich für EXIT einsetze, für diese Sterbehilfeorganisation. Das habe ich überhaupt nicht getan. Im Gegenteil. Auch in dieser Sendung habe ich betont, wie heute im Gespräch, ich propagiere das nicht, ich fördere das nicht, aber ich verurteile das auch nicht. Das ist meine Haltung gegenüber assistiertem Suizid. Aber das will man dann gar nicht hören. Man stellt einfach fest: „Ja, dieser Pfarrer, der begleitet Menschen, die das tun und er hält sogar noch ihre Abdankung, also das ist ein Abtrünniger sozusagen. Das ist ein sündiger Pfarrer", um es etwas prononciert auszusprechen. Und ich glaube – das ist nur eine Vermutung von mir – damit hat es zu tun, weshalb viele Kolleginnen und Kollegen sich nicht outen wollen. Und sie würden sich ja outen, selbst unter ihresgleichen, wenn sie dieses Thema offensiver ansprechen und miteinander bearbeiten würden. Vielleicht wird sich das ändern, aber aktuell sieht es meiner Wahrnehmung nach immer noch so aus.

Die Tagung in Zürich im Jahr 2021, die Sie angesprochen haben, war ja auch eine Tagung, die mit dazu diente, dass sich innerhalb des Kantons ein Meinungsbildungsprozess in Gang setzte. In anderen Kantonen war das schon geschehen. Es gibt ein Papier von der Berner Kirche aus dem Jahr 2018, in dem festgelegt wird, dass die Seelsorgerinnen und Seelsorger diese Begleitung auf jeden Fall übernehmen sollen und wenn sie es nicht tun, möglichst selbstständig für eine Vertretung sorgen sollen. In der Zürcher Handreichung von 2022 sollen im Zweifelsfall übergeordnete Stellen eine Begleitung organisieren. Das heißt, hier ist im Grunde genommen schon die Pflicht zur Begleitung vorgesehen. Wie sehen Sie eine solche Pflicht?
Die Berner Kirche war hier Vorreiterin, sie war die erste Landeskirche, die eine Handreichung formuliert hat für die Pfarrschaft, in der man nachlesen kann, auf was man achten soll bei seelsorglichen Begleitungen beim assistierten Suizid. Dort hat sie diese Pflicht formuliert. Die Berner Landeskirche hatte offenbar den Eindruck: Wir müssen diese Pflicht formulieren. Warum hat sie diesen Eindruck gewonnen? Weil sie es ganz offensichtlich nicht als selbstverständlich ansah. Oder daran zweifelte, dass ihre Pfarrschaft diese Begleitungen machen würde. Ich denke, diese Pflicht, die da formuliert wurde, ist ein Ausdruck dafür, dass es einfach alles andere als selbstverständlich ist, mit diesem Thema einen normalen und natürlichen Umgang zu finden. Das Thema ist neu, auch in der Kirche, in der Seelsorge. Das verwundert auch nicht, wenn man an die erwähnte Praxis denkt, dass der Suizid verurteilt wurde und Selbstmörder:innen nicht mal auf dem Friedhof bestattet werden durften. Ja, ich denke da leistet die Kirche auch selbst ein Stück weit Selbstkritik und Aufarbeitung einer problematischen Vergangenheit, wenn sie jetzt die Position ändert und sagt: „Ja, wir wollen und wir müssen uns diesem Thema stellen, und wir wollen, dass unsere Mitarbeitenden, namentlich die Pfarrschaft, Menschen nicht alleine lässt, die diesen Weg gehen." Also wahrscheinlich war das als Vorreiterin bei der Berner Landeskirche auch nötig, diese Pflicht zu formulieren. Ich denke aber, eigentlich ist es nicht mehr unbedingt nötig, eine Pflicht zur seelsorglichen Begleitung bei einem as-

sistierten Suizid zu formulieren, weil die meisten der Pfarrerinnen und Pfarrer das ohnehin schon machen. Wie ich es vorhin sagte. Warum sollten wir diese Menschen alleine lassen, nachdem wir uns Jahrtausende lang um Gefangene gekümmert haben, um Aidskranke in den letzten 30 Jahren, um Geflüchtete? Warum sollen Menschen, die assistierten Suizid begehen, plötzlich eine Sonderklasse sein, von der wir die Finger lassen wollen, sollen, müssen. Nein, sollen wir nicht, denke ich.

Kommen wir noch einmal auf das Thema Kommunikation und Zur-Sprache-Bringen zurück. Sie haben vorhin beschrieben, dass die Todesursache „assistierter Suizid" früher eher tabuisiert wurde, es in den letzten Jahren aber zugenommen hat, dass Angehörige das selber in der Todesanzeige formulieren und sie auch wünschen, dass das Thema bei der Abdankung explizit zur Sprache kommt. Können Sie uns noch einmal näher beschreiben, in welcher Weise Sie in Ihrer Praxis darauf eingehen und wie Sie das Thema kommunizieren?

Grundsätzlich will man ja als Pfarrerin, als Pfarrer, wenn man eine Abdankung hält, nichts sagen, was die Anwesenden in irgendeiner Weise verletzt, kompromittiert oder irritiert. Man möchte Trost spenden, man möchte für die Anwesenden einen Raum schaffen, wo sie würdevoll gedenken können. Wo sie einen ersten Schritt oder auch einen wichtigen Schritt der Trauerverarbeitung vollziehen können. Was immer da kompromittierend oder irritierend zur Sprache käme, würde genau dieses Anliegen unterlaufen, die Trauerarbeit erschweren usw. Und das ist der Grund, warum ich auch heute noch, wenn ein assistierter Suizid Ursache des Todes war, bei der Abdankung, die ich halte, immer frage: „Wie wünschen Sie, dass ich das kommuniziere?". Und wenn mir heute der Wunsch entgegengebracht wird, dass ich es nicht sage, dann wähle ich Formulierungen, die so offen sind, dass man das darin hören könnte, aber nicht hören muss. Denn so ehrlich, finde ich, muss ich sein. Ich will nicht von irgendeinem sanften Tod nach langer Krankheit sprechen, das wäre nicht ehrlich, von meiner Seite her. Aber da gibt es ja genügend sprachliche Möglichkeiten offener Formulierungen.

Lassen Sie uns gerne noch einmal einen Blick auf die Angehörigen werfen. Wie nehmen Sie die Angehörigen insgesamt in dem Prozess rund um einen assistierten Suizid wahr? Welche Probleme stellen sich? Wie tauchen sie in Ihrer Begleitung auf? Begleiten Sie Angehörige bei einem assistierten Suizid teilweise nochmal gesondert? Beschreiben Sie uns doch bitte einfach, wie läuft das ab?

Also vorweg: Das scheint mir eine ganz wichtige Frage zu sein, die Sie jetzt stellen. Und was ich Ihnen jetzt zu sagen versuche, ist oft auch Gegenstand meiner seelsorglichen Begleitung. Bei suizidwilligen Personen weise ich oftmals auf die Frage hin oder ermutige sie, sich zu überlegen, was ihre Entscheidung oder allenfalls ihr konkreter Schritt des assistierten Suizids für die Angehörigen bedeuten könnte. Es ist für mich als Seelsorger eine wichtige Frage und sie wäre viel entscheidender für mich als zum Beispiel die Frage nach einem Kasus, um andere Kolleginnen und Kollegen in der Seelsorge darauf vorzubereiten. Das wäre eine Vorbemerkung zu Ihrer Frage.

Eine pauschale Antwort, was bei den Angehörigen geschieht, kann man meiner Erfahrung nach nicht geben. Ich erlebe das ganze Spektrum von Zustimmung und Verständnis, welches Angehörige einer suizidwilligen Person entgegenbringen, bis hin zu größter Mühe, Ablehnung, Skrupel, Verurteilung. Je nachdem, welche Variante dieses Spektrums mir begegnet, ist dann meine Aufgabe als Seelsorger auch wieder eine andere. Ich versuche, das kurz an einem Fallbeispiel zu zeigen, das ich auch in einem anderen Bericht erwähne.

Es war eine über 90-jährige Frau, die, abgesehen von Altersgebrechen, keine eigentliche Krankheit hatte. Sie hat einfach das, was man im Alter hat: Abnehmende Sehkraft, mit den Zähnen hatte sie Probleme. Und eine ganze Reihe von seelischen Schwierigkeiten, Sinnlosigkeit, keine Aufgabe mehr. Wie wir das kennen in den Altenheimen. Und sie hatte sich irgendwann für EXIT entschieden. Ich hatte länger versucht, sie auch noch auf Alternativen zu bringen. Das ging bei ihr einfach nicht. Das war bei ihr eine fixe Idee. Was sie aber zögern ließ, waren ihre Angehörigen, Sohn und Schwiegertochter; sie hatte eine sehr kleine Familie, einen Sohn, einen Enkel und eine Schwiegertochter. Und sie sagte mir immer wieder „Ja, Herr Pfarrer, die wollen das eben nicht. Oder die sagen okay, wir hindern dich nicht daran, aber wir unterstützen dich auch nicht". Das hat sie ungefähr zwei Jahre lang zögern lassen. Und irgendwann hat sie dann gesagt: „Aber jetzt kann ich nicht mehr". Das war dann auch in der Pandemie. „Jetzt kann man mich nicht mal mehr richtig besuchen usw." Und dann kam es zu so einem *Roundtable-Gespräch*. Einmal war die Schwiegertochter, einmal der Sohn dabei, und da hatte ich ein Stück weit die vermittelnde Aufgabe, Verständnis für die Mutter zu wecken, aber auch bei der Mutter Verständnis für die anderen Angehörigen zu wecken, die jetzt damit Mühe haben. Ich musste in gewisser Weise die Interessen aufeinander abgleichen. Es half eigentlich allen Beteiligten, dass ich selber als Pfarrer allparteilich war, wie das eine Grundvoraussetzung für solche systemischen Seelsorgesettings ist. Die Allparteilichkeit half, aber vor allem auch, dass beide Seiten deutlich von mir hörten, ich verurteile nichts. Denn es ist nicht an mir, als Mensch, zu richten: *Richtet nicht, auf dass ihr nicht gerichtet werdet* (Matthäus 7), das ist für mich eine wichtige Bibelstelle in diesem Zusammenhang. Auch Römer 14, also, dass in meiner Beziehung zu Gott die persönliche Überzeugung das Maßgebliche ist und nicht, was andere mir vorschreiben. Das half beiden Seiten in diesem Prozess.

Noch ein weiterer Aspekt zu den Angehörigen: Wenn sie natürlich von Anfang an zustimmen und es keine moralischen Differenzen gibt, ist das der beste Fall für den suizidwilligen Menschen; wenn dieser von Anfang an und über den ganzen Prozess hinweg die Unterstützung des Umfelds spürt. Schwierig ist manchmal die Sache mit dem Datum. Man setzt ja einen Termin fest, an dem dann die Begleiterinnen und Begleiter der Sterbehilfeorganisation kommen, zum Beispiel ist es der 17. März. Die Suizidwilligen sehnen diesen Tag herbei, sie wollen ja gehen, doch bei den Angehörigen ist es oft genau gegenteilig, für sie ist dieser Tag ein Schreckenstag oder einfach ein schwerer Tag. Und vor allem, dass sie genau wissen: Dann ist es soweit. Das scheint meiner Wahrnehmung nach etwas zu sein, worauf wir Menschen von unserem seelisch-moralischen Empfinden her einfach nicht vorbereitet sind. So schwer die Unberechenbarkeit des Todes ist, aber ich meine, die meisten Menschen haben das lieber so, als wenn sie wissen, übermorgen ist es soweit. Das müsste man jetzt tiefenpsychologisch analysieren, da bin ich zu wenig kompetent, aber das scheint mir ein Phänomen zu sein. Für die Angehörigen ist das Datum in der Regel ein schwieriger Tag. Sie sind froh für die leidende Mutter, den leidenden Vater, dass sie erlöst werden, weil sie sich ja diese Erlösung ersehnen. Aber für sich selbst ist das wirklich schwierig zu wissen: Dann ist es soweit.

Und noch etwas Letztes: Ich habe mehrfach festgestellt, dass in der Trauerverarbeitung zusätzliche Fragen oder auch moralische Skrupel bei den Hinterbliebenen auftauchten. Zum Beispiel retrospektiv noch einmal die Frage: „War das jetzt richtig, dass mein Vater so gegangen ist?" Oder vor allem: „Habe ich, als Sohn, als Tochter, als Partnerin versagt, dass er diesen Schritt wählte?" Das habe ich mehrmals in Trauerbegleitungen erlebt. Ein Schlüsselerlebnis war dabei zu erkennen – mehrmals in der Begleitung mit diesen Menschen – dass natürlich zum einen Entlastung, *Absolution*, auch hier wieder von Nöten ist, aber dass vor allem das eigentliche Phänomen der Verlustverarbeitung überlagert wurde durch den assistierten Suizid. Für mich als Seelsorger ging es dann darum zu zeigen, dass die Hinterbliebenen auch in Trauer wären, dass sie auch dann Schmerzen über den Verlust spüren würden, wenn es ein sogenannter *natürlicher Tod* gewesen wäre. Die Trauer wäre auch dann da. Man projiziert in der Trauerphase auf einmal einen ganzen Teil der eigenen Schwere in diesen assistierten Suizid hinein und vergisst, dass vieles davon eigentlich ganz *normale, natürliche*, seelische Regungen der Trauer an sich sind. Und wenn es gelingt, das herauszuschälen, ist das allein schon oft eine große Entlastung oder befreit dann Hinterbliebene, jetzt richtig trauern zu können. Ohne dauernd hängen zu bleiben an diesem assistierten Suizid und sich damit den Zugang zur heilenden Kraft der Trauer zu verbauen. Verstehen Sie, wie ich meine?

Vielen Dank für diese wertvollen Eindrücke, Herr Spielmann. Eine letzte Frage hätten wir noch: In Deutschland sind die Erfahrungen in der konkreten Begleitung von Menschen, die einen assistierten Suizid erwägen oder vollziehen, bei vielen Pfarrerinnen und Pfarrern und anderen Seelsorgenden noch relativ gering. Was geben Sie den Kolleginnen und Kollegen aus Ihrem großen Erfahrungsvorsprung mit auf den Weg?

Vielen Dank für diese Frage! Denn es ist mir wirklich ein Anliegen, das, was ich als Antwort auf diese Frage zu formulieren versuchen möchte, mit Ihnen zu teilen. Ich tue das anhand einer kleinen Vision für eine Erweiterung unseres

Kompetenzportfolios im Pfarramt oder auch in der kirchlichen Sozialarbeit, in der diakonischen Arbeit.

Ich bin der Meinung, wir sollten uns als Seelsorgerinnen und Seelsorger fit machen für das Thema Lebensende. Und zwar in der ganzen breiten Palette, wie sie sich heute präsentiert und zu der sich das Thema noch weiterhin entwickelt. Lebensendefragen sollten uns bewusst sein. Verschiedene Wege, die zum Sterben führen, in einer Zeit, in der der Tod nicht mehr von alleine kommt, sollten uns geläufig sein mit ihren Vor- und Nachteilen, mit ihren ethisch-moralischen und theologischen Begründungen. Darauf sollten wir zurückgreifen können in der Seelsorge. Das heißt mit anderen Worten: Ich plädiere ganz stark dafür, dass man aufhört, den assistierten Suizid isoliert als einzelnes, z. B. seelsorgliches oder kasualtheoretisches Phänomen zu betrachten und zu bearbeiten. Und ihm damit eine Sonderstellung oder ein Gewicht zu geben, das er nicht hat und das er nicht verdient.

Ich plädiere dafür, dass der assistierte Suizid wesentlich in einem Gesamtkontext von Lebensendefragen gesehen wird, die sich in einer Zeit präsentieren, die von spitzenmedizinischen Möglichkeiten und Übertherapie am Lebensende geprägt ist. In diesen Kontext gehört der assistierte Suizid. Und man sollte diesen Kontext immer auch mit bedenken und mit bearbeiten, wenn man assistierten Suizid thematisiert und sich damit auseinandersetzt. Etwas konkreter: Gerade *weil* der Tod nicht mehr von alleine kommt, sind wir immer mehr dazu aufgefordert und angehalten, das Lebensende ein Stück weit vorzubereiten. Wir sprechen hier von der gesundheitlichen Vorausplanung. Also nicht nur das Testament, nicht nur Vorsorgeauftrag im Sinne von „Wer urteilt für mich, wenn ich urteilsunfähig bin?", sondern einfach die ganze Palette: „Was möchte ich an Behandlungen mal noch in Anspruch nehmen?" „Wen möchte ich mal dabeihaben, wenn es ans Sterben geht?" „Wer schließt mir die Augen?"

All diese Fragen sollten uns als Seelsorgende geläufig sein. Wir sollten ohne Hemmungen, ohne Berührungsängste Bescheid wissen über diese Fragen und damit kompetent sein, die ganze Palette von Lebensendefragen mit Menschen, die das wünschen, in der Seelsorge zu besprechen. Und da gehört für mich der assistierte Suizid dazu. Es gehört für mich aber auch ganz wesentlich der palliative Weg dazu. Das wäre für mich ein Schwerpunkt. Auch das Thema Therapieverzicht finde ich sehr wichtig, es hängt mit Palliative Care zusammen, Verzicht auf gewisse Therapien, und sei es, unter Umständen sogar auf eine Organtransplantation zu verzichten. Heute gilt ein Therapieverzicht für viele Leute immer noch als Suizid, was ich völlig abwegig finde. Dagegen wehre ich mich, habe ich auch kürzlich thematisiert in einer Predigt. Was auch noch dazugehört, ist das Sterbefasten. Das ist auch eine Art von Verzicht, aber nicht auf Therapie, sondern freiwilliger Verzicht auf Flüssigkeit und Nahrung (FVNF). Über all das, meine ich, sollte man umfassend Bescheid wissen.

Und gerne erwähne ich auch noch ein, zwei theologische Argumente. Die biblischen Stellen Matthäus 7 und Römer 14 habe ich vorhin bereits genannt. Ich bin zudem dagegen, das Tötungsverbot auf den Suizid anzuwenden. Es scheint mir einfach nicht stichhaltig zu sein, es als Mord zu bezeichnen, wenn ich selber mein Leben beende. Man muss das genau im Kontext sehen, wenn es um die Linderung von großem Leiden geht. Denn das steht ja bei Suizid generell oft im Fokus: Leiden lindern. Das wiederum ist ein zentrales christliches Gebot, gegen das niemand irgendwas sagen würde. Not, Leiden lindern, das sollen wir doch tun. Ja, warum soll ich das nicht auch bei mir selber tun? Wenn ich z. B. von der Spitzenmedizin so lang therapiert worden bin, dass als Folge chronisches Leiden entsteht, weshalb darf ich das nicht lindern? Aber dieses Argument gilt natürlich für den assistierten Suizid genauso wie für Verzicht auf Therapie oder auf Nahrung. Man müsste da noch etwas differenzieren. Das überlasse ich dann aber gerne den Moraltheologen und den Ethikern herauszuarbeiten, wo die ethisch-moralischen Unterschiede sind, wenn ich in einem kurzen, massiven Akt des assistierten Suizids das Leben beende oder in einem länger dauernden palliativen Weg auf Therapien verzichte und damit ja auch ein Stück weit den Tod zulasse.

Diese Breite der Thematik ist mir jedenfalls wichtig; und in diese möchte ich den assistierten Suizid unbedingt eingebettet sehen. Das ist meine Vision. An der werde ich gerne noch ein bisschen arbeiten in den nächsten Jahren.

Vielen herzlichen Dank, Herr Spielmann, dass Sie diese Vision mit uns geteilt haben und dadurch unseren Blick noch einmal geweitet und unser Bewusstsein geschärft haben! Für Ihr weiteres Tun und Nachdenken wünschen wir Ihnen Gottes Segen!

Literatur

Evangelisch-reformierte Landeskirche des Kantons Zürich (Hg.) (2022): *Assistierter Suizid und Seelsorge. Eine Handreichung*, Zürich.
Reformierte Kirchen Bern-Jura-Solothurn (Hg.) (2018): *Solidarität bis zum Ende. Position des Synodalrats der Reformierten Kirchen Bern-Jura-Solothurn zu pastoralen Fragen rund um den assistierten Suizid*, Bern.

Weitere Informationen

Informationen zur *Gesundheitlichen Vorausplanung sowie Beratung und Begleitung am Lebensende* von Jürg Spielmann auf www.endegut.ch.

V.
Diskussion

Podiumsdiskussion

Teilnehmende: Dr. Kirsten Kappert-Gonther (MdB, Bündnis 90/Die Grünen), Prof. Dr. Isabelle Noth (Universität Bern), Pfarrerin Susanna Meyer Kunz (Spitalseelsorge Zürich), Dr. Jens Lehmann (Vorstand Diakonisches Werk evangelischer Kirchen in Niedersachsen e. V.)
Moderation: Dr. Hans Dieter Heimendahl (Deutschlandradio)

Heimendahl: Unsere Runde ist überschrieben mit dem Titel „Wir wollen doch niemanden allein lassen! Seelsorge und assistierter Suizid." Wir werden nicht alles einholen können, was zur Seelsorge und assistiertem Suizid zu sagen wäre, aber einen kleinen Versuch wollen wir machen, den ich gleich skizzieren werde. Zuallererst möchte ich die Gäste begrüßen: Dr. Kirsten Kappert-Gonther, Ärztin und Mitglied des Deutschen Bundestages für die Grünen. Professorin Dr. Isabelle Noth, Professorin für Seelsorge. Susanna Meyer Kunz, Pfarrerin und Spitalseelsorgerin und Dr. Jens Lehmann, Juristischer Vorstand des Diakonischen Werkes, Niedersachen.

Vielen Dank, dass Sie da sind. Ich stelle Sie im Laufe des Gespräches noch etwas näher vor.

In den vergangenen anderthalb Tagen haben Sie Zuhörerinnen und Zuhörer, Teilnehmerinnen und Teilnehmer das Thema und die Folgen für Sie als Seelsorgende sehr breit diskutiert. An dieser Stelle wollen wir versuchen, den Bezug zur politischen Diskussion im Parlament zu schaffen und vor diesem Hintergrund Herausforderungen für Seelsorgende und Diakonische Einrichtungen und spezifische Punkte zu diskutieren. Das möchte ich in einem Dreisprung tun, der sich ganz schlicht an den Kompetenzen der Teilnehmenden auf dem Podium orientiert. Zunächst werden wir den politischen Kontext aufsuchen und uns dann Schweizer Erfahrungen vor Augen führen, übergreifend und konkret, und schließlich Konsequenzen für diakonische Einrichtungen in Deutschland und für ihre Mitarbeiterinnen und Mitarbeiter erörtern.

Kirsten Kappert-Gonther, mit Ihnen möchte ich beginnen. Sie sind promovierte Fachärztin für Psychiatrie und Psychotherapie, haben eine Rehabilitationseinrichtung für psychisch Kranke geleitet und in Bremen eine psychiatrische Ambulanz aufgebaut. Seit 2003 sind Sie politisch für die Grünen engagiert, waren sechs Jahre Mitglied der Bremischen Bürgerschaft und sind seit 2017 Mitglied des Bundestages.

Sie haben sich mit verschiedenen Politikfeldern beschäftigt, aber ein großer Schwerpunkt hat immer in der Gesundheitspolitik gelegen und auch in deren bioethischen Fragestellungen. So ist es nicht erstaunlich, dass Sie den Auftrag des Bundesverfassungsgerichts an den Gesetzgeber sozusagen persönlich genommen und mit einer fraktionsübergreifenden Gruppe von Abgeordneten einen Gesetzvorschlag erarbeitet haben, der in meinen Augen durchaus Maßstäbe für die Diskussion setzt. Im Kern bleibt die geschäftsmäßige Beihilfe zum Suizid strafbar, wenn nicht bestimmte Bedingungen gegeben sind, unter denen die Assistenz straffrei ist. Diese Bedingungen bilden das Schutzkonzept, von dem im Urteil des Bundesverfassungsgerichts die Rede war. Können Sie uns Ihren Vorschlag für dieses Schutzkonzept in seinen Grundzügen nahebringen?

Kappert-Gonther: Vielen Dank, Herr Heimendahl, für diese schöne Einleitung und hallo in die Runde. Ich freue mich wirklich sehr, hier zu sein, weil ich mich, wie hier schon angeklungen ist, seit über zwei Jahrzehnten auch mit den Fragen des assistierten Suizids auseinandersetze. Zu Beginn noch in meiner Funktion als Ärztin und Fachärztin für Psychiatrie und Psychotherapie und jetzt seit vielen Jahren auch politisch.

Das, was uns das Bundesverfassungsgericht aufgegeben hat, ist überhaupt nicht trivial: Es hat in seinem Urteil den bis dato gültigen § 217 StGB aufgehoben und den Gesetzgeber verpflichtet, einen Zugang zum assistierten Suizid grundsätzlich für alle Personen zu ermöglichen. Das Bundesverfassungsgerichtsurteil hat ausdrücklich betont, dass sich diese Zugänge nicht allein an einer zum Tode führenden Erkrankung orientieren dürfen, wie das beispielsweise in Österreich der Fall ist. Das Verfassungsgericht hat gleichzeitig gesagt, der Gesetzgeber dürfe aber besonders gefahrenträchtige Angebote der Suizidbeihilfe eindämmen – auch mithilfe von strafrechtlichen Normen. Der Gesetzgeber soll/ kann/ darf, zumindest ein Schutzkonzept etablieren, welches sicherstellt, dass der Suizidwunsch freiverantwortlich gebildet wurde. Diese Auflagen hat unsere Gruppe, die aus Abgeordneten aller demokratischen Fraktionen, also der Union, SPD, Bündnis 90/Die Grünen, FDP und der Linken, besteht, in ihrem Gesetzentwurf aufgenommen.

Ich möchte Ihnen heute – in aller Kürze – einige Vorüberlegungen mitteilen, in denen meine Überzeugungen grundieren, die auch in unseren Gesetzentwurf eingeflossen sind.

Die erste Überzeugung ist: Suizidalität ist häufig und tritt bei ganz vielen Menschen im Laufe ihres Lebens auf; in der Pubertät beispielsweise fast regelhaft. Ich vermute, dass hier im Raum keine Person ist, die nicht schon einmal, zumindest innerlich, ein anfänglich oder ausgeprägteres suizidales Empfinden hatte. Üblicherweise sind Suizidimpulse sehr volatil, also schwankend. Sie sind sehr stark am Kontext orientiert, kommen und gehen häufig wieder, je nachdem wie der Kontext gestaltet ist. Suizidale Impulse orientieren sich an der Alltags- und Lebensrealität.

Zweitens: Suizidalität ist in der Regel nicht der Wunsch nach dem Tod – was auch damit zusammenhängt, dass wir alle gar nicht wissen, was uns erwartet –, sondern der Wunsch nach einer Pause, nach einer Zäsur, in einer als unerträglich empfundenen Lebenssituation.

Drittens: Suizidimpulse sind häufig eingebettet in einen Kontext von *Sich-ohnmächtig-Fühlen* oder *Sich-von-einer-Situation-überlastet-Fühlen*. Das können innere Situationen sein, wie Schmerzen, Ängste vor Atemnot im Zuge einer Erkrankung. Und das können äußere Situationen sein, die uns überlasten, wie Armut oder Einsamkeit. Diese Überlastungsgefühle gibt es aber nicht nur bei den Menschen, die selbst Suizidimpulse, -gedanken oder -empfindungen entwickeln, sondern häufig auch bei Menschen, die um sie herum sind. Ich rede von Ohnmachtsgefühlen auch bei Menschen, die professionell anderen zur Seite stehen, so wie Sie als Seelsorger*innen, Ärzt*innen, Krankenpflegepersonal, Altenpflegepersonal. Einige von Ihnen werden das sicher auch schon erfahren haben, denn es ist sehr häufig, dass sich Begleitende in solchen Situationen, gerade, wenn die Zeit und die Personaldecke nicht ausreichen, ohnmächtig fühlen. Dann können Gedanken entstehen wie „Ich fühle mich so ohnmächtig, ich kann dir gar nicht richtig beistehen und helfen. Vielleicht ist es wirklich für dich besser, zum Tode zu kommen." Für dieses Phänomen gibt es einen Begriff, den mein akademischer Lehrer Klaus Dörner geprägt hat: „Tödliches Mitleid".

Das spielt sicher nicht in allen suizidalen Kontexten eine Rolle. Aber ich glaube, in einem solchen Kontext, wie wir hier sprechen, ist es wichtig, sich darüber zumindest Gedanken zu machen, dass helfende Personen solche Ohnmachtsgefühle empfinden können und welche Rolle das spielt.

Dieser Punkte eingedenk, haben wir den Auftrag des Bundesverfassungsgerichtes angenommen und geschaut, wie wir ein Gesetz schreiben können, welches einerseits den Zugang zu Suizidassistenz für jede Person, die den Impuls hat, Suizidassistenz in Anspruch zu nehmen, ermöglicht, und andererseits sicherstellt, dass dieser Impuls von Dauer und frei von inneren oder äußeren Drucksituationen, die sich anderweitig beheben ließen, ist. Das ist sehr wichtig im Blick auf die beschriebene Volatilität und Kontextualität von Suizidgedanken und Sterbewünschen. Noch einmal etwas deutlicher ausformuliert: Eine innere Drucksituation kann beispielsweise eine seelische Erkrankung sein, sie kann Angst sein, sie kann das Gefühl sein, ich möchte jemand anderem nicht zur Last fallen. Äußere Drucksituationen können z. B. sein: Ich finde keine geeignete Pflege, ich habe ein Altenpflegeheim, das mich nicht ordentlich unterstützt, es können Einsamkeit, Armut o. ä. sein.

In unserem Gesetzentwurf möchten wir, dass jede Person, die einen assistierten Suizid in Anspruch nehmen möchte, in einem Abstand von drei Monaten zweimal ärztlich untersucht wird, und zwar fachärztlich, psychiatrisch, weil das die fachärztliche Gruppe ist, die sich mit Suizidalität am besten auskennt. In diesen Gesprächen soll einerseits sichergestellt werden, dass es sich wirklich um einen freien Willen handelt, der nicht eingeschränkt ist – durch eine seelische Erkrankung beispielsweise. Und in diesen Gesprächen soll gleichzeitig der Weg eröffnet werden zu schauen, wo es Hilfeangebote geben könnte, Beratungsangebote. Das kann eine Schuldnerberatung sein, eine Pflegeberatung, ein Pflegestützpunkt, aber auch eine Psychotherapie, die möglicherweise die Suizidalität reduzieren kann, ohne dass es dann final zu einem Suizid kommen muss.

Wenn die fachärztliche Untersuchung zweimal erfolgt ist und klar ist, es ist ein dauerhafter Wunsch und ein Wunsch, der freiverantwortlich, also autonom gebildet wurde, die Autonomie der einzelnen Person also als sichergestellt gelten kann, dann kann ein assistierter Suizid in Anspruch genommen werden. Und dieser ist dann auch für die durchführenden Personen straffrei.

Kurz ergänzen möchte ich noch: Für Menschen, die terminal erkrankt sind, die also eine Erkrankung haben, die zum Tode führen wird, ist ein verkürztes Verfahren vorgesehen; hier genügen eine Untersuchung und eine Wartezeit von zwei Wochen. Das haben wir für wichtig gehalten, weil das ja eine Personengruppe ist, die keine langen Wartezeiten in Kauf nehmen kann. Aber dennoch muss auch hier natürlich sichergestellt werden, dass beispielsweise durch eine gute Seelsorge, eine gute Pflege oder ein gutes fürsorgliches Miteinander andere Möglichkeiten als ein assistierter Suizid aufgezeigt werden, und sich nicht jemand aus inneren oder äußeren Drucksituationen genötigt fühlt, einen assistierten Suizid in Anspruch zu nehmen. Wir wollen den assistierten Suizid also ermöglichen, aber nicht fördern, und im Kern die Selbstbestimmung sicherstellen. Das ist die Grundidee unseres Entwurfs.

Heimendahl: Vielen Dank Frau Kappert-Gonther, dass Sie das so im Zusammenhang dargestellt haben. Dadurch haben wir nun einen gemeinsamen Stand, der gleichzeitig die Folie für die Diskussion bilden wird.

Isabelle Noth, sie sind Professorin für Seelsorge, Religionspsychologie und Religionspädagogik am Institut für Praktische Theologie der Universität Bern, der sie auch als Co-Direktorin vorstehen. Sie sind ordinierte Pfarrerin, haben in Gemeinden, als Seelsorgerin im Gefängnis und im Krankenhaus gearbeitet und sind sehr engagiert in der Weiterbildung von Seelsorgenden. Die Regelung in der Schweiz, so scheint es mir zunächst einmal von außen, hat Ähnlichkeit mit dem von den Abgeordneten und Frau Kappert-Gonther für Deutschland vorgeschlagenen Entwurf, nämlich insofern, dass Tötung auf Verlangen strafbar, aber indirekte aktive und passive Sterbehilfe unter gewissen Voraussetzungen straflos sind. Nun hat das Bundesverfassungsgericht einen spezifischen Auftrag gegeben: Nicht nur bei terminalen Erkrankungen, sondern eben grundsätzlich ist sicherzustellen, dass die freie Entscheidung, Suizidassistenz in Anspruch zu nehmen, möglich ist. Wenn Sie sich diesen Entwurf vor Augen führen, Frau Noth, würden Sie ihn gerne für die Schweiz übernommen wissen?

Noth: Ganz grundsätzlich mal ja. Die Richtung, die er nimmt, gefällt mir ausgezeichnet. Ich habe zwei spontane Fragen: Gefördert werden sollte ganz dringend Palliative Care. Ich nehme an, das wäre dann bei der Beratung drin? Und der zweite Aspekt, zu dem ich Anfragen habe, sowohl in der Schweiz als auch in diesem Entwurf: Wo sind die Angehörigen? Menschen sind zwar autonom, aber sie sind doch stets eingebettet in soziale Kontexte. Und bei der ganzen Diskussion um den assistierten Suizid fehlen Kinder, Eltern, Nachbarn, Freundinnen, Freunde. Wo sind die? Wenn ich das richtig verstanden habe, kommen die hier überhaupt nicht vor. Dabei müssten sie dringend berücksichtigt werden aus seelsorglicher Pflicht.

Heimendahl: Darf ich noch eine Nachfrage stellen, Frau Noth? Ihr Kollege, Prof. Dr. Christoph Morgenthaler, hat heute Morgen die Situation in der Schweiz vorgestellt und er skizzierte auch Faktoren, die er „soziale Pull-Faktoren" nannte, die auf einen Menschen wirken, der sich mit einem Suizidwunsch beschäftigt. Wachsen aus Ihrer Sicht diese Faktoren durch die Praxis des assistierten Suizids in der Schweiz? Sind die stärker geworden in den letzten 20 Jahren?

Noth: Ich würde gern kurz einige Pull-Faktoren nochmals erwähnen: Bei Menschen, die allein leben, ist z. B. die Zahl höher, die von einem assistierten Suizid Gebrauch machen. Dann betrifft es Menschen ohne religiöse Zugehörigkeit, zudem Menschen mit einer höheren Bildung, eher städtische Personen, besser gestellte Personen, geschiedene Personen. Und ein weiterer Pull-Faktor, der vorhin noch nicht erwähnt wurde, ist, dass mehr Frauen von einem assistierten Suizid Gebrauch machen als Männer. Und das lässt schon aufhorchen, insbesondere wenn man dann untersucht, welche Begründungen verwendet werden. Da wirken ganz offensichtlich auch Genderaspekte mit hinein.

Ich denke, auf Dauer wird die Kurve der assistierten Suizide abflachen. Die Zahlen nehmen nicht exponentiell zu. Das kann man jetzt schon feststellen. Aber je mehr Palliative Care gefördert wird, desto stabiler können wir diese Zahlen auf einem kleinen Niveau halten.

Heimendahl: Ich möchte Ihnen die nächste Gesprächspartnerin auf dem Podium vorstellen: Susanna Meyer Kunz, Sie sind Pfarrerin und leiten die reformierte Spitalseelsorge am Universitätsspital in Zürich und sind auch sonst in vielen verschiedenen Kontexten sehr engagiert und vertraut mit der Materie dieser Tagung. Sie erleben sozusagen täglich, wie unterschiedlich die Bedürfnisse und Lebenslagen von Menschen mit Suizidwunsch sind. Schildern Sie uns doch kurz den praktischen Umgang mit dem assistierten Suizid. Wie muss ich mir das vorstellen im Horizont der Schweizer Regelung? Ist das eine gute oder sich gut entwickelnde Sterbekultur? Denn ein Aspekt beim assistierten Suizid ist ja auch, dass er Teil eines veränderten Verständnisses vom Sterben ist und der Frage, welche Rolle das Sterben in unserer Gesellschaft spielt. Welchen Schwierigkeiten begegnen Sie in diesem Zusammenhang?

Meyer Kunz: Wenn Sie nach der Sterbekultur fragen, muss man zunächst sagen, es gibt die Sterbehilfeorganisationen in der Schweiz. EXIT ist die Größte; es gibt sie seit 1982, und ich glaube, sie hat derzeit knapp 150 000 Mitglieder. Es gibt

Menschen, denen ich begegne, bei denen ist das ein Lebenskonzept. Die sind jung und sind dieser Sterbehilfeorganisation beigetreten. EXIT beispielsweise bietet auch andere Dienstleistungen an, z. B. eine Patientenverfügung, die medizinische Vorausplanung usw. Viele Menschen schließen sich dieser Organisation oder diesen Organisationen sozusagen als Versicherung an: Wenn es im Falle dann nötig wäre, z. B. bei einer lebensbedrohlichen Erkrankung oder auch Demenz, können sie auf die Dienstleistungen zurückgreifen. Bei diesen Menschen gehört, wie gesagt, die Option zum assistierten Suizid zum Lebenskonzept. Und sie sind dann auch durch eine gute Palliative-Care-Expertise, durch *informed consent*, nicht dazu zu bewegen, diese Alternative anzunehmen. Das musste ich im Laufe meiner Praxisjahre erkennen und finde es sehr herausfordernd: für mich als Palliativ-Expertin und -Spezialistin selbst, aber gerade auch für die Angehörigen, die selbst noch andere Wege sehen würden.

Ich sehe auch eine Schwierigkeit, dass eben nicht alle Menschen Mitglied einer solchen Sterbehilfeorganisation sind und beispielsweise dann in eine äußerst belastende Situation kommen, in der sie trotz einer anfänglich möglicherweise kritischen Haltung gegenüber den Organisationen schließlich doch einen solchen Sterbewunsch haben und von einer dieser Organisationen begleitet werden wollen. Sie müssen dann noch bezahlen, und es vergeht viel Zeit, bis sie eingetreten sind. Es braucht ein Prozedere, die Abklärung der Urteilsfähigkeit usw. Das betrifft oft auch kirchliche Menschen. Ich denke jetzt beispielsweise an Menschen mit Krebserkrankungen, dementiellen Entwicklungen, aber auch an Erkrankungen der Magen- und Darmorgane, wo man wirklich viele belastende Symptome wie Erbrechen, starke Durchfälle und Schmerzen hat. Ich habe Menschen begleitet, die sehr, sehr starke Symptome hatten.

Dass Menschen in solchen Situationen eine lange Zeit benötigen, um in die Sterbehilfeorganisation einzutreten und den nötigen Prozess zu durchlaufen, erlebe ich als erschwerend. Und manchmal reicht es auch nicht mehr, weil sie zum Sterbezeitpunkt den Stand der Urteilsfähigkeit verlieren.

Ich möchte gerne kurz noch auf die Angehörigen eingehen: Für Angehörige sind die Situationen in mehrfacher Weise schwierig. Das hat auch die Studie Gamondi et al. (2018) gezeigt: Gerade, wenn sie dem assistierten Suizid kritisch gegenüberstehen, ist es herausfordernd, dass sie sich dazu äußern sollen. Es ist schwierig für sie, sich selbst Hilfe zu holen, weil sie sich schämen, ja auch Gefühle der Wut haben. Und es nicht leicht ist, Ansprechpersonen zu finden und Menschen, die sie in diesen Situationen gut begleiten. Aber es gibt auch Fälle des assistierten Suizids, bei denen das gut geht, wo Angehörige in gutem Kontakt sind mit den Betroffenen, und alles miteinander besprochen werden kann. Manchmal wurde dort bereits eine lange, kurative Therapie durchgeführt, wie auch Palliative Care. Das widerspricht sich ja nicht. Wir haben zudem wirklich viele Menschen, die sich erst einmal über den assistierten Suizid informieren. Ich weiß von EXIT, dass sie rund dreieinhalbtausend Beratungen haben, und rund die Hälfte der Personen geht dann den Weg.

Heimendahl: Ich würde gerne ein wenig auf Glaubensfragen zu sprechen kommen. Wenn ich es richtig sehe, ist es in der Schweiz nicht viel anders als in Deutschland, dass das Tabu des *Selbstmordes* noch für viele Gläubige eine sehr große Rolle spielt. Wie gehen Angehörige ihrer Erfahrung nach damit um? Sie haben gesagt, sie seien schuldbewusst. Ist das zugleich etwas, das im Wandel ist? Sie merken, ich interessiere mich für die Sterbekultur.

Meyer Kunz: Sie fragen nach der *Strafe Gottes* oder zumindest der Wahrnehmung des Geschehens als solche. Wir leben in der Schweiz in einer Säkulargesellschaft; mindestens implizit spielen aber religiöse Fragen immer noch eine wichtige Rolle, denke ich. Ich habe schon mehrfach erlebt, dass Angehörige Gefühle von Ohnmacht haben. Sie leiden darunter, nicht helfen zu können, oder haben das Gefühl, nicht präsent genug zu sein. Und manchmal äußern sie auch den Wunsch, dass dieses Leiden ein Ende hat und dass der Betroffene oder die Betroffene erlöst wird von ihrem Leiden. Der Druck ist sicher groß. Ich denke, die Gefühle von Scham haben in der Tat damit zu tun, dass trotz der langen Kultur, die wir in der Schweiz mit dem assistierten Suizid haben, zum einen in der Suizidprävention noch Luft nach oben ist, zum anderen aber auch, dass das Thema nach wie vor tabuisiert wird. Das zeigt die Studie von Claudia Gamondi et al. (2018) auch ganz klar. Dass sich Angehörige nicht trauen, über ihre Gefühle zu sprechen, betrifft sowohl Angehörige, die dem assistierten Suizid eher kritisch gegenüberstehen, und dadurch eher aus dem Familiensystem ausgeschlossen sind, als auch die, die es mitmachen. Ich sehe dabei auch die Kirchen und die Seelsorge in der Kritik. Ich habe lange Jahre gebraucht, bis ich gemeinsam mit Vertretern von EXIT auf ein Podium gegangen bin und mich ausgetauscht habe. Heute denke ich – und ich habe das schon im Workshop den Kolleginnen und Kollegen gesagt: Mischt euch ein, bringt euch ein mit eurer Expertise als Seelsorgende, als die, die eine systemische Perspektive haben auf Familien, als die, die diese Gefühle wahrnehmen können, und auch als die, die Brücken bauen können! Überlasst das Feld nicht den Sterbehilfeorganisationen, die in der Regel eine sehr monadische Perspektive auf das ganze Geschehen haben. Denn sie haben häufig meistens den Sterbewilligen im Blick. Es braucht multiperspektivische Gesprächspartner*innen in dieser Zeit.

Heimendahl: Vielen Dank, Frau Meyer Kunz. Ich hole gerne an dieser Stelle Herrn Lehmann in die Runde. Jens Lehmann, sie sind promovierter Jurist und Vorstand der Diakonie in Niedersachsen, zu der Krankenhäuser, Pflegeeinrichtungen, aber auch Beratungseinrichtungen gehören. Spätestens seit dem Urteil des Bundesverfassungsgerichts, aber ziemlich sicher auch schon vorher, beschäftigen Sie sich mit dem assistierten Suizid in ihren Einrichtungen, besprechen das Thema mit ihren Kolleginnen und Kollegen, Mitarbeiterinnen und Mitarbeitern. Klären sie mich als Laien auf: Was verändert sich für Sie als Institution?

Lehmann: Erst einmal vielen Dank, dass ich auf diesem Podium dabei sein darf. Es ist tatsächlich so, dass wir uns schon länger mit der Frage des assistierten Suizids befassen und ganz besonders seit dem Urteil des Bundesverfassungsgerichts aus dem Jahr 2020. Uns, und mich persönlich auch, hat ein bisschen geschockt, dass das Gericht gesagt hat, dass man in jeder Phase menschlicher Existenz, also unabhängig von Krankheit oder Gesundheitszustand, das Recht hat, Sterbehilfe und auch organisierte Sterbehilfe in Anspruch zu nehmen. Der Staat enthält sich jeder Frage der Beurteilung des Grundes des Sterbewunsches. Das bedeutet, dass es reicht, als eine Person überhaupt nicht todkrank zu sein, sondern jung und gesund, aber – ich überspitze jetzt – langanhaltend unter furchtbarem Liebeskummer zu leiden; und irgendwie manifestiert sich dann der Wunsch, dem Leben ein Ende zu setzen. Und auch in dieser Phase der Existenz, sagt das Bundesverfassungsgericht, sei es eben das Recht desjenigen, Hilfe in Anspruch zu nehmen, und zwar auch organisiert oder geschäftsmäßig, so wie es ja im Grundsatz vorher verboten gewesen ist. Ich persönlich finde den Gedanken nur schwer erträglich. Aber als Diakonie haben wir die Fragestellungen ja ganz überwiegend in Situationen vor Augen, wo Menschen, die uns anvertraut sind, in eigenen Pflegeheimen, in Hospizen, in Krankenhäusern usw., schon ein körperliches Leiden haben und sagen „Ich ertrage es nicht mehr, ich möchte jetzt sterben". Und da ist dieses Urteil schon maßgeblich, denn wir als Diakonie müssen uns fragen, welche Rolle wir und unsere Einrichtungen eigentlich spielen. Das kann man von verschiedenen Seiten betrachten: Einerseits könnten wir sagen: Wir lehnen den assistierten Suizid strikt ab; bei uns haben Sterbehilfeorganisationen ein Betretungsverbot, hier kommt keiner rein, an unserem Pflegeheim steht ein Schild draußen dran: „Sterbehilfevereine haben keinen Zutritt". Ich will es nur deutlich machen. Ob ein Betretungsverbot rechtlich überhaupt zulässig wäre, müsste zudem noch geprüft werden. Die Menschen, die bei uns wohnen, haben hier ihr Zuhause. Da kann man, finde ich, nicht so einfach sagen, den Besuch darfst du nicht empfangen, das tut uns leid. Der mittlere Weg wäre: Wir dulden es, wir lassen es zu. Wir sagen, Suizid ist zwar keine Lösung, aber wenn es sein muss, dann kann auch ein Bewohner oder eine Bewohnerin bei uns entsprechende Hilfe durch Dritte in Anspruch nehmen. Oder noch eine Möglichkeit: Wir unterstützen es – das wäre die aktivere Rolle. Diese Optionen sind in der Kirche und Diakonie lebhaft diskutiert worden. Auch in öffentlichen Beiträgen hat man die Frage gestellt, ob kirchliche und diakonische Einrichtungen nicht ein *sicherer Ort* für assistierten Suizid sein könnten, und zwar im Sinne einer aktiven Unterstützung. Nach dem Urteil des Bundesverfassungsgerichts könnten schließlich alle organisierten Anbieter von Sterbehilfe auf den Markt treten. Da könnten wir sagen, wir sind doch eigentlich auch Experten in Sachen Leben, Lebensbegleitung, Sterben usw. Wollen wir da nicht auch Teil derer sein, die beim Suizid assistieren?

In dieser Diskussion befinden wir uns. Und im Grunde können wir als lebensbejahende Institutionen, wie Kirche und Diakonie es sind, feststellen, dass es uns eher widerstrebt zu sagen, dass diakonische und kirchliche Einrichtungen Orte sind, wo Sterbehilfe, und zwar organisierte Sterbehilfe, aktiv unterstützt wird. Das soll nicht heißen, dass wir den Sterbewunsch ablehnen würden, nicht ernst nehmen würden, das absolute Gegenteil ist der Fall. Der muss ernst genommen werden, und zwar vom Anfang bis zum Ende und jeder, der das wünscht, muss seelsorgliche Begleitung bekommen, wie immer seine Entscheidung aussieht, das ist meine persönliche Auffassung. Und wenn Sie mich konkret fragen, ja wo endet und wo beginnt denn eigentlich die Rolle der diakonischen Einrichtungsleitung, dann will ich das an einem Beispiel verdeutlichen: Es kommt der Seelsorger und sagt: „Ich habe Seelsorge geleistet. Ich habe gesagt, es gibt andere Formen, deinem Leiden zu begegnen, Alternativen zum Sterbewunsch." Und dann sagt der Sterbewillige: „Vielen Dank, du kannst mich nicht mehr umstimmen, ich will jetzt sterben". Jetzt geht er zur Einrichtungsleitung und sagt: „Ich bin jetzt beraten worden", vielleicht auch nach dem Gesetzentwurf, wie wir gehört haben, „ich will trotzdem sterben". Was ist die Rolle der Diakonie? Beschafft sie das todbringende Medikament? Ich würde sagen: Wenn es an die konkrete Umsetzung geht, dann sind diakonische Einrichtungen nicht die richtigen Ansprechpartner. Die Seelsorge muss von Anfang bis zum Ende sein, aber als diakonische Einrichtung z. B. zu sagen, ich kenne da die und die Einrichtung, den Verein, da rufe ich mal an, die machen das ganz ordentlich, oder wir besorgen das Medikament selbst, das überschreitet die Grenze. Nehmen Sie mich bitte nicht beim Wort, ich versuche, die Fragestellung auf den Punkt zu bringen. Ich hoffe, ich habe jetzt einen kleinen Eindruck hinterlassen, wie wir die Rolle der Diakonie verstehen.

Heimendahl: Vielen Dank. Ich glaube, Sie haben das Dilemma, das viele Tagungsteilnehmende auch empfinden, gut auf den Punkt gebracht. Ich würde den Ball gerne wieder an die gesetzgeberische Seite spielen mit der Bitte, auf eine konkrete Frage einzugehen. Frau Kappert-Gonther: Darf die in Ihrem Gesetzentwurf angedachte psychiatrische Beratung auch *Nein* sagen? Was ist, wenn der 19-Jährige mit Liebeskummer dort sitzt? Darf ihm das dann auch verweigert werden oder ist es so, wie Herr Lehmann es gerade geschildert hat, dass letztlich der unabhängige Wille respektiert werden muss?

Kappert-Gonther: Ich will Ihre Frage gerne konkret beantworten und auch noch einmal an Herrn Lehmann anknüpfen, denn ich kann emotional und von meiner Grundhaltung her sehr mitgehen bei dem, was Sie gesagt haben. Gesetzgeberisch wollen wir nicht fördern, dass der assistierte Suizid das *normale Sterben* wird. Denn wir gehen ja davon aus, zumindest kann ich das für mich sagen, dass wir eine Welt haben wollen, wo Menschen so gut begleitet, gebettet, gepflegt sind, dass sie zum Sterben kommen können, ohne dass es eine suizidale oder assistierte suizidale Handlung benötigt. Aktuell haben wir ja eine Situation – und das wird manchmal vergessen –, dass, seit der § 217 StGB für nichtig erklärt ist, die

Sterbehilfevereine ihre Arbeit, ihre Dienstleistung ohne ein entsprechendes Schutzkonzept anbieten dürfen, also ohne, dass Menschen, die ihren Willen möglicherweise in einer Drucksituation gebildet haben, geschützt sind. Deshalb ist das zentrale Ziel unseres Gesetzentwurfes, verfassungsgerichtskompatibel zu sein und gleichzeitig Menschen davor zu bewahren, assistierten Suizid in Anspruch zu nehmen, die eigentlich etwas anderes brauchen. Und darum ist es so wichtig, dass wir einerseits Palliativ- und Hospizarbeit ausbauen müssen, dass wir aber auch dem Pflegemangel begegnen müssen. Wenn assistierter Suizid leichter zu bekommen ist als eine gute Pflege oder Psychotherapie, weil wir einen Fachkräftemangel haben, wäre das eine sehr dystopische Vorstellung. Zudem müssen wir Suizidprävention noch viel stärker ausbauen in unserem Land, weil wir wissen: Je besser der Zugang zu Suizidmitteln, desto eher steigen Suizide. Und das gilt im Übrigen auch für den Zugang des assistierten Suizids. Wir sehen in den Niederlanden, in Belgien, dass nicht etwa die Menschen, die sonst einen sogenannten harten Suizid begehen würden, einen assistierten Suizid in Anspruch nehmen und sich das etwa ausgleicht. Stattdessen sehen wir in diesen Ländern, die einen sehr leichten Zugang zum assistierten Suizid haben, dass die Suizidrate insgesamt steigt. Das ist einfach interessant, sich vor Augen zu halten.

Was passiert jetzt in den in unserem Gesetzentwurf vorgesehenen psychiatrischen Untersuchungen? Der Kollege, die Kollegin stellt fest, ob eine Person ihren Willen frei verantwortlich bilden kann. Ein Beispiel: Ein Mensch mit Liebeskummer, 19-jährig. Hier muss geschaut werden: Was ist der Hintergrund für diesen Suizidimpuls? Wird dieser Liebeskummer beispielsweise so übermächtig erlebt, dass der Mensch in eine depressive Krise geraten ist, in eine psychische Krankheitssituation? Dann wäre wahrscheinlich in einem solchen Fall zu sagen, das der Suizidwille in dem Moment nicht mehr frei verantwortlich gebildet ist und deshalb diese Person in dieser akuten Drucksituation einen assistierten Suizid nicht in Anspruch nehmen sollte. Dann käme ja nach drei Monaten nochmal eine Nachuntersuchung. Hier würde geprüft werden, ob der Suizidwunsch weiter besteht. Bei einer solchen Person mit Liebeskummer wäre es äußerst wahrscheinlich, dass der Liebeskummer nach drei Monaten erträglicher empfunden wird. Wenn das nicht der Fall wäre, läge es nahe, dass es sich um ein überwertiges Empfinden dieser Liebeskummersituation handelt, was dann wiederum krankheitswertig ist. Dann sollte diese Person auch keinen assistierten Suizid in Anspruch nehmen. Wenn doch (geschäftsmäßige) Suizidassistenz geleistet wird, würde sich der Anbieter in diesem Fall strafbar machen. Es gibt die theoretische Möglichkeit, dass dieser Suizidwunsch aufgrund von Liebeskummer bestehen bleibt und keine psychische Erkrankung in dem Kontext eine Rolle spielt oder dass zwar eine psychische Erkrankung vorliegt, der Wille aber trotzdem freiverantwortlich gebildet werden kann. So etwas gibt es auch, auch bei schweren psychischen Erkrankungen. Aber das wäre eine Rarität und damit eher eine theoretische Vorstellung. Kurzum: Die Wahrscheinlichkeit, dass unter diesen Umständen die Person einen assistierten Suizid in Anspruch nimmt, ist sehr, sehr gering.

Heimendahl: Vielen Dank für diese Klarstellung – ich glaube, das ist ganz wichtig. Wir hatten an dieser Stelle vorgesehen, die Impulse, die die Teilnehmerinnen und Teilnehmer parallel auf einem Padlet notiert haben, in unsere Debatte einzutragen. Ich frage Michael Brems, der das Padlet beobachtet: Welche Themen stehen oben an?

Brems: Ich bringe zu Beginn drei Fragen bzw. Themen ein. 1. Wenn die Sterbehilfevereine angekündigt haben, gegen eine Beratungspflicht Einspruch zu erheben – würde dann eventuell eine Beratungspflicht hinfällig werden? Zwei andere Aspekte betreffen die Abgabe der tödlichen Arzneimittel. 2017 gab es vom Bundesverwaltungsgericht ein Urteil und jetzt auch vom Oberverwaltungsgericht in Münster, nachdem eigentlich Natrium-Pentobarbital vom Bundesamt für Arzneimittel und Medizinprodukte abgegeben werden müsste. Dagegen hatte Jens Spahn ein Veto eingelegt. Unter neuen politischen Voraussetzungen wird das aber eventuell anders sein: Wird dann grünes Licht gegeben werden? Und eine weitere Frage in Bezug auf das Natrium-Pentobarbital: Wie ist das mit der Abgabe? Gibt es da Fristen? Entsteht ein Druck, wenn es z. B. ein Jahr nach der Abgabe zurückgegeben werden muss, es dann doch kurz vorher zu nehmen? Oder entsteht evtl. bei Ebay ein kleiner Handel mit Natrium-Pentobarbital?

Heimendahl: Vielen Dank. Frau Kappert-Gonther, Sie merken, das Interesse an der Frage, wie sich das konkret darstellt, ist groß. Haben Sie über diese Fragen schon nachgedacht?

Kappert-Gonther: Das kann ich beantworten. Das sind sehr relevante Fragen. Also erstmal: Werden die Sterbehilfevereine klagen? Davon müssen wir ausgehen. Wir wissen ja noch nicht, ob dieser Gesetzentwurf, den ich zentral mitverantworte, überhaupt die Mehrheit im Deutschen Bundestag finden wird. Es sind derzeit noch zwei andere Gesetzentwürfe mit im Verfahren. Der eine schlägt vor, Beratungsstellen, die zentral zur Suizidassistenz beraten, flächendeckend zu etablieren. Ich finde die Vorstellung, dass eine Suizidassistenz leichter zu finden ist als Psychotherapie wirklich dystopisch, dazu habe ich ja gerade schon etwas gesagt. Dann gibt es einen zweiten Gesetzentwurf, in dem der Zugang zum Pentobarbital gezielt geregelt werden soll, aber auch außerhalb des Strafrechtes. Den halte ich für unzureichend, weil es ja in dieser ganzen Debatte nicht nur um Pentobarbital geht. Aber wir wissen eben noch nicht, ob unser Gesetzentwurf die Mehrheit findet. Ich bin davon überzeugt, dass, wenn unser Gesetzentwurf die Mehrheit bekommen wird – und ich hoffe das sehr und halte das auch für sehr gut möglich –, die Sterbehilfevereine dann klagen werden. Davon müssen wir ausgehen. Wir haben das rechtlich so geprüft, dass wir fest davon überzeugt sind, dass unser Entwurf, auch wenn er ein sehr klares Schutzkonzept enthält, dem Bundesverfassungsgerichtsurteil entspricht und somit auch einer Klage Stand halten würde.

Dann die Frage bezüglich des Verwaltungsgerichtsurteil zur Abgabe des Pentobarbital durch das Bundesamt für Arzneimittel und Medizinprodukte. Es hat Folgeurteile gegeben, die gesagt haben, dadurch, dass der § 217 jetzt gefallen ist, gibt es derzeit in ausreichendem Umfang Zugang zu assistiertem Suizid. Deshalb ist es nicht mehr notwendig, dass seitens der Behörde das Pentobarbital ausgegeben wird. Ich habe es damals für eine ganz furchtbare Vorstellung gehalten, dass eine Sachbearbeiterin oder Sachbearbeiter entscheidet, ob eine Person Zugang zu Pentobarbital bekommen soll oder nicht.

Und schließlich die Frage, wie es wäre, wenn nicht jeder assistierte Suizid zeitnah nach Abgabe des Pentobarbital durchgeführt werden würde. Aktuell sind es ja andere Barbiturate, die von den Sterbehilfevereinen, zumindest überwiegend, verwendet werden. Nach unserem Gesetzentwurf würde es sich um ein ärztlich verordnetes Mittel handeln, das nur für die Situation des assistierten Suizides überhaupt ausgegeben werden würde. Es wäre nicht so, wie man sich das vielleicht in anderen Situationen vorstellt: Im Krieg habe ich eine Zyankalikapsel um den Hals und kann die dann im entscheidenden Moment nehmen. Oder, was Sie sagten, dass es dann bei Ebay Pentobarbital gäbe. Das wäre im Rahmen eines Schutzkonzeptes auch wirklich nicht vertretbar. Sondern das tödliche Mittel würde nur für den Moment des assistierten Suizids ausgegeben werden.

Heimendahl: Vielen Dank. Ich würde gerne noch auf die Suizidprävention zu sprechen kommen. Was verändert sich jetzt nach dem Urteil des Bundesverfassungsgerichts, unabhängig vom Gesetzentwurf? Was sind die Konsequenzen, was können die guten Konsequenzen sein? Wenn ich vor fünf Jahren oder vor zehn Jahren als neugieriger Journalist mit Seelsorgerinnen und Seelsorgern über den assistierten Suizid sprach, war die typische Antwort: Palliativmedizin. Das ist sozusagen der bessere Weg – und da will ich auch keine Abstriche machen –, das sehe ich auch so. Aber das greift nicht für alle Fälle. Es ist auch jetzt schon so, dass die Begleitung von Sterbenden auch etwas damit zu tun hat, medizinische Maximaltherapie an bestimmten Punkten in ihre Schranken zu weisen und das Sterben, ich will nicht sagen zu gestalten, ihm aber gewissermaßen eine Realität zuzugestehen, die die medizinische Logik von sich allein ihm nicht zugesteht. Ich erinnere an das Motto unserer Tagung: „Begleiten oder nicht Begleiten" ist hier die Frage. Würde es da nicht zu den Aufgaben von Institutionen und Krankenhäusern, aber eben auch von Seelsorge gehören, wenn sie das *Begleiten* ganz ernst nehmen wollen, jemanden, der gute Gründe hat – es geht aus meiner Sicht schon um gute Gründe –, dass ich jemanden, der diesen Wunsch zu sterben hat, dann auch begleite? Vielleicht auch mit einer Form von Schuldbewusstsein, weil ich ihn nicht davon abhalten kann, aber nicht so, dass ich aus Verzweiflung darüber meine Schwierigkeit, die ich damit habe, in den Vordergrund stelle, sondern darauf eingehe. Also müssen wir da nicht auch von uns aus ein neues Verständnis mit dem Umgang des assistierten Suizids entwickeln, ohne Panikmache? Hierzu würde ich gerne unsere Kolleginnen aus der Schweiz ansprechen, die haben damit viel Erfahrung. Frau Noth, Frau Meyer Kunz, können Sie meinen Gedankengang nachvollziehen?

Noth: Unbedingt. Wir sind ja auch an dieser Aufgabe dran. Gleichzeitig meine ich, geht es noch tiefer. Es betrifft nicht nur den assistierten Suizid, sondern unsere Einstellung dem Tod gegenüber. In der christlichen Theologie müssen wir und haben uns effektiv auf den Weg gemacht, unser bisheriges, negativ tradiertes, ja stark von Paulus beeinflusstes Bild vom Tod zu revidieren und andere theologisch-biblische Zugänge zum Tod wieder hervorzuholen. Wenn Sie daran denken, was uns über Jahrhunderte geprägt hat – Sätze wie: *der Tod als Folge der Sünde*, als *Strafe für die Sünde* oder 1. Korinther 15: *als letzter Feind wird der Tod zunichte gemacht*. Da ist der Tod *der Feind*, der *Sünde Sold*. Das sind Bilder, die uns über Jahrhunderte hinweg geprägt haben. Der *Tod als Feind*. Und das spielt zutiefst auch mit hinein in diese Diskussionen, woran z. B. insbesondere der Theologe und Gerontologe Heinz Rüegger erinnert. Und nun zu dieser Tradition, die den Tod als etwas angesehen hat, das eigentlich nicht zum Menschsein gehört, nein zu sagen und deutlich zu machen, der Tod gehört zum Leben, das ist der Schritt, den wir jetzt machen.

Verzeihung, wenn ich noch kurz etwas hinzufüge: Mit der immer noch begegnenden Vorstellung, dass der Tod etwas sei, das selbst verschuldet ist, also etwas, dass *wir* verschuldet hätten, mit dieser Angst kann man Menschen wirklich auch gefügig machen. Und das muss aufhören.

Heimendahl: Frau Meyer Kunz wie stellt sich das dar? Ich denke z. B. an die Repliken, die Ulrich Lilie für sein vorsichtiges Anfragen empfangen hat, ob es nicht eine Rolle für diakonische Einrichtungen sein müsste und sein sollte, gut und besser zu begleiten als nicht-diakonische Einrichtungen. Da bekam er doch einen relativ klaren Bannstrahl zu spüren von der etablierten kirchlichen Position „Nein, damit haben wir nichts zu tun". Ich habe den Eindruck, dass wir in Deutschland in der Diskussion zehn, 15 Jahre Ihnen hinterher sind und lernen müssen, mit dieser Situation umzugehen. Ist das richtig, oder würden sie uns zurufen: „Nein, haltet eine bestimmte Position fest, das ist zwingend, um das, was immer als *Dammbruch* beschrieben wird, wie man ihn in den Niederlanden wahrscheinlich beobachten kann, aufzuhalten"?

Meyer Kunz: Ich würde mich meiner Vorrednerin, Isabelle Noth, anschließen. Vielen Dank, Isabelle, für deine Ausführungen. Diese Negativkonnotation und dieses Narrativ, ich denke das geht ja bis in die Medizin hinein, dass der Tod unser Feind ist und wir uns von alldem fernhalten müssen, ebenso, dass man nicht darüber spricht, auch im Bereich des assistierten Suizides, diese Tabubehaftung ist eben noch da. Auch Gamondi sagt in ihrer Studie, dass wir da noch Luft nach oben haben. Ich denke, ich würde Ihnen empfehlen: Gehen sie mitten hinein. Wirklich – begleiten Sie! Weil ich denke, die kirchliche Seelsorge hat einen wichtigen Auftrag und eine wichtige Expertise einzubringen. Ich habe ja schon von den Sterbehilfeorganisationen erzählt, das wird in Deutschland dann wohl auch nicht anders sein: Die werden vor allem von der Perspektive der suizidwilligen Personen ausgehen. Ich denke aber, die Perspektive der Suizidprävention ist ganz wichtig, das wurde vorhin auch schon erwähnt. Ich glaube, wo wir neu denken müssen, ist, dass wir eben nicht ausschließlich davon ausgehen, wir sind in Institutionen tätig, die Gemeindepfarrerinnen und Gemeindepfarrer sind in der Gemeinde tätig usw. Ich glaube, wir brauchen in unseren Praxisfeldern permeable Konzepte und müssen anfangen zusammenzuarbeiten. Gerade das Fallbeispiel mit der komplexen Familienstruktur, das ich heute Morgen im Workshop erwähnt habe, zeigt das. Es gibt Menschen, die sind vielleicht eher in den Gemeindepfarrämtern betreut, und dann gibt es die identifizierten Suizidwilligen in den Institutionen. Hier muss man miteinander sprechen. Und ich glaube, es ist auch ganz wichtig, dass die Kirche überlegt, welche Möglichkeiten es für Prävention gibt. Wir selbst erleben es im Zuge der Pandemie, aber ich weiß es auch z. B. von den Kolleginnen und Kollegen von Seelsorge.net, wo evangelische und katholische Theologinnen und Theologen auch anonym beraten und begleiten: Die Suizidwünsche, wie sie eben Frau Kappert-Gonther sehr eindrücklich dargelegt hat, nehmen zu. Ebenso die Fragen, was denn die Voraussetzung für die Suizidassistenz ist. Auch Telefonanrufe z. B. bei der *Dargebotenen Hand*, der Schweizer Telefonseelsorge, oder bei der *Suizidprävention Zürich* nehmen zu. Hier können Menschen anrufen, wenn sie z. B. einen Angehörigen haben, der einen assistierten Suizid beabsichtigt oder Suizidwünsche hat. Ich glaube, wir als Kirche haben die Aufgabe, diese Tabus nicht noch weiter zu pflegen. Ich denke, dafür ist es aber auch in den verschiedenen Religionsgemeinschaften wichtig, sich darüber zu verständigen, was wir für eine Haltung vertreten; auch bei uns ist das nicht homogen. Aber wir müssen hineingehen in diese Situationen, wir müssen mit den Beteiligten sprechen und wir müssen auch interprofessionell aktiv werden.

Heimendahl: Vielen Dank. Wir ahnten es dunkel schon vorher, dass unser Thema zu groß sein könnten für 60 Minuten – das bewahrheitet sich leider. Ich möchte trotzdem noch einen schnellen Ball an Herrn Lehmann spielen. Ich stehe vor Ihrer Tür und sage: „Sie wollen eine diakonische Einrichtung sein, dann erwarte ich von Ihnen, dass Sie mit suizidprofessioneller Kompetenz, mit Seelsorge, mit alldem, was sozusagen ein intensives Begleiten und *Sterben-als-Teil-des-Lebens-Ansehen* sein kann, mir begegnen, und es müsste dann auch einschließen, dass Sie mich nicht, je nachdem was für eine Entscheidung ich treffe, die mir gesetzlich sogar erlaubt werden wird, mich vor die Tür setzen. Das ist doch eigentlich eine Aufgabe für Sie, vor allem für Sie?"

Lehmann: Ja genau, das ist für mich auch völlig unbestritten. Ich habe ja vorhin die Positionen aufgezeigt, die man einnehmen könnte. Und unsere Position ist natürlich: Jeder Mensch hat den Anspruch darauf, und wir wünschen uns das auch, dass ihm Seelsorge bis zuletzt gegeben wird. Und dass die Person weiß, bei Kirche und Diakonie wird sie nicht fallengelassen, egal, wie die eigene Entscheidung aussieht. Das spielt keine Rolle. Aus meiner Perspektive ist das keine Frage, und dafür hat Herr Lilie, wie Sie vorhin sagten, der Bannstrahl auch nicht getroffen. Der Bannstrahl hatte seine Ursache eher darin, dass er fragte, welche vielleicht aktivere Rolle diakonische Einrichtungen bei der Umsetzung des Sterbewunsches spielen könnten. Die Begleitung, seien Sie versichert, die muss sein, die ist auch da, die wollen wir auch und das werden wir auch tun. Und Suizidprävention ist natürlich unser vordringlichster Wunsch als lebensbejahende Organisation. Insofern müssen wir auch nochmal schauen, ob in den jetzigen Gesetzesvorlagen die Beratungsgespräche eigentlich ein präventives Moment haben sollen. Sollen sie primär überprüfen, ob der Sterbewunsch frei getroffen ist? Oder sollen sie daneben auch noch präventive Funktion haben? Soll der oder die Beratende sagen: „Überleg es dir nochmal" oder soll er oder sie sagen: „Ich stelle fest, du hast deine Entscheidung frei getroffen und mehr bewerte ich gar nicht"? Es ist völlig klar: Wir sind als Diakonie natürlich geradezu dazu aufgerufen, suizidpräventiv tätig zu werden und begleitend bis zum Ende.

Heimendahl: Vielen Dank! Es gäbe noch viel dazu zu sagen. Ich danke Ihnen allen an dieser Stelle sehr herzlich für die engagierte Diskussion!

Literatur

Gamondi, Claudia / Pott, Murielle / Preston, Nancy / Payne, Sheila (2018): Family Caregivers' Reflections on Experiences of Assistet Suicide in Switzerland: A Qualitative Interview Study, in: *Journal of Pain and Symptom Management*, 55 (4), 1085–1094.

Rüegger, Heinz (2006): *Das eigene Sterben. Auf der Suche nach einer neuen Lebenskunst*, Göttingen.

Autorinnen und Autoren

Prof. Dr. Reiner Anselm ist Professor für Systematische Theologie und Ethik an der Evangelisch-Theologischen Fakultät der Ludwig-Maximilians-Universität München. Zu seinen Forschungsschwerpunkten zählen die Theorie der evangelischen Ethik, die biomedizinische Ethik sowie die Ethik des Politischen.

Prof. Dr. med. Claudia Bausewein ist Direktorin der Klinik und Poliklinik für Palliativmedizin am LMU Klinikum München, Lehrstuhlinhaberin für Palliativmedizin an der Ludwig-Maximilians-Universität München und Präsidentin der Deutschen Gesellschaft für Palliativmedizin. Zu ihren Forschungsschwerpunkten zählen u. a. Komplexität in der Palliativversorgung und Einsatz sedierender Medikamente am Lebensende.

Johannes Bröckel ist Pfarrer und Altenpflegeheimseelsorger i. R. und hatte das Pfarramt AltenPflegeHeimSeelsorge in der Evangelischen Landeskirche in Württemberg inne. Er war Herausgeber von www.seelsorge-alter.de.

Dr. rer. pol. Markus Horneber ist Vorstandsvorsitzender der AGAPLESION gAG in Frankfurt am Main. Er ist unter anderem Vorstandsmitglied des Deutschen Evangelischen Krankenhausverbands (DEKV), Berlin, Mitglied des Aufsichtsrats des Evangelischen Werkes für Diakonie und Entwicklung e. V., Berlin, Mitglied der Konferenz Diakonie und Entwicklung – Brot für die Welt, Berlin, Vorstandsmitglied des Gesundheitswirtschaft Rhein-Main e. V., Frankfurt am Main sowie Mitglied im Beirat des Diakoniewissenschaftlichen Instituts der Universität Heidelberg. Dr. Horneber ist Träger des Bundesverdienstkreuzes am Bande.

Dr. med. Kirsten Kappert-Gonther ist Fachärztin für Psychiatrie und Psychotherapie und Mitglied des Bundestages (Bündnis 90/Die Grünen). Sie ist stellvertretende Vorsitzende des Gesundheitsausschusses. Zu ihren Schwerpunktthemen gehören u. a. Medizinethik, Frauengesundheit, Prävention, Gesundheitsversorgung und Seelische Gesundheit.

Uwe Keller-Denecke ist Pastor, pastoralpsychologischer Supervisor und Kursleiter (DGfP/KSA). Nach Jahren als Klinikseelsorger an der Medizinischen Hochschule Hannover ist er seit 2022 beauftragt mit der Klinischen Seelsorge-Ausbildung (KSA) am Zentrum für Seelsorge und Beratung in der Ev.-luth. Landeskirche Hannovers.

Prof. Dr. Martin Laube ist Professor für Systematische / Reformierte Theologie an der Theologischen Fakultät der Georg-August-Universität Göttingen. Zu seinen Forschungsschwerpunkten zählen u. a. Reformierte Theologie, Dogmatik und Religionsphilosophie.

Dr. Jens Lehmann ist Diplom-Verwaltungswirt (FH) und Volljurist. Er ist Mitglied des Vorstands des Diakonischen Werks evangelischer Kirchen in Niedersachen. Ein Schwerpunkt seiner Tätigkeit ist die Koordination der juristischen und betriebswirtschaftlichen Begleitung diakonischer Einrichtungen. Er befasst sich daneben mit dem Arbeitsrecht in Kirche und Diakonie und dessen Weiterentwicklung unter Beachtung der verfassungsrechtlichen Stellung der Kirchen.

Prof. Dr. Josef Franz Lindner hat den Lehrstuhl für Öffentliches Recht, Medizinrecht und Rechtsphilosophie an der Juristischen Fakultät der Universität Augsburg inne. Er ist Geschäftsführender Direktor des Instituts für Bio-, Gesundheits- und Medizinrecht (IBGM) der Universität Augsburg. Forschungsschwerpunkte sind das Verfassungs- und Medizinrecht.

Susanna Meyer Kunz ist Pfarrerin und Leiterin der reformierten Spitalseelsorge am Universitätsspital Zürich.

Prof. Dr. theol. et phil. Christoph Morgenthaler ist emeritierter Professor für Seelsorge und Pastoralpsychologie der Theologischen Fakultät der Universität Bern. Zu seinen Forschungsschwerpunkten zählen Systemische Seelsorge, Männer in der Seelsorge, Religiös-existentielle Beratung, Pastoralpsychologie und Religionspsychologie sowie Empirische Forschung in der Praktischen Theologie.

Prof. Dr. theol. habil. Isabelle Noth, BSc Psych, ist Professorin für Seelsorge, Religionspsychologie und Religionspädagogik an der Universität Bern. Sie ist Präsidentin des Aus- und Weiterbildungsprogramms in Seelsorge, Spiritual Care und Pastoralpsychologie Schweiz (AWS) und des trifakultären CAS Spiritual Care. Zu ihren Forschungsschwerpunkten gehören u. a. Psychiatrieseelsorge, Religion/Spiritualität und Gesundheit.

Prof. Dr. med. Barbara Schneider, (EU) M.Sc., MHBA ist Fachärztin für Psychiatrie und Psychotherapie und Chefärztin an der LVR-Klinik Köln. Sie ist außerordentliche Professorin an der Universität Frankfurt am Main. Zu ihren Forschungsschwerpunkten zählen u. a. Risikofaktoren für Suizid. Sie ist Leiterin des Nationalen Suizidpräventionsprogramms für Deutschland (NaSPro).

Jürg Spielmann ist Pfarrer der Evangelisch-reformierten Landeskirche des Kantons Zürich. Er hat einen Master in Angewandter Ethik am Ethik-Zentrum der

Universität Zürich absolviert. Zu seinen Schwerpunkten gehört die Palliativseelsorge.

Prof. Dr. phil. Mathias Wirth ist Assistenzprofessor (mit tenure track) für Systematische Theologie/Ethik an der Universität Bern. Er ist Leiter der Abteilung Ethik und Diakoniewissenschaften der Theologischen Fakultät. Zu seinen Forschungsschwerpunkten gehören u. a. Medizinethik, Technikethik, Trans und Ethik sowie theologisches Alteritätsdenken.